中國學術思想

研究輯刊

三四編

林慶彰 主編

第 8 冊

先秦至南北朝家訓研究

張麗萍 著

花木蘭文化事業有限公司

國家圖書館出版品預行編目資料

先秦至南北朝家訓研究／張麗萍 著 -- 初版 -- 新北市：花木
蘭文化事業有限公司，2021〔民 110〕
目 4+206 面；19×26 公分
（中國學術思想研究輯刊 三四編；第 8 冊）
ISBN 978-986-518-491-9（精裝）
1. 家訓 2. 研究考訂
030.8   110010876

ISBN-978-986-518-491-9

中國學術思想研究輯刊
三四編 第 八 冊   ISBN：978-986-518-491-9

先秦至南北朝家訓研究

作　　者　張麗萍
主　　編　林慶彰
總 編 輯　杜潔祥
副總編輯　楊嘉樂
編　　輯　許郁翎、張雅淋、潘玟靜　美術編輯　陳逸婷
出　　版　花木蘭文化事業有限公司
發 行 人　高小娟
聯絡地址　235 新北市中和區中安街七二號十三樓
　　　　　電話：02-2923-1455／傳真：02-2923-1452
網　　址　http://www.huamulan.tw 信箱 service@huamulans.com
印　　刷　普羅文化出版廣告事業
封面設計　劉開工作室
初　　版　2021 年 9 月
全書字數　188251 字
定　　價　三四編 14 冊（精裝）新台幣 36,000 元　　版權所有・請勿翻印

先秦至南北朝家訓研究

張麗萍　著

作者簡介

張麗萍，1986 年生，山西省文水縣人，畢業於西北大學中國思想文化研究所，博士，講師。現就職於太原師範學院，主要研究中國古代思想史。

提　要

　　家訓是中國古代傳統文化的重要部分，也是中國古代教育的重要形式之一。其中，先秦至南北朝家訓是家訓史上的重要時期，經歷了形成、發展和成型的過程。中國古代家國一體的社會結構決定了古代家訓重視家庭、家族的傳承與發展，將修身、齊家與治國、平天下視為一體。由於訓誡者的修養不同、家族的家風不同，訓誡內容也有差異。這一時期的家訓主要集中於王室或皇室、士人階層。中國古代的學術思想，作為社會的上層建築，對中國古代家訓的發展有著重要的理論指導作用。其中，儒學在家訓發展史上佔有主導地位。同時，中國古代家訓的傳承與發展對傳統文化的發展也起到一定作用。

　　先秦家訓分為四個階段：西周之前、西周時期、春秋時期、戰國時期。西周之前的家訓材料可靠性成疑，故本文只作簡單追溯。西周時期以周公家訓為代表的王室家訓主要是從政治意義上訓誡族人，注意到個人行為對於家族發展的意義。春秋戰國時期的士人家訓主要圍繞治家之道與為政之道展開，重視個人的德行，重視孝道與禮制，重視家風，具有零散性、簡明性的特點。通過分析儒、道、法、墨為代表的諸子思想與家訓發展的關係，本文認為二者是相互作用的，並且由於儒家思想本身重視家庭、家族，它更適合家訓的需要。

　　秦代家訓由於時代與材料所限，本文只作了簡要勾勒。兩漢家訓分為皇室家訓、士人家訓和女訓三個部分。這一時期的家訓重視子孫的社會性發展，強調以德立身，學以入仕，依禮踐行；重視女子對男子的依附性教育；重視士人氣節。從社會史角度，本文分析了士人與家訓的關係，認為家訓的形成與士人所處的時代、自身的修養、家族的家風密切聯繫。從思想史角度，分析了這一時期的儒學、道家、法家對家訓的影響，認為儒學的影響是主要的。

　　魏晉南北朝家訓主要分為魏晉和南北朝兩個時期，具有綜合性、細緻性、普遍性特點。這一時期的家訓要求子孫兼修儒道佛玄，讀書入仕，孝悌於家，遵守家禮，謹慎言行，保身免禍；要求女子主修四德，兼修才藝。在思想上，本文主要分析了這一時期的家訓與儒學、玄學、道家、道教、佛教的關係，認為儒學仍然是家訓的主導思想。從家族發展的角度，分析了家族與家訓的關係，認為家族的家風不同，家訓也不同，但他們都重視儒學思想的薰陶。這主要從三國時期與南朝時期皇室家訓，以琅邪王氏家族與陳郡謝氏家族為代表的高門士族家訓，以嵇康、阮籍為代表的玄學家的家訓三個方面分析。並且，本文以顏氏家族為代表分析了顏氏家訓對家族傳承與發展的作用。

　　由於傳統社會家庭、家族結構的穩定性與延續性，先秦至南北朝家訓作為一個整體，具有重視血緣親情，重視讀書治學，重視孝悌禮儀，重視仕途，重視家族傳承的特點。今天我們借鑒古代家訓，結合時代要求，吸取其中的精華，繼承並發揚家訓中的人文精神，並與我們全面建設小康社會的實踐相結合是十分有意義的。

目

次

緒　論

一、選題意義

　　家訓是中國家庭文化的重要組成部分，是傳統文化傳承的方式之一，是個人社會化發展的重要方式之一。它產生於先秦時期，一直持續到現在。只要家庭作為社會基本單位存在，家訓就是重要的教育方式之一。

　　家訓是家庭、家族延續家族血緣、傳承家族文化的一種文化現象，是以穩定的形式訓誡子孫、族人為人處世之道，傳授知識與人生經驗，目的是使家道興旺。具體而言，它主要是夫妻之間、長輩對晚輩、家長對家人、族長對族人的直接訓誡，但也有晚輩對長輩的建議、勸勉。它既有口頭訓誡，也有文獻訓誡，如家書、遺訓、專著等形式。訓誡的內容可分為修身、齊家、治國、處世幾個方面。其中，修身是立足點，其他方面都是在此基礎上展開的。修身包括養生、修養德行、學習知識。齊家主要包括遵守家庭倫理道德，和諧家庭關係；管理家產，發展家庭經濟；傳承家學、教育子孫、謹遵父輩終制安排等。關於治國平天下，王室或帝王家訓重在教育子孫如何處理與臣民的關係，如何用法、決獄等；士人家訓重在教育子孫如何效忠、如何全身免禍、如何處理與同僚的關係等。

　　家訓作為一種教育活動，既具有教育本身的特點，也有著「家」的優越性。孟子提出「人之有道也，飽食、暖衣、逸居而無教，則近於禽獸」[註1]，

〔註 1〕〔宋〕朱熹：《四書章句集注‧孟子集注》，北京：中華書局，1983 年，第 259 頁。

可見教育重在培養人的人文性。王國維在《論教育》中談到「教育之宗旨何在？在使人為完全之人物而已。何謂完全之人物？謂人之能力無不發達且調和是也……完全之人物，精神與身體必不可不為調和之發達」〔註2〕，可見教育重視人的身心協調發展。所以，教育的開展是人類自我發展的需要，使人不斷地完善自我，而家訓作為基礎教育自然也有此作用。更重要的是，家訓作為一種基於親情血緣的教育，是從母親孕育孩子時期就開始實施。家人生活在共同的環境中，有著天然的感情與關切。所以，研究古代家訓既能深化對教育的認識，也有助於反思家庭對家訓的影響。

家訓的發展與所處時代的社會制度、學術思想密切相關，不同時代有不同特點。如漢代時，國家倡導以孝治國，儒學被定為官方意識形態。於是，在家訓中，《孝經》成為了必備的初學讀物，研讀經學成為重點訓誡內容。同時，家訓的發展也促進著社會與思想的變革。在古代，士作為知識人，是一個國家傳統文化的重要傳承者與發揚者，是社會發展的重要動力。他們的家訓內容更能夠反映當時的社會狀況，對當時社會的影響也更大。所以，研究古代家訓能有助於理解傳統思想文化的傳承與影響。

現代家庭教育的開展需要借鑒傳統家訓的優秀成果。現代社會，系統、科學的學校教育是教育的主要方式，而家庭教育的開展卻比較匱乏。1919年，蔡元培在《在北京青年會演講詞》、魯迅在《隨感錄二十五》〔註3〕中都提到了當時家庭教育的弊端之一：父母只管生而不管教。在現代社會，這個問題仍然比較嚴重。並且，在發展趨勢上，現代教育有著重智輕德的傾向，逐漸偏離了可持續性發展的理念。面對這些問題，古代家訓可以為我們提供一些解決思路。我們只有瞭解傳統，理解了古人如何教育子女，取得了怎樣的成果，才能更好地認識現代社會，從而更能有針對性地開展教育活動。

本書主要研究先秦到南北朝這一時期的家訓發展情況。這是一個家訓從開創到成型，從不自覺到自覺的階段。先秦時期的家訓內容、家訓理念，是後代家訓發展的思想來源。兩漢家訓、魏晉南北朝家訓在形式、內容、思想方面作了豐富的發展。總體上說，這一時期的家訓主要集中於王室或帝王階層、士人階層；在思想上頗為一致，都很重視教育子孫注意修身，重視德行

〔註2〕姚淦銘，王燕編：《王國維文集》（第三卷），北京：中國文史出版社，1997年，第57頁。

〔註3〕此文發表在1919年9月15日《新青年》第五卷第三號。

與學業；重視家庭或家族的發展，強調孝悌禮儀與節儉治家；將仕途視為個人發展與家族興盛的最重要途徑，調節盡忠與保身、保家之間的張力關係；在文體形式上主要是詩或散文，重視情感表達。這一時期的家訓為唐宋明清家訓的發展奠定了重要基礎，其開創的形式和訓誡理念對後代家訓的開展有重要的借鑒意義，促進了後代家訓的繁榮。並且，這一時期的家訓對於現代家庭教育的開展也有著重要意義，有助於改善其中存在的一些問題，從而促進現代教育更好地發展。

二、研究現狀

　　家訓作為中國傳統文化的重要部分，學術界一直都有關注和研究。胡適在《論家庭教育》〔註4〕中就意識到古人非常重視家庭教育，並且認為母親教育尤其重要，但20世紀50年代之後才得到重點關注，如守屋美都雄關注到魏晉南北朝家訓，周法高論及家訓文獻的源流，到目前為止已取得了一些研究成果。

　　1. 家訓的理論研究

　　這方面主要涉及到家訓的起源、文獻來源、文學形式、文化背景、產生原因與影響等方面。

　　關於家訓的起源，馬玉山《「家訓」「家誡」的盛行與儒學的普及傳播》（《孔子研究》1993年第4期）認為家誡一類起源於東漢，盛行於南北朝；劉劍康《論中國家訓的起源——兼論儒學與傳統家訓的關係》（《求索》2000年第2期）對此提出不同意見，認為家訓起源於上古時期普通百姓父子相傳、口耳相授的生產生活實踐，是伴隨著家庭的形成而產生的；歐陽禎人《中國古代家訓的起源、思想及現代價值》（《哲學論叢》2012年第4期）認為家訓起源於原始歌舞。周法高《家訓文學的源流》（《大陸雜誌》民國五十年，1961年，第22卷第2、3、4期）認為古代家訓文獻有三個來源：一是古人的誡子書、家誡一類的作品，二是古人的遺令或遺戒，三是自敘生平的「自敘」。

　　關於古代家訓的時期劃分，就先秦到魏晉南北朝而言，徐梓認為先秦到兩漢是萌芽時期，魏晉是成立時期；陳延斌、徐少錦認為家訓萌芽於五帝時代，產生於西周，成型於兩漢至三國，成熟於兩晉時期；朱明勳《中國家訓史

〔註4〕此文發表在1908年9月6日《競業旬報》第26期。

論稿》（巴蜀書社，2008 年）認為先秦時期是發軔期，漢朝到南北朝時期是發展期。

關於家訓產生的背景或原因，既有社會史方面的，也有文化史方面的分析。徐梓《中華文化通志‧家範志》（上海人民出版社，1998 年）認為家訓是家族制度發展的產物，陳延斌、徐少錦《中國家訓史》（陝西人民出版社，2003 年）主要從社會政治、家庭發展情況分析，徐秀麗《中國古代家訓通論》（《學術月刊》1995 年第 7 期）主要從國家統治、家族發展、家庭管理、個人社會化四個方面分析，劉穎《中國傳統家教運行機制探析》（《廣西社會科學》2010 年第 5 期）從家國同構、用人制度、儒家倫理、家法族規方面分析，王長金《傳統家訓思想通論》（吉林人民出版社，2006 年）主要從農耕文化、宗族文化、儒家文化的發展分析家訓產生的背景。

關於家訓內容與思想，從宏觀上說，既有從橫向分析的，也有從縱向分析的。前者如王長金主要從家庭倫理、人生哲學、道德觀念、教育思想、教育方法五個方面分析，徐秀麗《中國古代家訓通論》將家訓從修身、治家、睦親、處世、教學、婚姻、擇業、仕宦八個方面分析，曾凡貞《傳統家訓及其現代意義》（《廣西師範大學學報》1998 年第 4 期）從如何處理家庭關係與家庭事務的治家之道與教育子孫為人為官之道兩個方面分析。後者如徐梓、陳延斌、朱明勳等主要按照歷史發展選取每個時期有代表性的家訓予以介紹。面對這麼多的內容，李景文《中國古代家訓文化透視》（《河南大學學報》1998 年第 6 期）將古代家訓分為精華部分與糟粕部分，前者如為官清廉、為人無私誠信、齊家理財等，後者明哲保身思想、男尊女卑觀念、宿命思想等，要求後人要批判地繼承。程永明《中國的家訓與日本的家訓》（李卓主編：《家族文化與傳統文化 中日比較研究》天津人民出版社，2000 年）分析了中日家訓的區別，認為中日兩國家訓訓誡者的社會階層、訓誡內容存在不同之處，中國家訓主要存在於仕宦階層，內容上更重視仕途；而日本家訓存在於所有社會階層，以武士和商人家訓為代表，在內容上重視家業的傳承。

從微觀上說，學界有抓住一個方面論述的，也有立足於一個類型來分析的。前者如如陳延斌《中國傳統家訓的孝道教化及其現代意蘊》（《孝感學院學報》2011 年第 1 期）著重點在孝道方面；陳節《古代家訓中的道德教育思想探析》（《福建學刊》1996 年第 2 期），段文閣《古代家訓中的家庭德育思想初探》（《齊魯學刊》2003 年第 4 期）分析了傳統家訓的德育思想。郭長華

《傳統家訓的治家之道及其現實價值》（《北方交通大學學報》2003 年第 3 期）分析了傳統家訓的立家、興家、持家、齊家四個治家之道；王長金《論傳統家訓的家庭發展觀》（《浙江社會科學》2005 年第 2 期）從家訓的生產觀、制用觀、職業觀、倫理觀、社會觀等方面分析傳統家庭持續、協調發展的理念；談敏《歷代封建家訓中的經濟要素》（《中國史研究》1986 年第 2 期）分析傳統家訓中所體現的經濟思想；胡相峰等《略論傳統節儉思想的現代倫理價值》（《江蘇社會科學》2005 年第 6 期）從倫理角度分析傳統家訓的節儉思想。馬玉山《「家訓」「家誡」的盛行與儒學的普及傳播》，劉劍康《論中國家訓的起源——兼論儒學與傳統家訓的關係》論述了家訓與儒學的密切關係。謝揚舉《家訓與中華文化一瞥》（《人民政協報》2014 年 12 月 29 日）論述了傳統家訓中所蘊含的人文精神，以及與中華文化的關係。後者如程時用《歷代帝王與我國傳統家訓的發展》（《河南社會科學》2010 年第 2 期）關注的是帝王家訓，徐少錦《中國古代商賈家訓探析》（《齊齊哈爾師範學院學報》1998 年第 1 期）關注的是商人階層的家訓；陳延斌等《中國古代女訓論要》（《上海師範大學學報》2010 年第 12 期）分析了傳統女訓的發展歷程和主要內容。

　　關於對古代家訓的評價，有論及價值觀的，如王學《中國古代家訓的價值取向初探》（《湖南師範大學教育科學學報》2005 年第 1 期）認為傳統家訓是以「仁義」為倫理本位，「孝悌」為家庭本位，「忠敬」為政治本位的價值取向；劉春梅《歷代家訓與古代家庭教育的價值取向》（《河南師範大學學報》2002 年第 4 期）將傳統家訓歸納為重義輕利、重家長權威與社會價值而輕個人價值、重教育的政治作用而輕經濟作用的價值觀。另外，有論及古代家訓對當時社會及當代的影響，如陳延斌《論傳統家訓文化對中國社會的影響》（《江海學刊》1998 年第 2 期），《宗規族訓的敦族睦鄰教化與中國傳統社會的治理》（《齊魯學刊》2009 年第 6 期），《傳統父子之道與當代新型家庭代際倫理建構》（《齊魯學刊》2005 年第 1 期），《傳統家訓的處世之道與中國現階段的道德建設》（《道德與文明》，2001 年第 4 期），《傳統孝道與現代家風》（《中國婦女報》2014 年 2 月 10 日）。

　　總體而言，關於傳統家訓的宏觀研究，學術界涉及的方面比較廣，從起源到影響，從內容到思想。這些研究成果為本課題的開展提供了一定的研究基礎。但從中也可以看到，他們的觀點不盡相同，在一些問題上還需要進一

步分析，如傳統文化與家訓的關係、社會的特殊階層與家訓的關係、家訓建立的倫理依據等。

2. 家訓的斷代研究

先秦時期，如陳延斌、徐少錦的《中國家訓史》以五帝禪讓為家訓產生的起點，分析了西周之前的家學、周公家訓、孔門家訓、賢母家訓，以及《國語》《左傳》《戰國策》中的家訓。張靜《先秦兩漢家訓研究》（鄭州大學，碩士論文，2013 年）梳理了先秦時期的家訓文獻。她認為西周之前材料的可靠性存疑，但起碼說明家訓濫觴之早；分析了五經、《左傳》、《國語》、《戰國策》、《孝經》、《禮記》、《離騷》、《清華簡·保訓》，以及以儒、墨、道、法為代表的諸子的家訓思想。

兩漢時期，如付元瓊《漢代家訓研究》（廣西師範大學，碩士論文，2005 年）分析了漢代家訓蘊含的儒、道、墨思想與文學表現方式；安穎俠《漢代家訓研究》（河北師範大學，碩士論文，2008 年）分析了漢代家訓的禮俗、功名、女教思想；黃小妹等《漢代家訓文學的成就及其對後世的影響》（《南京理工大學學報》2009 年第 4 期）分析了漢代家訓的文學表現形式；李建業《孝與漢代家庭教育》（《東嶽論叢》2007 年第 3 期）將家訓作為漢代孝文化教育的一方面分析。

魏晉南北朝時期，錢穆在《略論魏晉南北朝學術文化與當時門第之關係》〔註5〕一文中就意識到這一時期重視家庭教育、重視家訓，但主要從家風與家學兩個方面予以分析。王伊同《五朝門第》（中華書局，2006 年）梳理了晉宋齊梁陳五朝高門士族的家教文獻。林素珍《魏晉南北朝家訓之研究》（花木蘭文化出版社，2008 年）從修身、治家、為學、處世、敬業等方面分析了這一時期家訓的主要內容，及其所體現的時代精神，並從教育、倫理、社會、文學四個角度對其進行了評價。梁加花《魏晉南北朝家訓研究》（南京師範大學，碩士論文，2011 年）分析魏晉南北朝時期家訓中的儒、佛、道、玄思想與文學特點。劉建河《魏晉南北朝時期家庭教育思想的特色——以魏晉南北朝時期家訓為考察對象》（《山東教育學院學報》2009 年第 5 期），分析了這一時期家訓儒道兼綜、儒玄兼修的特點。閏續瑞《從魏晉南北朝文人家訓看其理想人格的建構與實踐》（《河南師範大學學報》2004 年第 2 期）從理想人格的角

〔註 5〕收錄於錢穆：《中國學術思想史論叢》（二），臺北：聯經出版事業公司，1998 年。

度分析這一時期家訓的特點。守屋美都雄《中國古代的家族與國家》（上海古籍出版社，2010 年）重點關注從漢代、魏晉到南北朝三個階段家訓關注內容的變化，以反映其時代的個人觀、家族觀、國家觀等。

此外，王永平對魏晉南北朝世族的家風、家學做了專門研究，如《六朝江東世族家風家學研究》（江蘇古籍出版社，2003 年），《論東晉南朝時期琅邪王氏之家風與家學》（《許昌師專學報》2002 年第 1 期），《論六朝時期陳郡謝氏的家風與家學》（《江蘇社會科學》2001 年第 5 期），《宋文帝劉義隆對皇族子弟之訓誡及其侷限》（《河北學刊》2013 年第 5 期）等。張惠芬《中國古代教化史》（山西教育出版社，2009 年）論述了魏晉南北朝家庭教育；李國鈞、王炳照主編的《中國教育制度通史》（第 1、2 卷）（山東教育出版社，2000 年）將家訓作為教育的一個方面論述。這些研究成果都為家訓的研究提供了一定的研究基礎，使本課題得以開展、深入。

《顏氏家訓》作為中國現存第一部家訓著作，研究成果頗豐。從家訓角度來說，主要涉及到其成書年代考證、家庭教育思想、德育思想、蘊含的儒佛思想等。李潔瓊《〈顏氏家訓〉與曾國藩家教倫理思想比較研究》（湖南工業大學，碩士論文，2011 年）從家庭倫理、治家之道方面分析了二者的相通處與區別。尤雅姿《顏之推及其家訓之研究》（文史哲出版社，2005 年）梳理了《顏氏家訓》的不同版本，分析了其倫理思想、教育思想、宗教思想、養生思想、文學理論思想，及其文學表達特點。康世昌在《漢魏六朝「家訓」研究》（花木蘭文化出版社，2009 年）一書中，就《顏氏家訓》作了專門研究，主要從成書特質、儒與佛並用、仁義與利害並言三個方面分析其形式與內容方面的特點。此外，其他家訓篇目也有研究，如劉輝《顏延之〈庭誥〉研究》（福建師範大學，碩士論文，2013 年），閆續瑞、杜華《論諸葛亮的家訓思想及其影響》（西北師大學報，2013 年第 3 期）。關於女誡思想研究，如劉筱紅《規矩與方圓——中國古代女誡思想述評》（華中師範大學學報 1995 年第 4 期），沈時蓉《中國傳統女訓的當代審視——以班昭〈女誡〉為例》（四川師範學院學報，2001 年第 5 期）。

康世昌《漢魏六朝「家訓」研究》認為先秦時期屬於口頭告誡，兩漢魏晉南北朝家訓屬於撰文訓誡，並且思想一致。他考察了這一時期家訓興起與發展的原因，梳理了這一時期的家訓文獻並一一作了內容分析，從人生目標、行為取向、誥誡性質、與儒佛道的關係方面論述了其特徵與思想，並從文體

形式、論理方式、情意表達三方面分析了其文學特點，但沒有分析這一時期的女訓。閆續瑞《漢唐之際帝王、士大夫家訓研究》（南京師範大學，博士論文，2004 年）認為帝王家訓、士大夫家訓都起源於先秦時期，梳理了兩漢、魏晉時期帝王和士大夫為主體的家訓文獻，分析了各個時期家訓的內容、時代特徵和形成原因、意義與影響、文學表現特點，並分析了兩漢與魏晉南北朝時期在家訓內容上的繼承與變革，及其原因。朱明勳《中國家訓史論稿》認為殷商以後才有可靠的家訓文獻材料，《尚書·無逸》是第一篇完全意義上的家訓，分析了先秦到魏晉南北朝家訓的發展情況、思想內容、產生的原因及對後代家訓與傳統文化的影響。

隋唐、宋、元、明、清時期是中國古代家訓的繁榮期，出現了很多家訓文獻，家禮、家儀、家規、家法等家訓形式豐富多彩。學界對這一時期的研究比較重視。唐代家訓研究主要集中於帝王家訓、士人家訓、女訓、民間家訓、家禮、家訓詩方面，如羅小紅《唐代家禮研究》（陝西師範大學，博士論文，2006 年）以《柳氏家訓》為代表分析了唐代家禮與士族階層的關係，揭示了家禮的內容。舒連會《唐代家訓詩研究》（南京師範大學，碩士論文，2013 年）分析了唐代家訓詩的發展歷程及其特色。宋代家訓研究一方面集中於對《袁氏世範》、《朱子家禮》、《呂氏鄉約》、司馬光家訓等個案研究，另一方面集中分析了家訓中所體現的經濟思想、教育思想、倫理思想等。陳志勇《唐宋家訓研究》（福建師範大學，博士論文，2007 年）分析了唐宋家訓的倫理思想、教育思想、經濟思想、應世思想和人文思想，概括了家訓的演變模式。他認為這一時期的家訓是從上到下發展，由下而上完善。關於元代家訓，學界主要集中於對《鄭氏規範》的研究。如毛策《孝義傳家　浦江鄭氏家族研究》（浙江大學出版社，2009 年）分析了《鄭氏規範》的特點，與法律的關係，與《顏氏家訓》、《家範》進行了比較。明清家訓研究主要集中於對《朱子家訓》、曾國藩家訓等的研究。王瑜《明清士紳家訓研究》（1368～1840）（華中師範大學，博士論文，2007 年）分析了這一時期家訓的治家、修身、治學、訓女思想，考察了家訓產生的實際效果。

魏晉南北朝之後的家訓逐漸從社會上層發展到社會下層，表現形式也更加多樣化，在經濟思想、教育思想等方面都發生很大變化，是中國古代家訓的重要轉變時期。但只有把握中國古代家訓的產生、發展、成型過程，才能更好地理解隋唐及其之後家訓繁榮的原因、內容、表現及意義，理解它們與

傳統文化的內在關係。相對來說，學界對魏晉之後的家訓比較關注，成果也較為豐富，而對此前的家訓，由於史料有限，發展不成熟等原因，研究比較薄弱，特別是先秦、兩漢時期。

從這些研究成果中可知，先秦家訓研究相對比較薄弱，家訓文獻雖然有梳理，但還不夠清楚，有些非家訓文獻混入其中。秦代家訓被學界忽略。兩漢到魏晉南北朝家訓研究關注到傳統思想與家訓的關係，意識到每個時期有特殊性，但還有些問題有待於進一步分析。女訓研究主要集中於班昭《女誡》，而忽視了魏晉南北朝時期，沒有意識到其歷史發展的進程；兩漢家訓與儒、道關係的研究比較薄弱，缺乏具體分析；魏晉南北朝家訓與學術思想的關係雖然指出了其儒道兼綜的特點，但不夠深入；士人階層的發展與家訓發展的關係還需要從社會史角度深入分析；家訓所體現的人文精神需要給予重視。

三、研究思路與方法

家訓是在一定的社會與思想背景下產生與發展的。在不同的歷史時期，社會制度、家庭、家族的發展情況不同，社會思潮不同，從而導致家訓的發展呈現階段性的特點。先秦時期，家國一體，治家與治國未獨立，家訓的自覺意識初步形成。兩漢時期，社會制度發生變化，宗法制度的存在形式發生變化，選拔人才重視個人的德行與能力，個體家庭成為主體，儒學成為官方意識形態，經世致用成為人們實踐的指導思想。這些推進了這一時期家訓的發展，使其呈現出新的特點，家訓文獻增多，重視孝忠、讀經書、勤儉等。魏晉南北朝時期，政權更替頻繁，九品中正製成為主要的選官制度，社會等級嚴重，家族的發展成為個體關注的重點，同時，在學術思想上，儒、佛、道、玄等思想盛行。這些變化使得這一時期家訓盛行，重視家學、家業的傳承與發展，重視家庭倫理、道德修養，忠道思想弱化，重視保身免禍，在讀書、禮儀、信仰方面呈現多元化的趨勢。就家訓自身的發展來說，家訓在先秦時期主要是口頭訓誡，兩漢之後出現了家書等文獻形式的訓誡，但都比較簡短，魏晉之後出現了很多專門為訓誡子孫而作的家訓，且篇幅都比較長。基於以上兩點，家訓的發展階段基本可以按照歷史朝代的分期而定。

本文主要探討四個問題，一是先秦、兩漢、魏晉、南北朝家訓的基本內容。這主要以這一時期王室或皇室、士人階層為考察對象，從修身、齊家、為

政、處世幾個方面展開具體分析。其中，先秦家訓是重點，參考出土文獻的成果，梳理文獻，探討內涵。

二是家訓與學術思想的關係。學術思想對家訓的發展具有理論指導作用。在中國傳統學術思想中，儒學對家訓的發展起著主導作用。此外，道家、玄學、道教、佛學對家訓的形成與發展也均有影響。並且，家訓內容會隨著學術思想的發展而呈現階段性特點。

三是家族、家風與家訓的關係。士人家訓是這一時期家訓的主要部分。士人對子孫的訓誡內容受其所處的社會環境、人生經歷、家族家風影響，所以，不同時期的士人家訓在內容上有自身的特點。即便處在同一個時期，由於家庭、家族的社會身份、家風不同，家訓內容也有很大差異。這在魏晉南北朝時期比較突出。

四是古代家訓對現代家庭教育的影響。現代家庭的父母普遍將教育寄託於學校，而忽視了自身對子女的「成人」教育，並且有著重智輕德的趨向。子女在進入社會之後，暴露出很多問題，如以自我為中心、思想不獨立、易盲從等。雖然時代在發展，但人在自我認識、自我發展中所面臨的一些問題是相通的。所以，現代家庭教育要以史為鑒，學習古代家訓中的優秀思想，以促進教育的開展。

基於這些研究內容，本文主要採用以下研究方法：

1. 邏輯與歷史相結合的方法。

家訓有其自身的發展歷史，而這種歷史的演進是與人理性的發展密切相關的。所以，本課題首先梳理歷代的家訓文獻，分析家訓自身形成與演變的邏輯過程。

2. 思想史與社會史結合的方法。

研究家訓，不僅要梳理其內容，更需要理解其內容所產生的原因、掌握其發展的特點。家訓作為一種傳統文化，其產生有著社會歷史的原因，也有著傳統學術思想的影響。只有將思想與社會結合起來考察，才能深刻地理解家訓的意義。

第一章　家訓的產生與理論依據

　　家訓的產生有一個歷史過程，它並不是在家庭建立之初就形成了，而是家庭發展到一定階段的產物。黃帝時期是中國古代家訓的萌芽期，西周時期才形成了真正意義上的家訓。而家訓作為中國傳統文化的一部分，與中國古代社會特殊的經濟形式、社會制度以及人倫關係密切聯繫。

第一節　家訓產生的歷史過程

　　家訓的產生、形成與家庭、家族的發展有很大關係，但二者不是完全同步的。家訓的萌芽是建立在明確的家庭關係形成基礎上的。而家訓形成的標誌需要有三個條件：一以文獻的形式呈現，二蘊含深厚的親情，三內容契合立身、治家，有一定的普遍意義。

　　家庭是以相對穩定的婚姻關係為基礎，有明確的血緣關係、同居共財的親屬組織。恩格斯將人類的婚姻制度大致分為群婚、對偶婚、專偶婚三個階段，但在對偶婚制以前，氏族實行共夫、共妻，世系也由母親方面決定，「男女之間沒有建立穩定的婚姻關係和夫婦關係，父親與子女的關係也不明確。」〔註1〕所以，他們只是「『前家庭形態』的親屬組織」〔註2〕，不是嚴格意義上的家庭。對偶婚制大約出現於母系氏族社會後期，相當於考古學上仰韶文化

〔註1〕王利華：《中國家庭史》（第一卷），張國剛主編，北京：人民出版社，2013年，第36頁。
〔註2〕王利華：《中國家庭史》（第一卷），第36頁。

後期。這一時期世系還是由母親決定，夫妻關係相對穩定，父親與子女的關係在一定程度上確定，有共同的生產與消費，共同撫養子女，是「真正意義上的家庭」〔註3〕。家訓也現雛形，「只是子女幼小時自然而然地跟著母親接受傳統、習俗和簡單的生產勞動的教育。」〔註4〕但它仍屬於野蠻時代，婚姻關係只是短時間內的穩定，父子的血緣關係也無法完全保證。從對偶婚到專偶婚的發展，是伴隨著第二次社會分工發生的，男性主管農業，女性分管手工業。這是母權制向父權制、氏族公有制向家庭私有制的轉變，也是從野蠻到文明的進步。

在專偶婚階段，婚姻關係穩定，「一夫一妻制」，男子成為了家庭的家長，妻子專屬於丈夫；血緣關係明確，子女確定是父親的，歸父親支配，享有父親的財產繼承權。在考古學上，這大約始於中原龍山文化的後期、大汶口文化時期等〔註5〕，相當於歷史上五帝時代〔註6〕。這是「文明時代開始的標誌之一」〔註7〕，建立在個體家庭基礎上的父家長制家族成為社會主體。他們實行個體生產，經濟獨立；在文化上，有自己的信仰、祭祀、婚姻、財產、喪葬制度等；有基本的家庭倫理道德、家庭事務處理觀念，如他們的祖先崇拜觀念實際是孝，祭祀、埋葬制度實際是禮。這些經濟、社會、文化的發展是家訓興起的必要條件。從家庭自身發展來說，教育子女、傳承祖輩成為重要方面，家訓開始萌芽。

陳延斌、徐少錦的《中國家訓史》依據《史記‧五帝本紀》所記，認為五帝禪讓開啟了家訓的端倪，五帝到西周有農業、天文、水利等「家學」傳承；馬鏞《中國家庭教育史》依據《史記》、《尚書‧堯典》所記，將五帝與三代的「疇人之學」〔註8〕作為家教的起點。如黃帝的子孫後代都是有「聖

〔註3〕王利華：《中國家庭史》（第一卷），第38頁。
〔註4〕陳延斌，徐少錦：《中國家訓史》，西安：陝西人民出版社，2003年，第45頁。
〔註5〕參考徐揚傑：《中國家族制度史》，武漢：武漢大學出版社，2012年，第32頁。
〔註6〕曹桂岑：《曹桂岑考古文集》，北京：科學出版社，2012年，第61～62頁。
〔註7〕恩格斯：《家庭、私有制和國家的起源》，中共中央馬克思恩格斯列寧斯大林著作編譯局譯，北京：人民出版社，1999年，第58頁。
〔註8〕疇人之學，馬鏞解釋為「主要實行於上古仕宦，包括專業技術官員，如天文曆法官家庭。其做法為，為官之父兼而為師，傳其所學；官之子就其父學，學習為官，以便子承父業，世代為官」。參考馬鏞：《中國家庭教育史》，長沙：湖南教育出版社，1997年，第6頁。

德」者才能繼承帝位，帝顓頊高陽「靜淵以有謀，疏通而知事」〔註9〕，帝嚳高辛「普施利物，不於其身。聰以知遠，明以察微」〔註10〕，帝堯「其仁如天，其知如神」〔註11〕；而堯之子丹朱因為被認為是「頑凶」而未能繼承父位。禹繼承父親鯀的治水之業；顓頊時「命南正重司天以屬神，命火正黎司地以屬民」〔註12〕，之後重氏、黎氏的後代羲、和掌管天文曆法。這些家學、家業的傳承，與長輩的教導是分不開的，也是當時社會發展的需要。但這一時期，史料方面不是出自當時文字的確切記載，是後代追記的；形式上，長輩對晚輩也沒有明確要求「應該」如何。但我們從中可以看到，由於在個體家庭產生之初男女不平等，男尊女卑，社會上存在等級秩序，所以家訓在萌芽階段就有不平等思想，在性別上重男輕女，如五帝禪讓、「家學」傳承說明傳男不傳女；在家庭類型上集中於士人家庭，子承父業，世代為官。

　　直到西周時期，周人繼承和變革了殷商時期的政治、文化制度，實行宗法分封制，自上而下形成了等級森嚴的家族系統，「家庭從屬於家族，作為一種更小的親屬單位而存在，但並不具備多少獨立性，而是被籠罩在家族組織中。」〔註13〕同時，周人在思想上也發生了根本的變化。他們從夏殷歷史滅亡事件中，逐漸意識到天下不是永恆的，天命是可以轉移的；並且進一步反思歷史、反思自身，認為人的行為與天命相關，二者是合一的，行為有德，才能永享天命，「無念爾祖，聿修厥德。永言配命，自求多福。殷之未喪師，克配上帝。宜鑒於殷，駿命不易。」〔註14〕所以，為了使周人永久享有天下，周王室開始注重個人的行為，注重對家族成員的教育，要求他們行為存「敬」，謹慎行事。在教育方式上，他們既實行家人訓導，也進行學校教育。如在娘胎時有胎教，出生後八歲入小學接受書、數為主的教育，十五歲入大學學習禮、樂、射、御，平時家人也會有訓導。

〔註9〕〔漢〕司馬遷：《史記》卷一《五帝本紀》，北京：中華書局，1982年，第11頁。

〔註10〕〔漢〕司馬遷：《史記》卷一《五帝本紀》，第13頁。

〔註11〕〔漢〕司馬遷：《史記》卷一《五帝本紀》，第15頁。

〔註12〕〔漢〕司馬遷：《史記》卷二十六《曆書》，第1257頁。

〔註13〕王利華著：《中國家庭史》（第一卷），張國剛主編，北京：人民出版社，2013年，第90頁。

〔註14〕〔漢〕毛亨傳，〔漢〕鄭玄箋，〔唐〕孔穎達疏：《毛詩正義》，《十三經注疏》整理委員會整理，北京：北京大學出版社，2000年，第1129～1130頁。

就家訓而言，《尚書·周書》《逸周書》《史記》等都有史料記載，形式上都是家人間的直接訓誡；在內容上，立足於個體，涉及到注意言行，如何治國等。其中，以《尚書》中的《康誥》《酒誥》《梓材》《無逸》為代表。《康誥》《酒誥》《梓材》〔註15〕都是周公戒其弟康叔如何治國理政；《無逸》是周公告誡周成王為政要勤勞，不能貪圖安逸。另外，周公曾戒子伯禽「慎無以國驕人」。這些文獻都有著很重的政治色彩，但相比較而言，《無逸》「言者古昔必稱商王者，時之近也；必稱先王者，王之親也。舉三宗者，繼世之君也；詳文祖者，耳目之所逮也。上自天命精微，下至畎畝艱難，閭里怨詛，無不具載。豈獨成王之所當知哉？實天下萬世人主之高抬貴手也。是篇凡七更端，周公皆以『嗚呼』發之，深嗟永歎，其意深遠矣！」〔註16〕，蘊含著深厚的親情和家族的期望，且主題思想也適用於普通家庭。而這種重視血緣親情，重家庭、家族發展，重視個人行為正是家訓的基本特點，所以，從文獻、思想角度來說，《無逸》標誌著家訓的形成。

春秋戰國時期，周王政權衰微，宗法制度隨之衰落，個體小家庭逐漸從宗族組織中獨立出來，獨立發展。同時，士階層也逐漸從社會最底的統治層游離出來，成為了四民之首。他們「在政治上不像過去的士那樣『一朝委質，終身為臣』，在經濟上也不再依靠奴隸主貴族的恩典和施捨度日」〔註17〕；掌握著傳統文化，對社會有著理性認識，是社會精英。他們發展出一套將修身、齊家、治國相統一的思想，並將其作為訓誡子孫的基本內容。

漢代時，個體小家庭的主體地位確立，宗法制度的存在形式發生變化，強調由父子關係推及君臣關係，家訓成為家庭建設的重要部分。其表現之一是產生了「家訓」一詞。《後漢書·邊讓傳》記載蔡邕對邊讓的才華很賞識，認為應該擔任大官，於是向何進薦言，「伏惟幕府初開，博選清英，華髮舊德，並為元龜。雖振鷺之集西雝，濟濟之在周庭，無以或加。竊見令史陳留邊讓，

〔註15〕《梓材》篇存在一些問題。劉起釪指出「前半部還呼康叔封的名字而教導之，還可說是周公誥康叔之辭；下半部則是臣對君的講話，就顯然前後不一致」。所以，此處只指「王曰……戕人宥」部分。參考顧頡剛，劉起釪：《尚書校釋譯論》（第三冊），第1421頁。

〔註16〕〔宋〕蔡沈注，錢宗武，錢忠弼整理：《書集傳》，南京：鳳凰出版社，2010年，第197頁。

〔註17〕徐喜辰，斯維至，楊釗主編：《中國通史·上古時代》（第3卷），白壽彝總主編，上海：上海人民出版社，2004年，第541頁。

天授逸才，聰明賢智。髫齔夙孤，不盡家訓。及就學廬，便受大典。」〔註18〕此處「家訓」就是指邊讓因幼年父母去世，成為孤兒，沒有受到父母更多的教誨。此外，這一時期訓誡形式多樣化，「戒者，慎也，禹稱『戒之用休』，君父至尊，在三罔極，漢高祖之《敕太子》，東方朔之《戒子》，亦顧命之作也。及馬援已下，各貽家戒。班姬《女戒》，足稱『母師』也。」〔註19〕

由此可見，到了漢代，家訓其實已經很普遍，延伸到一般家庭，出現了很多具有典範作用的家訓。東晉時，出現以「家訓」命名的家訓文獻，「蜀郡太守巴西黃容，亦好述作，著《家訓》《梁州巴紀》《姓族》《左傳鈔》，凡數十篇」〔註20〕，但此書現已遺失。現存第一部系統的家訓著作是顏之推的《顏氏家訓》，陳振孫稱「古今家訓，以此為祖」〔註21〕。

可見，在「家訓」一詞產生以前就存在家訓文獻；家訓文獻並不只限於以「家訓」命名的文獻，而是有很多異稱。如家書，如馬援《戒兄子嚴、敦書》，諸葛亮《誡外甥書》；家戒、家誡，如王昶《家誡》，稽康《家誡》；家儀，如司馬光《涑水家儀》；家法、家範，如陳崇《義門陳氏家法》、《義門陳氏家範》；遺詔、遺令、終制、顧命等。

需要說明的是，關於家庭與家族二者的關係。上面所論「家庭」「個體家庭」，是從婚姻制度角度來說；而家族是建立在個體家庭基礎上的。具體來說，家族是有一個共同的男性祖先，以血緣關係為紐帶、按照父系計算的、由同一血統的幾代人組成的親屬組織。依據財產、居住情況，家族可分為兩種：一是累世同居共財，一是幾代人分居、異財。一個家族中有族長，與個體家庭中的家長相當，掌管家族事務；族中有族規，規範家族成員的行為。家族訓誡在不同的歷史時期特點不同。唐宋之前也有大家族，但未見於專門制定、適用於所有家族成員的族規；唐宋之後家族發展興盛，族規、族訓也存留很多，如唐末江西德安陳氏家族，數世同居，有《義門家法三十三條》《義門家範》。

〔註18〕〔南朝宋〕范曄：《後漢書》卷八十下《邊讓傳》，北京：中華書局，1965年，第2646頁。

〔註19〕〔南朝梁〕劉勰：《文心雕龍》，黃霖導讀，上海：上海世紀出版集團，2008年，第39頁。

〔註20〕〔晉〕常璩撰，劉琳校注：《華陽國志校注》卷十一《西州後賢志》，成都：巴蜀書社，1984年，第884頁。

〔註21〕〔宋〕陳振孫：《直齋書錄解題》卷十，上海：上海古籍出版社，1987年，第305頁。

第二節　家訓形成的理論依據

一、農業文化與家庭建設

　　農業生產是中國古代社會物質生活的重要來源，是中國古代經濟的重要形式。而在此基礎上所形成的農業文化，是中國古代家庭、家族建設的基礎，是中國傳統文化形成的重要根源。

　　黃河流域和長江流域是中國古代農業的發源地。這裡地處溫帶、亞熱帶，土壤肥沃、水利便利、氣候溫熱，適宜於農作物生產。所以，相對於土壤貧瘠之地，這裡更能滿足人的生存需求。但由於當時勞動工具落後與農業思想缺乏，農業生產需要家庭成員的共同努力，互幫互助。所以，這一時期的家庭是作為社會基本的生產和生活單位存在。這表現為，一方面人們不需要經常遷移，通過家庭成員的勞動分工就可以滿足家庭的生活來源；另一方面家庭為了生存，必然會重視傳宗接代，重視血緣親情，重視家人群居，重視家庭和睦。家庭建設成為人們生活的重要部分。

　　由於農業生產是靠天與地而生，對於家庭來說，「其經營的唯一目的是如何在有限的土地上得到較好的收成，以達足飽暖」〔註22〕。但自然條件本身是複雜的，人們對其的認識主要是靠經驗積累。所以，對於一個家庭的長輩來說，他最大的精神財富就是在生產生活中得到的人生經驗。這是家庭維持生存、傳之久遠的法寶。這樣，教育子孫、傳承經驗成為家庭建設的重要部分。並且，農業生產這種比較穩定的經濟形式，也有助於經驗的代際傳承與應用。

　　從地理位置來說，中國「地處亞洲東部，四周地形不是原始森林、沙漠，就是難以穿越的高山和大洋，與西部印度文明、波斯文明、埃及文明、希臘羅馬文明，相隔遙遠，處於封閉半封閉的地理形勢」〔註23〕。這樣的地理環境有助於人們獨立生產、生活，自主發展，不易受外來文化影響。這使得中國家庭文化具有穩定性。

　　當從氏族社會進入國家，農業生產仍然是中國古代國家的主要生產方式。不同的是，土地的所有形式發生了變化，從氏族社會的公有制轉化為氏族王侯所有制。王室通過分封制度將土地分給族人或臣子。但他們仍然重視農業，

〔註22〕王長金：《傳統家訓思想通論》，長春：吉林人民出版社，2006年，第20頁。
〔註23〕王長金：《傳統家訓思想通論》，長春：吉林人民出版社，2006年，第17頁。

重視由農業生產所形成的重視血緣、重視家庭、重視傳承的思想，並將其視為家庭建設、國家發展的重要方面。

與此同時，它也限制了私有制經濟的發展。這導致在國家結構中，家族的力量過於強大，地緣政治融入了血緣宗法。

二、宗法制度與家庭建設

中國古代社會是從氏族直接進入了國家，「國家混在家族裏」〔註24〕，中間沒有經歷私有制的革命。這一點許多研究社會史的學者已經指出。氏族社會是以氏族的血緣關係組成的社會組織，族長為組織者，彼此平等，共同居住，共同生產，利益相關，分配均等。但到「夏、商、周三代，家族制度連同其一整套組織被氏族貴族中發展起來的統治者用來組織起國家統治機構」〔註25〕，這樣家庭、家族建設被融入到了國家建設，家國一體的社會結構形成。在這種社會結構下，王室家族建立了宗法制度以維護統治，天下歸一家族所有，成為「家天下」。

宗法制度起源於夏朝，完善於周朝。它的特點是重視血緣親情，「同姓從宗，合族屬」〔註26〕；重視尊卑等級，「別子為祖，繼別為宗，繼禰者為小宗」〔註27〕；強調倫理道德，「自仁率親，等而上之至於祖，名曰輕。自義率祖，順而下之至於禰，名曰重。」〔註28〕

西周時期，周王室建立了以嫡長子繼承制為核心的宗法制度，尊卑有別，以別親疏，權力有別，以合族人。這種嫡庶分別制度「本為天子諸侯繼統法而設，復以此制通之大夫以下，則不為君統而為宗統」〔註29〕。這樣確立了天子、諸侯的君統獨尊地位，「君有合族之道，族人不得以其戚戚君，位也」〔註30〕，以及從天子、諸侯、卿大夫、士到庶人的宗族等級關係。其中，天子世代由嫡長子繼位，是最大的大宗，其同母兄弟、庶兄弟被封為諸侯，是為小宗；諸侯的嫡長子為第二代諸侯，諸弟被封為卿大夫，前者奉始祖為大

〔註24〕侯外廬：《中國思想通史》（第一卷），北京：人民出版社，1980年，第11頁。
〔註25〕劉廣明：《宗法中國》，上海：三聯書店，1993年，第3頁。
〔註26〕《禮記正義・大傳第十六》，第1168頁。
〔註27〕《禮記正義・大傳第十六》，第1174頁。
〔註28〕《禮記正義・大傳第十六》，第1173頁。
〔註29〕姚淦銘，王燕編：《王國維文集》（第四卷），第46頁。
〔註30〕《禮記正義・大傳第十六》，第1174頁。

宗，後者為小宗。以此類推，除天子之外，諸侯、卿大夫、士，對於上一層是小宗，對於下一層則是大宗，「凡大宗必是始祖的嫡系子孫，而小宗則或宗其高祖、或宗其曾祖、或宗其祖、或宗其父，而對於大宗則都為庶。」〔註31〕作為大宗的嫡長子有著區別於庶子的特權。他們掌握著宗族財產支配權，管理著族員，負責本族的祭祀、占卜事務等，是宗族的大家長。

在這種宗法制度下，周王既是一家之主，也是天下之主，君權即是父權，臣民即是子女。家人之間靠父系宗法血緣關係維繫，既是族人，也是君臣、同僚，親情關係與政治關係相統一。但這一時期貫徹不以親親害尊尊的思想，政治關係先於親情關係。周王室治國即是治家，國存則家存。

但到了春秋戰國時期，宗法制度的內部矛盾暴露了出來，一是權力的層層分割限制了宗主的政治權力，削弱了天子的統治權；二是宗族等級制隨著時間的發展，造成「核心王族和相當多的外圍王族的血緣關係越來越疏遠。這必然導致整個王族內部親和力的減弱」〔註32〕。並且，隨著社會的發展，個體家庭逐漸獨立，士階層逐漸從社會統治階層的最底層游離出來，居無定主，頻繁流動。這些導致這一時期社會等級被破壞，宗子失去統治權。

在此之後，雖然這種作為國家政體的宗法制度不再存在，但宗法精神被傳承了下來，重視血緣親情、尊卑貴賤、家長制。這是農業經濟的必然要求。它的存在形式發生了變化，一方面重視家庭、家族的獨立發展，另一方面將家與國的關係從自然的血緣親情同構轉變為抽象的認識層面的同構，「人們的宗法性生活內容主要表現在對宗法性道德知識的追求（讀書、內省等主觀行為）和宗法性政治等級秩序中，處在這種宗法生活形式中的主要是知識分子和官宦。」〔註33〕這就是要求將家庭倫理道德建設與政治倫理道德相統一，由父子關係推及君臣關係，二者在結構上同一，在思想上相互滲透。家庭中父家長有著君主式的權力，而國家中君也有家庭中為人父的從親情延伸出來的職責與權力；家庭中有著國家式的管理，如尊卑、家法，國家採用由個體、親情所延伸出來的德與禮治國。對於家庭、家族來說，家人和睦、傳宗接代、子孫成才是治家的重要關注點；同時，國也是家的延伸，君即天下之共主，

〔註31〕徐喜辰，斯維至，楊釗主編：《中國通史‧上古時代》（第3卷），白壽彝總主編，上海：上海人民出版社，2004年，第331頁。
〔註32〕劉廣明：《宗法中國》，上海：三聯書店，1993年，第26頁。
〔註33〕劉廣明：《宗法中國》，上海：三聯書店，1993年，第47頁。

盡忠於國即是盡孝，家庭、家族發展良好即是安國。這樣一方面有助於促進家庭、家族的和睦與發展，另一方面有助於國家的安定與發展。

總之，在這樣的制度下，個人、家與國、天下是一體的。天下、國家的安定需要家族和睦、穩定，而家族和睦需要家族成員自身修養有素。整個社會是由修身推及親親，由親親推及治天下、國家，由內及外，由己及人，由家及國，同時也是由上而下的。在這樣的社會結構下，家訓作為家庭、家族對子女的教育，對促進個體發展、家族發展、社會發展，以及維持政治的穩定都有重要的意義。

三、家庭、家族的倫理與道德

1. 家庭、家族的人倫關係

家訓是限於家庭、家族成員範圍內實行的教育活動。所以，家人及其基本的人倫關係是家訓形成的理論依據。一個基本的家庭〔註34〕有兩代血統，包含夫與婦、父母與子女、兄與弟三種關係，由此向外擴充有君臣關係、朋友關係。

《易傳‧序卦傳》敘述了人倫關係的形成依據，「有天地，然後有萬物；有萬物，然後有男女；有男女，然後有夫婦；有夫婦，然後有父子；有父子然後有君臣。」〔註35〕天地為根本，陰陽二氣運行其中，相互作用，從萬物演化為人，從而形成男女、夫婦、父子、君臣關係。其中，男女性別不同，起居、行為方式不同，相互大防，可以發生性行為，是一切人倫關係的基礎與源頭。男女以一定的方式結合，跨越兩姓，以「昏禮」為表現形式，成為夫婦，是無血緣關係的統一體，標誌著一個新家庭的產生。「昏禮者，將合二姓之好，上以事宗廟，而下以繼後世也」〔註36〕，可見，生育子女、傳宗接代是夫婦的第一要務，同時這也是人自身的再生產。有了子女，父母與子女的關係、兄與弟的關係就形成了。

其中，母親與子女關係，較父親與子女關係，有著天生的親密性、優越性。因為它是「最深刻地用純粹的本能或中意來闡釋的」〔註37〕；而父子關係因為

〔註34〕這裡指文明時代以來，對於婦女來說是一夫一妻制的家庭。
〔註35〕高亨：《周易大傳今注》，北京：清華大學出版社，2010年，第479頁。
〔註36〕〔漢〕鄭玄注，〔唐〕孔穎達疏，《禮記正義‧昏義第四十四》，《十三經注疏》整理委員會整理，北京：北京大學出版社，2000年，第1888頁。
〔註37〕〔德〕斐迪南‧滕尼斯：《共同體與社會——純粹社會學的基本概念》，林榮遠譯，上海：商務印書館，1999年，第59年。

在本能方面弱得多，所以，「父親的地位最純粹地闡明在共同體意義上的統治的理念：統治並不意味著使用和支配以利於主子，而是意味著作為完成生養任務的教育和教導」〔註38〕。兄與弟因有共同的父母而結緣、認識，但從本能方面來說，比母子、夫婦關係要弱，「是完全建立在血緣親戚之上的人與人之間的關係」〔註39〕。所以，二者的關係需要在後天不斷地磨合、鞏固。

至此，一個小家庭成型，成為一個共同體。在這個共同體中，大家以血緣為紐帶，共同生活，相互間是最親密的，在情感、利益上是休戚與共的。這種家庭關係在內部延伸，向上追溯有祖輩、父輩，從而產生在世的子孫與過世的祖輩的關係、婆媳關係；向下延伸有孫輩、曾孫輩，這是父子關係的延伸；向旁延伸，有昆弟關係，這是兄弟關係的延伸。這些關係構成家族的基本關係，一般以五代為限。由於家族建立的基礎是個體家庭，所以家族關係沒有個體家庭關係那麼親密，但因為有血緣關係，情感、利益也更趨一致，所以比普通人之間的關係要親近。

2. 家庭、家族的基本道德規範

家庭倫理關係靠家庭道德來規範，不同的關係有不同的道德要求。總體來說，夫婦有義，父母慈愛，子女孝順，兄友弟悌。這樣，「父父，子子，兄兄，弟弟，夫夫，婦婦，而家道正」〔註40〕，每個家庭成員各守其德，各安其位，則是良好的治家之道。

夫婦有義，一是夫婦以禮相待。二人雖然共同生活，但有著男女之別，所以在起居行為上都要以禮規範彼此。二是家庭分工。《周易・家人卦》的《象》曰：「《家人》，女正位乎內，男正位乎外。男女正，天地之大義也。」〔註41〕婦主內，「無攸遂，在中饋」〔註42〕，主要負責家內事務，如飲食、衣服等；夫主外，「知可為者，知不可為者；知可言者，知不可言者；知可行者，知不可行者」〔註43〕，主要負責參與政事、與人交際等。「男不言內，

〔註38〕〔德〕斐迪南・滕尼斯：《共同體與社會——純粹社會學的基本概念》，第61頁。

〔註39〕〔德〕斐迪南・滕尼斯：《共同體與社會——純粹社會學的基本概念》，第60頁。

〔註40〕高亨：《周易大傳今注》，北京：清華大學出版社，2010年，第247頁。

〔註41〕高亨：《周易大傳今注》，第247頁。

〔註42〕高亨：《周易大傳今注》，第248頁。

〔註43〕黃懷信主撰，孔德立，周海生撰：《大戴禮記匯校集注・本命》（下），西安：三秦出版社，2005年，第1383頁。

女不言外」〔註44〕，這樣夫婦關係才能長久。

父母是一家之長，子女要尊敬、孝順父母，父母要教育子女。「家人嘻嘻，悔厲吉；婦子嘻嘻，終吝」〔註45〕，家教嚴厲，遇到危難也是吉利的，家教不嚴厲，終究會遇到難事。可見，父母對子女的教育很重要。子女孝順父母的內容涉獵很廣，大綱是「身體髮膚，受之父母，不敢毀傷，孝之始也。立身行道，揚名於後世，以顯父母，孝之終也」〔註46〕。兄與弟是同輩中最親近的，「多薪多薪，莫如松杍。多人多人，莫如同父母。」〔註47〕二人重在謹守友悌之道，區分長幼之序，相互友愛、和睦。

家族道德也是家庭道德的延伸，子孫輩對祖輩、父輩要孝敬，祖輩、父輩對子孫輩要慈愛、教育；昆弟之間要相互友好、關愛。「上治祖禰，尊尊也。下治子孫，親親也。旁治昆弟，合族以食，序以昭穆，別之以禮義，人道竭矣。」〔註48〕

3. 家庭倫理到社會倫理

家庭關係向社會擴充，父子關係擴充為君臣關係，兄弟關係擴充為朋友關係，基本道德要求是君義臣忠、朋友有信。君臣是上下關係，其中君是權力的代表，臣是「事君者」。「義」的核心要求是公正無私，「忠」的核心要求是盡心。君臣各守其德，各安其位，則國家無亂。朋友從狹義上說，是志向相同人；從廣義上說，就是人與人。彼此平等，以德相交。「信」即「誠也」，真實無偽，核心要求是言而行。只有彼此誠信，相互間才會有信任，從而社會才會運作，才會有秩序；對於個體來說，才會得到對方的幫助，並進而得到君主的任用。

《禮記》有「男女有別，而後夫婦有義；夫婦有義，而後父子有親；父子有親，而後君臣有正」〔註49〕。人意識到男女有別，並以禮規範行為，這樣夫婦之間才能和睦相處。夫婦關係是父子關係的基礎，只有夫婦和睦，那麼

〔註44〕《禮記正義・內則》，第 974 頁。

〔註45〕高亨：《周易大傳今注》，第 247 頁。

〔註46〕〔唐〕李隆基注，〔宋〕邢昺疏：《孝經注疏》，《十三經注疏》整理委員會整理，北京：北京大學出版社，2000 年，第 4 頁。

〔註47〕馬承源主編：《上海博物館藏戰國楚竹書・逸詩》（第四冊），上海：上海古籍出版社，2004 年，第 178 頁。

〔註48〕《禮記正義・大傳第十六》，第 1165 頁。

〔註49〕《禮記正義・昏義第四十四》，第 1890 頁。

父子之間才能親密無間。父子關係親近了，君臣之間也能以正道相處，親如家人。如果說，在家庭中，父子關係是最重要的，那麼在國家中，君民關係是最重要的。君臣之道是對父子之道的延伸，父子間的親親倫理是君臣政治倫理建立的基礎，二者在道德規範上相互滲透，這樣治家與治國相統一。

　　總體來說，中國古代社會是以德為本，以孝與禮為主，以法為輔來規範行為。其中，德是指個人內在的心性修養，體現了人的理性能力；孝、禮、法是德的實踐。「孝，德之本也，教之所由生也」〔註50〕，「始於事親，中於事君，終於立身」〔註51〕，從親親出發，為子是為臣的前提，為臣是為子的擴充，二者統一於立身，最終達到己、親、君的統一。這樣將孝與忠相統一，親親與臣臣相統一，治家與治國相統一。禮「治人之情」〔註52〕，「定親疏，決嫌疑，別同異，明是非也」〔註53〕，從人的親情血緣關係出發，區別親疏遠近、尊卑上下，協調人的家庭、社會關係。「夫禮，始於冠，本於昏，重於喪祭，尊於朝聘，和於射鄉」〔註54〕，冠禮意味著成人，昏禮意味著成家，喪祭禮意味著追思祖宗，朝聘禮意味著君臣之別，鄉射禮意味著長幼之序。法主要是指刑法，起輔助推行德的作用。由此可以看出，在這種具體的制度中，從個人修養推及親親，由親親推及忠君、愛民，由內而外，由家及國與天下。

四、家訓與家風、家道的關係

　　家訓重在訓誡、教導。它在形式上，可以是口頭的，也可以是成文的；既可以是具體因事而發，如子思過庭，孔子戒其學禮，也可以是專門的告誡，如王昶《家誡》；在價值觀的選擇上，也是有善、有不善，並不是所有家訓都是要求子孫從善。

　　家風是一個家庭、家族經過幾代人傳承和積澱而形成的，是「一種看不見的精神風貌，摸不著的風尚習氣，以一種隱形的形態，存在於特定家庭的日常生活之中，家庭成員的一舉手、一投足，無不體現出這樣的一種習性」〔註55〕。這種風氣蘊含了一個家族的價值觀、人生觀，而這可能是善的，也

〔註50〕《孝經注疏‧開宗明義章第一》，第 3 頁。
〔註51〕《孝經注疏‧開宗明義章第一》，第 5 頁。
〔註52〕《禮記正義‧禮運第九》，第 773 頁。
〔註53〕《禮記正義‧曲禮上第一》，第 14 頁。
〔註54〕《禮記正義‧昏義第四十四》，第 1890 頁。
〔註55〕徐梓：《家風的意蘊》，《尋根》2014 年第 3 期，第 5 頁。

可能不是善的，所以家風本身是一個中性的詞彙，並沒有善或惡的標籤。

　　對於一個家族來說，家風的形成需要家族幾代人重視教育子孫、重視家訓，不論是言傳還是身教，如漢代石奮對諸子行不言之教，其子又戒其後代行為恭謹，形成萬石家風，備受後代家訓推崇。同時，家風在形式之後需要後代不斷地傳承，否則也是可能會改變的。這取決於祖輩、父輩的教育和後代子孫的學習態度，即家族的家風是家訓內容的一部分。如西晉潘岳的《家風詩》「縮髮縮髮，髮亦鬌止。曰祗曰祗，敬亦慎止。靡專靡有，受之父母。鳴鶴匪和，析薪弗荷。隱憂孔疚，我堂靡構。義方既訓，家道穎穎。豈敢荒寧，一日三省」〔註56〕，敘述了祖先為人敬慎、守禮、從義之美德，勉勵子孫效法祖先，不要有辱家門。

　　家道，一是指治家之道，如《周易・家人卦》「父父，子子，兄兄，弟弟，婦婦，而家道正」〔註57〕，在家庭中，每個人都安於自己的角色，遵守禮節，各盡其職，這樣才是合理的治家之道；二是指家境，如《南史・徐摛傳》「家道壁立，所生母患，欲粳米為粥，不能常辦」〔註58〕，指家庭經濟狀況不好。對家庭來說，治家意義上的家道是家訓的重要內容，重在處理家庭關係。這是家風形成的重要方面。同時，良好的治家之道也有助於家境的改善、良好家風的傳承。

　　總之，家訓與家風、家道是密切聯繫的。家訓是家風、家道的重要部分，而良好的家訓有助於良好家風的傳承與發展，是家道興旺的重要條件。同時，形成的家風、家道又成為家訓的重要部分，是家訓傳承與發展的重要內容。

第三節　先秦至南北朝家訓歷史時期劃分

　　隋唐以前的家訓主要集中在王室或皇室、士人階層的家庭、家族，涉及修身、治家與為政、處世之道幾方面，以智、德、文、藝為主要訓誡內容。在王室或皇家，由於實行宗法制度，嫡庶有別，所以教育也不同。對準備繼承王位的子嗣，父母主要是圍繞如何修身為君以治天下國家來教育；對庶子，他們主要是圍繞如何修身、處理地方事務以輔助維護政權、安定社會秩序來

〔註56〕董志廣校注：《潘岳集校注》，天津：天津古籍出版社，2005年，第237頁。
〔註57〕高亨：《周易大傳今注》，北京：清華大學出版社，2010年，第247頁。
〔註58〕〔唐〕李延壽：《南史》卷六十二《徐摛傳》，北京：中華書局，第1528頁。

展開的。在士人家庭，父母主要教子立志、讀書、修德、繼業、交友、處理家庭關係、治理家業、教育子孫、為官處世等。而女性則由父母教以婦容、婦德、婦言、婦功，以備未來為人婦處理好與夫、公婆、叔妹的關係。當然，有的出生於統治階層的、大家族的女子也會讀《詩》《書》《禮》等書，但畢竟是少數。

其中，士人家訓是主要部分。士是社會的知識人〔註 59〕，雖然在不同的社會背景、政治背景下，有不同的行為表現，但「志於道，據於德，依於仁，游於藝」〔註 60〕「謀道不謀食」「憂道不憂貧」〔註 61〕則是他們的根本追求。他們是傳統文化的承載者，「學而優則仕」，連接著個體與國家。他們內在的修養與外在的行為體現了一個國家的理性能力、文化實力、政治實力，也體現了一個國家的發展水平。士人家訓就重在傳承這種「士」德，傳承傳統文化，對內會影響到家族的發展，對外會影響到國家政治、經濟、文化的發展。

從縱向發展來說，先秦至南北朝家訓是中國家訓史上一個重要的形成、發展、成型時期。

先秦家訓是中國古代家訓的形成期。黃帝時期家訓萌芽，西周時期出現了以周公家訓為代表的王室家訓，春秋戰國時期產生了士人家訓。這一時期的家訓在形式上，以口頭訓誡為主，主要是因事而誡。從內容上說，這一時期的家訓從修身、齊家、治國、處世方面展開，奠定了家訓發展的基本方向。其中，在修身方面，他們重視個人的德行，強調行為恭敬、勤儉、戒驕戒奢；在治家方面，王室家訓重視族人的團結、做事善始善終，士人家訓重視孝悌禮儀、祭祀事宜；在治國方面，士人家訓重視盡忠、做事謹慎。

兩漢家訓是家訓的發展期。這一時期由於社會結構發生變革，家國關係、宗法制度、選舉制度、社會思想等也隨其發生變化，家訓的形式與內容也得到了發展。他們開始有意識地作家訓，採用家書、詩誡等新的表現形式；在內容上，將德行修養與為政之道成為家訓關注的重點。漢文帝劉恒薄葬、楊王孫裸葬、石奮誡子、疏廣誡姪、馬援誡兄子等被此後的家訓引以為戒，具

〔註59〕「知識人」是余英時在《士與中國文化》中提到的一個專用詞彙，是指春秋
　　　　戰國開始從固定的封建關係中游離出來的，具有獨立思想的士人。
〔註60〕〔宋〕朱熹：《四書章句集注·論語集注》，北京：中華書局，1983 年，第 94 頁。
〔註61〕〔宋〕朱熹：《四書章句集注·論語集注》，第 167 頁。

有典型性。同時，女訓方面也有了突破性的發展，出現了以班昭《女誡》為代表的訓誡作品，奠定了此後女訓發展的基本方向。

魏晉南北朝家訓是家訓的成型期。這一時期訓誡者的自覺意識提高，家訓成為了家族發展的一個重要部分，家訓文獻增多。從形式上說，這一時期出現了以「家誡」「家訓」命名的文獻，並且有的文獻篇幅還比較大，如王昶《家誡》、嵇康《家誡》；出現了專著《顏氏家訓》；出現了對古代家訓的彙編，如《金樓子‧戒子篇》。在內容上，他們將關注重點轉向個體與家庭、家族的傳承與發展，一方面重視個人的德行與學業修養，重視家庭建設，出現了家庭禮儀、家庭信仰等新的訓誡內容；另一方面重視仕途發展，將其視為家族顯耀的最重要方式，試圖調節孝與忠、個人的自由發展與家族發展、社會發展之間的張力。

需要說明的是，從先秦到魏晉南北朝這一時期家訓文獻的選擇問題。它的判定依據在於是否符合家訓定義，即是否為存在於家人、族人間的、直接的訓誡。除了明顯的戒子書、家誡、家訓、遺訓無異議外，有一些材料需要解釋一下：一是訓誡內容中有關軍事、戰爭的不算；二是家書、遺書中只選擇有關教育、訓誡的部分，抒發情感、談論家事等、與教育無關的除外，如虞翻《與弟書》，說只求能為兒子娶到妻子、有個孫子即可，不求對方出身，則不列為家訓，還有如江蘇儀徵胥浦 101 號西漢墓出土《先令券書》，記載了老嫗臨終決定將家庭財產如何分配給子女，也不列入家訓。三是自敘文章。[註62]因為它不是父輩直接訓誡，本課題將其作為輔助材料，以佐證直接訓誡的內容。四是有關王室或帝王家訓。在這些家族中，成員之間兼有政治關係與血緣關係，既是君臣，也是父子、兄弟，所以家人之間的訓誡既有以君臣立場要求的，也有以家人立場告誡的。這樣，只將以父子、兄弟立場進行告誡的文獻作為本課題研究的內容。如秦始皇三十五年，儒生「犯禁者四百六十餘人，皆阬之咸陽，使天下知之，以懲後。益發謫徙邊」[註63]。其長子扶蘇告誡他要謹慎行法，以防發生天下動亂，「唯上察之」[註64]。由此語可知，扶蘇是以臣子的身份勸諫皇帝，所以不列為家訓。漢武帝曾同日封三子分別

〔註62〕周法高將其作為家訓文學的來源之一。周法高：《家訓文學的源流》（下），《大陸雜誌》，民國五十年，1961 年，第 22 卷第 4 期。

〔註63〕〔漢〕司馬遷：《史記》卷六《秦始皇本紀》，北京：中華書局，1959 年，第 258 頁。

〔註64〕〔漢〕司馬遷：《史記》卷六《秦始皇本紀》，第 258 頁。

為齊懷王、燕王、廣陵王，並「各以國土風俗申戒焉」〔註65〕。對此，康世昌認為其是以君臣立場詔示子弟〔註66〕。筆者認為雖然它是以詔書的形式出現，但訓誡的內容是如何修養自身、如何管理好封國，更多地體現了帝王之家父對子的期待與要求。這與帝王家訓的內容相符合，劉勰曾評論「策封三王，文同訓典；勸誡淵雅，垂範後代」〔註67〕，所以將其作為家訓考察。

小結

中國古代家訓萌芽於一夫一妻制的家庭時期，大約相當於歷史上的五帝時代。西周時期出現了以周公家訓為代表王室家訓，其中《尚書·無逸》標誌著家訓的形成，這為家訓的發展奠定了重要基礎。另外，家訓的產生、發展與中國古代社會的經濟形式、社會制度、倫理道德密切相關。自給自足的農業生產方式決定了中國古代社會具有重視血緣親情、重視家庭建設、重視經驗傳承的特點。當從氏族進入國家，這些特點繼續傳承了下來，家國同構成為了中國古代社會的基本特徵，統治者建立了宗法制度，制定了以德和禮為核心的倫理道德規範以維持統治。在這些思想指導下，中國古代家訓具有重視家庭、家族文化，重視由家到國、由孝及忠的親情倫理道德建設的特徵。

〔註65〕〔漢〕班固：《漢書》卷六十三《武五子傳》，北京：中華書局，1962年，第2749頁。

〔註66〕康世昌：《漢魏六朝「家訓」研究》（上冊），臺北：花木蘭文化出版社，2009年，第4頁。

〔註67〕〔南朝梁〕劉勰：《文心雕龍》，黃霖導讀，上海：上海世紀出版集團，2008年，第38頁。

第二章　先秦家訓——形成時期

　　先秦家訓是中國古代家訓的形成時期，可分為西周以前、西周時期、春秋時期、戰國時期四個階段。西周家訓集中在西周早期成王時代，主要是周公告誠家人、族人，而西周末年的家訓比較少。這一時期的家訓資料主要見於《周易・家人卦》《儀禮・士昏禮》《禮記・文王世子》《禮記・內則》《尚書・周書》〔註1〕《逸周書》〔註2〕《詩・小雅》《史記・魯周公世家》《大戴禮記・保傅》《上博簡・成王既邦》〔註3〕等。春秋家訓集中於士人階層，有的來自世代顯貴的大家族，有的來自沒落貴族。這一時期的家訓資料主要見於《左傳》《國語》《論語》《晏子春秋》《大戴禮記・曾子疾病》等。戰國時期的家訓資料主要見於《戰國策》《韓非子》等。另外，雖然《金人銘》《保訓》《程寤》《武王踐阼》在成書年代、史料真偽方面，學界存在爭議，但其思想值得注意。劉向的《列女傳》〔註4〕《說苑》著錄有西周到春秋戰國時期的一些家訓

〔註1〕此處《尚書》是指今文尚書。
〔註2〕關於《逸周書》成書時間、各篇的產生年代，學界有不同的意見。本文主要結合黃懷信著的《逸周書校補注譯》和羅家湘的《〈逸周書〉研究》，認為除《度邑》是作於西周的外，其他都成書於西周之後，但所記有一定的可靠性。所以，本文在分析時，會作參照。參考黃懷信：《逸周書校補注譯》（修訂本），西安：三秦出版社，2006年。羅家湘：《〈逸周書〉研究》，上海：上海古籍出版社，2006年。
〔註3〕關於上海博物館藏戰國楚竹書的真偽，學界有所爭論。《成王既邦》在先秦古籍中未見，濮茅左認為是先秦重要佚文。本文採用此觀點，將其列入先秦文獻。見馬承源主編：《上海博物館藏戰國楚竹書》（第八冊），上海：上海古籍出版社，第169頁。
〔註4〕劉向的《列女傳》《說苑》的材料來源於史書、經書、諸子典籍、民間傳說等，但他不是原文錄入，而是有所改造。所以，它有一定程度的史料性，有些可與《春秋》、《國語》等相對照。參考鄭先彬：《劉向〈列女傳頌圖〉研究》，南京：鳳凰出版社，2013年，第31～34頁。

文獻，但基於資料的可靠性考慮，這些資料會與史書作參照。

第一節　西周以前的家訓

　　歷史一般將中華文明的開端追溯至三皇五帝時期，《史記》以黃帝作為歷史的起點，《帝王世紀》則以伏羲、神農、黃帝作為起點。

　　相傳伏羲有《十言之教》，見於《春秋左傳·定公四年》正義引《易》，「伏羲作十言之教，曰：乾、坤、震、巽、坎、離、艮、兌、消、息。」〔註5〕炎帝有《神農之禁》《神農之法》《神農之教》，其內容都是見於後代著作所引。《神農之禁》見於《群書治要》所引《六韜·虎韜》「春夏之所生，不傷不害」〔註6〕；《神農之法》見於《淮南子·齊俗訓》「丈夫丁壯而不耕，天下有受其饑者。婦人當年不織，天下有受其寒者」〔註7〕；《神農之教》見於《漢書·食貨志》「有石城十仞，有湯池百步，帶甲百萬，而亡粟，弗能守也」〔註8〕。這些內容都是要求人勤於耕作，順時而動。他們都有著訓誡的性質，但其訓誡的對象並不是家人；並且，這些材料也只是源於後人記載，缺乏當時材料的佐證，所以他們並不具有家訓的性質。但這也說明在文明之初，古人就重視教導，希望能延續自身的發展。

　　現今流傳的以黃帝的名義進行告誡的有《道言》《政語》《巾幾銘》《金人銘》《戒》《丹書戒》等，內容都是關於如何加強修養。但它們都存留在後人的著作中，並不是產生於黃帝時期，而是後人託黃帝之名而作。所以，它們也並不能作為這一時期的家訓。

　　另外，史料記載黃帝有《誨顓頊》，見於《呂氏春秋·序意》「嘗得學黃帝之所以誨顓頊矣，爰有大圜在上，大矩在下，汝能法之，為民父母」〔註9〕。顓頊是黃帝的孫子，這是要求他以天地為鑒，遵循天地之理，就能為百姓的表率。殷商時期商湯有《嫁妹辭》，見於宋代王應麟《困學紀聞》引京房之言，

〔註5〕〔周〕左丘明傳，〔晉〕杜預注，〔唐〕孔穎達疏：《春秋左傳正義》，《十三經注疏》整理委員會整理，北京：北京大學出版社，2000年，第1787頁。

〔註6〕魏徵等撰：《群書治要·六韜》，北京：中華書局，1985年，第525頁。

〔註7〕劉文典撰，馮逸、喬華點校：《淮南鴻烈集解》（上），北京：中華書局，1989年，第374頁。另外，此則也見於《文子·上義》《呂氏春秋·愛類》等。

〔註8〕〔漢〕班固：《漢書》卷二十四上《食貨志》，第1133頁。

〔註9〕許維遹撰，梁運華整理：《呂氏春秋集釋》（上），北京：中華書局，2009年，第273～274頁。

「無以天下之尊而乘諸侯，無以天下之富而驕諸侯。陰之從陽，女之順夫，本天地之義也。往事爾夫，必以禮儀。」〔註10〕這是商湯教其妹為婦之道，要求婦從夫。這兩則材料也都是源於後人記載，本身可疑，特別是後者，其思想有著漢代的印跡，但它起碼在形式上是家人間的訓誡。

　　總之，在西周之前的文獻材料，由於出自後代記載，很多是後人假託古人而作，缺乏當時材料的佐證，所以本身可疑。但這也說明文明社會伊始，就開始重視教育，並且逐漸意識到對家人訓誡的重要性，以推進社會發展。

第二節　西周家訓

一、西周時期的社會背景

　　周文王繼承祖先遺業，逐步擴大周族勢力，聯合附近氏族部落與商王朝對抗。到武王即位第四年，殷商與周戰於牧野，紂師倒戈，臣服於武王，最終商朝覆滅，武王奪得天下，周朝始立。周武王即位二年後，因病去世，年幼的成王即位，周公輔政。周公攝政第七年，成王親政。臨終，成王遺訓嫡長子姬誦繼位，是為周康王。「成康之際，天下安寧，刑錯四十餘年不用。」〔註11〕康王之後，王道逐漸衰微。周幽王親近小人，政治昏亂，被申侯與犬戎所殺。公元前 770 年，周平王繼位東遷，西周滅亡，東周開始。

　　周朝建立之後，家國一體，王室的首要任務就是如何治天下、如何使周朝永久，具體而言一是如何證明政權的合法性，二是如何安置殷民，三是如何制定國家制度。周朝以史為鑒，改革了夏殷朝制度，劃分社會等級，完善了以嫡長子繼承制為核心的宗法制以區分親疏、尊卑等級，以和睦家族、保證政權平穩過渡。他們自上而下將人分為天子、諸侯、卿大夫、士、民五個等級，配以分封制，設立官職。其中，天子最高，擁有天下，包括土地和人民；諸侯次之，有同姓的，有異性的，享有分封的土地，輔助國家政權，向天子稱臣；卿大夫享有封地「采邑」，是天子、諸侯國的行政官；士享有分封的公田，掌握著禮樂文化，又分為上士、中士、下士。在家族內部，天子是大宗，是家族中惟一可以祭祀祖廟的；其他被分封的家族成員通過實行嫡長子繼承制形

〔註10〕〔宋〕王應麟著，〔清〕翁元圻等注，欒保群，田松青，呂宗力校點：《困學紀聞》（上），上海：上海古籍出版社，2008 年，第 73 頁。
〔註11〕〔漢〕司馬遷：《史記》卷四《周本紀》，第 134 頁。

成嚴格的等級，上一級對於下一級來說是大宗，但對於天子來說都是小宗。大宗與小宗之間是隸屬關係，小宗要服從大宗。每一等級都實行父家長制，天子統轄天下，小宗的家長或統轄於一國，或統轄於一采邑。這樣，「卿大夫以采邑為家，諸侯以國為家，天子以天下為家。周天子就是以天下為家的這個家族系統的總族長。每個在血緣關係中處於不同等差的家族，同時也就是國家政治結構的不同環節。政權與族權合一。」〔註12〕他們都屬於社會的上層，以智為生，在此之下是民，以力為生。

即對於君來說，家就是國，國就是家，兼掌父權與君權，管理族人就是治理天下國家；對於被分封的族人來說，以任職的形式參與管理國家，管理好他們的封地也就是在治國。他們的家族關係也就是政治關係，父子關係也是君臣關係，兄弟關係也是長幼關係。君與民、臣與民之間，雖然沒有家族血緣關係，是管理與被管理的關係，但在德行方面，作為父家長的君或臣對民有著教化的職能。他們起著表率作用，相當於家庭、家族中父母對子女有教育的責任。所以，在天下國家中，「君有合族之道，族人不得以其戚戚君」〔註13〕，臣、民對君要恭順；親親服從尊尊，尊尊收攏親親，用家族觀念鞏固政治秩序。

在思想上，周朝統一上帝崇拜與祖先崇拜，以上帝為至上神，祖先是上帝之子；周王有天下，是秉受天命，但「惟命不於常」，要永保天下，就要敬畏天命，以德配天。家族成員依照《周禮》《儀禮》以規範個人行為。《周禮》是規定官員的職務，主要分為六官，天官管宮廷，地官管民政，春官管宗族，夏官管軍事，秋官管刑罰，冬官管營造。《儀禮》是規範士以上階層的行為舉止，維持社會的等級次序，涵蓋了成人、結婚、喪葬、祭祀、交往、燕饗、朝聘等各種社會活動和政治活動，主要包括冠、昏、喪、祭、鄉、射、覲、聘、燕、相見禮等。與禮相對的是樂，不同的禮演奏不同的樂。在婚姻制度上，周朝實行同姓不婚，大族聯姻。

二、王室家訓內容

從訓誡對象來說，王室家訓主要分為三種：一是訓周王的；二是訓諸侯的；三是訓族人的。訓誡內容主要是關於如何保民、治國、平天下，可分為兩

〔註12〕蘇鳳捷：《試論中國古代社會的特點及其成因》，《中國史研究》1984 年第 1 期，第 126 頁。

〔註13〕《禮記正義·大傳第十六》，第 1174 頁。

方面：一敬德保民，敬德是內在要求，保民是敬德的目的；二為周天下盡心。

訓誡周王的家訓主要有周公戒成王和成王戒康王。前者是叔侄關係，後者是父子關係，所以在內容上，後者還涉及到王位的繼承問題。周公對周成王的訓誡，主要見於《尚書‧無逸》，另外如《尚書》中《召誥》《洛誥》《立政》也有涉及；《逸周書》中《成開解》《大戒解》《本典解》，雖然作於春秋戰國時期，反映的不盡是西周的思想，但與《尚書》中的敬德、愛民、配天的主體思想是基本一致的。另外，《上博簡‧成王既邦》〔註14〕是成王執政第二年，向周公請教「天子之正道」，周公告誡其革故鼎新，「德其世也」。《尚書‧顧命》是周成王臨終以冊命戒康王，要求他繼承王位，遵循先王治國之法，協和天下，以報答先王的聖明大訓。

此外，文王戒武王的文獻主要見於《逸周書》中《八繁》《文儆解》《文傳解》，要求以殷為鑒，行善保民；周公戒武王的文獻主要見於《逸周書》中《酆保解》《大開武解》《小開武解》《寶典解》《寤敬解》《酆謀解》，要求修德敬命；武王戒子姬誦的文獻主要見於《武儆解》，要求以殷為鑒，勤於讀書，如《金枝》《郊寶》《開和》《寶典》。這些都是作於西周之後，是古人為春秋戰國時期的諸侯提供政治理論，借周王之名而作，但其有一定的西周思想淵源。

訓諸侯的文獻主要是周公戒康叔和周公戒伯禽。前者是兄弟之戒，見於《尚書》的《康誥》《酒誥》《梓材》；後者是父戒子，見於《史記‧魯周公世家》。此外，還有武王戒召公奭、畢公高，見於《逸周書‧和寤》；武王戒管叔、蔡叔，見於《逸周書‧大匡解》。諸侯戒子孫的文獻主要見於《尚書‧呂刑》，重在告誡子孫治國要明德慎刑。周公戒召公是族兄弟之戒，見於《尚書‧君奭》。

1. 戒周王與諸侯：敬德保民

「敬」是西周家訓中突出的一個詞，如「恫瘝乃身，敬哉！」〔註15〕「汝往敬哉！」〔註16〕「曷其奈何弗敬！」〔註17〕，既有出於對天命不可知的無

〔註14〕釋文見馬承源主編：《上海博物館藏戰國楚竹書》（八），上海：上海古籍出版社，2011年。復旦吉大古文字專業研究生聯合讀書會：《上博八〈成王既邦〉校讀》，復旦大學出土文獻與古文字研究網站，2011年7月17日。http://www.gwz.fudan.edu.cn/SrcShow.asp 跡 Src_ID=1593。

〔註15〕顧頡剛、劉起釪著：《尚書校釋譯論‧康誥》（第三冊），北京：中華書局，2005年，第1313頁。

〔註16〕顧頡剛、劉起釪著：《尚書校釋譯論‧洛誥》（第三冊），第1468頁。

〔註17〕顧頡剛、劉起釪著：《尚書校釋譯論‧召誥》（第三冊），第1434頁。

奈，也有對個體內在要求的含義。

在西周時期，人對自然和社會的認識、對自我的認識都還處於不成熟階段。對於周王室來說，他們親身經歷了殷朝的興亡，見證了政權從殷民轉到周族，認為殷朝滅亡，是天墜其命，周有天下是天受其命；但天命是可以轉移的，不是永久的，永保天命的秘訣在於人事。所以，人要有「敬」德。

「敬」是指「一種臨事的態度」〔註18〕，是指「謹慎、小心、嚴肅、認真、勤勉、努力地去做事」〔註19〕。它的內容主要有兩方面：敬天與敬德。周人認識到天與人相關，人之德源於天之德，所以要求以人德配天命。「敬天」即是畏天，因為天不可信。「敬德」，如「王其疾敬德」「惟不敬厥德乃早墜厥命」〔註20〕，即是「在行為上要做到敬」〔註21〕，主要是指政治行為。其中，「德」字也是西周家訓中一個使用頻繁的詞，如「非德用乂」「丕則敏德。用康乃心，顧乃德，遠乃猷」〔註22〕，「大約在成王和周公的時代，在歷史反思和現實需要的雙重作用下，『德』逐漸地走向思想世界的中心」〔註23〕，其基本含義是「行為」〔註24〕，但也兼有個體內在修養的含義。

「敬德」思想的提出主要是由於兩方面的原因。一方面是以史為鑒，「民情大可見，小人難保。」〔註25〕周初理性思維得到發展，他們重視總結歷史經驗，借鑒殷朝先王、文王、武王管理國家的方法。周王室認為殷朝最後滅亡是由於君的行為引起了民怨，失去了民心，以至於「天降喪於殷，罔愛於殷」〔註26〕；而文王因「徽柔懿恭，懷保小民，惠鮮於鰥寡；自朝至於日中昃，不遑暇食，用咸和萬民」〔註27〕，才「冒聞於上帝，帝休。天乃大命文

〔註18〕 趙伯雄：《先秦「敬「德研究》，內蒙古大學學報（哲學社會科學版），1985 年第 2 期，第 24 頁。

〔註19〕 趙伯雄：《先秦「敬「德研究》，內蒙古大學學報（哲學社會科學版），1985 年第 2 期，第 34 頁。

〔註20〕 顧頡剛、劉起釪著：《尚書校釋譯論·召誥》（第三冊），第 1441 頁。

〔註21〕 趙伯雄：《先秦「敬「德研究》，內蒙古大學學報（哲學社會科學版），1985 年第 2 期，第 30 頁。

〔註22〕 顧頡剛、劉起釪著：《尚書校釋譯論·康誥》（第三冊），第 1351 頁。

〔註23〕 王博：《中國儒學史·先秦卷》，湯一介、李中華主編，北京：北京大學出版社，2011 年，第 13 頁。

〔註24〕 參考王德培：《〈書〉傳求是劄記》（上），天津師大學報，1983 年第 4 期。

〔註25〕 顧頡剛、劉起釪著：《尚書校釋譯論·康誥》（第三冊），第 1313 頁。

〔註26〕 顧頡剛、劉起釪著：《尚書校釋譯論·酒誥》（第三冊），第 1408 頁。

〔註27〕 顧頡剛、劉起釪著：《尚書校釋譯論·無逸》（第三冊），第 1538 頁。

王殪戎殷，誕受厥命」〔註28〕。所以，民是天下之本，保民才能享有天下。另一方面是出於對個體的自覺認識。西周時期，周族從氏族變為國家，君權、父權確立，個體在家族、社會中的作用凸顯，並且周王室經歷了殷周的更迭，有較重的憂患意識，從對天的無奈轉為對人事的高度重視，人的理性能力提高。這兩方面，一內一外，對個體從內在修養到外在行為表現提出更加理性的要求。

敬德思想主要包括以下五個方面。

第一，恪守先王之訓，繼承祖先事業

周人享有天下之後，一直有著憂患意識，思考著如何才能使周朝長久，這關係到他們家族的發展與榮譽。所以，他們特別重視歷史，重視訓誡，「我不可不監於有夏，亦不可不監於有殷……惟不敬厥德乃早墜厥命」〔註29〕，希望子孫能以史為鑒，謹遵祖輩、父輩的教導，將他們作為效法的榜樣，積極地完善自身。周公在告誡族人時，如在《康誥》《酒誥》《梓材》《召誥》《無逸》《君奭》中，都有引用到殷商時期如何治理天下，文王、武王如何踐行「敬德」。如《康誥》引用文王之法，「惟乃丕顯考文王克明德慎罰，不敢侮鰥寡，庸庸祗祗威威顯民，用肇造我區夏，越我一二邦，以修我西土」〔註30〕，告誡康叔治理諸侯國要效法此法。周成王臨終作遺訓，向族人、臣子陳述先人的偉業，「昔君文王、武王，宣重光，奠麗陳教，則肄肄不違，用克達殷，集大命。在後之侗，敬迓天威，嗣守文武大訓，無敢昏逾」〔註31〕，希望他們能輔佐康王，遵循文王、武王的訓誡，使其能擔當周王重任，延續周朝的天下。

第二，勤政毋逸，保民為本

周族代殷擁有天下，君成為天下之主，集族權與政權合一，享有天下的土地和人民；諸侯受封土地管理一國，是一國的父家長，輔助治理周天下。他們所擁有的權力與地位本身規定了處理政事是他們的本職事務。

從歷史背景來說，《尚書‧無逸》是周公還政於成王後，「恐成王壯，治有所淫佚」〔註32〕而作。康叔被封於衛時，周公作《康誥》《酒誥》《梓材》。這是周公攝政平定武庚叛亂之後的第二年，處於建國的初期，並且衛國是殷

〔註28〕顧頡剛，劉起釪著：《尚書校釋譯論‧康誥》（第三冊），第1300頁。
〔註29〕顧頡剛，劉起釪著：《尚書校釋譯論‧召誥》（第三冊），第1441頁。
〔註30〕顧頡剛，劉起釪著：《尚書校釋譯論‧康誥》（第三冊），第1299～1300頁。
〔註31〕顧頡剛，劉起釪著：《尚書校釋譯論‧顧命》（第四冊），第1712頁。
〔註32〕〔漢〕司馬遷：《史記》卷三十三《魯周公世家》，第1520頁。

遺民的聚集地，如何管理殷民，讓他們完全歸順於周朝，是康叔要處理的重要事務。在這周朝發展的關鍵時候，周公提出告誡，要求他們以史為鑒，殷王祖甲、中宗、高宗享國之久，文王享國五十年，都是因為他們愛民、知民、勤政，幽王等享國之短是因為他們荒於政事、淫亂、好逸。所以，要勤於政事，才能享國不斷。

勤政最重要的是處理好君與民的關係，要愛民、惠民。在《康誥》中，周公戒康叔，「往敷求於殷先哲王，用保乂民。汝丕遠惟商耇成人，宅心知訓；別求聞由古先哲王，用康保民。」〔註33〕民處於社會的最底層，以力謀食，以土地為生活來源，並且養活著周天下的上層階級。所以，君管理民，首先要知道民之務，「先知稼穡之艱難乃逸，則知小人之依」〔註34〕。古代在立春之後，天子會「率三公九卿諸侯大夫躬耕帝籍田」〔註35〕，以示重農勸稼，這樣才能體恤於民。周公對在外的諸侯也是如此要求。康叔受封的衛國有很多殷遺民，周公告誡他要「惠不惠，懋不懋」〔註36〕。另外，勤政還包括設官用人，要任用「常人」，勿用「憸人」；要視察民情，協同周圍小邦，興辦學校、制禮作樂；施用刑罰，「勿誤於庶獄庶慎，惟正是乂之」〔註37〕，不要干涉刑獄與典法刑迅之官辦事。

勤於政事，就意味著要克制自己的欲望，不能有暫且享樂的思想，不能好逸惡勞。周王或諸侯處於社會上層，有著天然的血緣優勢，不用親自在土地勞作以謀生，所以，很容易滋生好逸惡勞的思想，沉溺於打獵、遊玩等事務，而荒廢政事。並且，他們的行為對社會有著表率作用，上行下效。他們不務政事會影響到民不務農，從而可能使整個國家衰亡。周公在《無逸》中引用先人之事以戒成王，「厥亦惟我周，太王、王季，克自抑畏……自朝至於日中昃，不遑暇食，用咸和萬民。文王不敢盤於遊田，以庶邦惟正之供」〔註38〕，要求以後的諸王要效法先王，「無淫於觀，於逸，於遊，於田，以萬民惟正之供。」〔註39〕

〔註33〕顧頡剛、劉起釪著：《尚書校釋譯論・康誥》（第三冊），第1309～1310頁。
〔註34〕顧頡剛、劉起釪著：《尚書校釋譯論・無逸》（第三冊），第1530頁。
〔註35〕許維遹撰，梁運華整理：《呂氏春秋集釋》（上），北京：中華書局，2009年，第9頁。
〔註36〕顧頡剛、劉起釪著：《尚書校釋譯論・康誥》（第三冊），第1313頁。
〔註37〕顧頡剛、劉起釪著：《尚書校釋譯論・立政》（第四冊），第1687頁。
〔註38〕顧頡剛、劉起釪著：《尚書校釋譯論・無逸》（第三冊），第1538頁。
〔註39〕顧頡剛、劉起釪著：《尚書校釋譯論・無逸》（第三冊），第1539頁。

第三，慎酒

殷朝發展到後期時，紂王「以酒為池，縣肉為林，使男女倮，相逐其間，為長夜之飲」〔註40〕，整日享樂，不理政事，以致最後亡國。周公一方面以史為鑒，告誡子孫謹記文王之教，「惟天降命，肇我民，惟元祀。天降威，我民用大亂喪德，亦罔非酒惟行；越小大邦用喪，亦罔非酒惟辜……有正、有事，無彝酒；越庶國，飲惟祀，德將無醉」〔註41〕，飲酒不當會喪德、喪國、喪天下，所以不要將飲酒作為生活，即便不得不喝，也要學會用德行節制，不要喝醉。另一方面，他要求重塑理性的酒文化，即將飲酒與孝友之德相結合。孝友之道是對現實家庭倫理的要求。在西周時期，「孝」有兩層含義，一是追孝祖先，二是孝父友兄。在西周文獻中，孝與享常連用，如「夙夜用享孝皇祖文考」〔註42〕「率見昭考，以孝以享」〔註43〕，都是用祭祀表示對祖先的追思，一方面是為了用宗法血緣來凝聚家族，另一方面是感恩祖先立家建業的艱難。所以，祭祀時可以飲酒，但不能醉。《禮記・文王世子》記載了文王對王季一日三問安，《詩・大雅・思齊》記載文王「刑於寡妻，至於兄弟，以御於家邦」〔註44〕，為周朝樹立了治家的榜樣。所以，周朝有天下後很重視家庭倫理。《酒誥》中周公告誡康叔，要勸勉衛國子民勤於務農、經商，「奔走事厥考厥長」〔註45〕，這樣父母兄長高興了，自己就可以飲酒了；同時，也要勸勉為官者「爾尚克羞饋祀，爾乃自介用逸」〔註46〕，要先進獻於父母兄長，而後自己才能「飲食醉飽」。

第四，慎刑罰

西周時期的法主要就是指刑罰。刑罰是政治的一個重要方面，是治理國家的一個重要手段，具有暴力性。為了防止以私亂公、濫用刑罰，周王室很重視自身的德行修養。歷史上，周公告誡君和諸侯「敬明乃罰」。呂王告誡其族人「有德惟刑」〔註47〕，善於施行刑罰即是對民施德；並提出「哲人惟刑，

〔註40〕〔漢〕司馬遷：《史記》卷三《殷本紀》，第105頁。
〔註41〕顧頡剛，劉起釪著：《尚書校釋譯論・酒誥》（第三冊），第1381～1388頁。
〔註42〕康學偉：《先秦孝道研究》，北京：文津出版社，1992年，第68頁。
〔註43〕《毛詩正義・周頌・載見》，第1572頁。
〔註44〕《毛詩正義・大雅・思齊》，第1184頁。
〔註45〕顧頡剛，劉起釪著：《尚書校釋譯論・酒誥》（第三冊），第1388頁。
〔註46〕顧頡剛，劉起釪著：《尚書校釋譯論・酒誥》（第三冊），第1396頁。
〔註47〕顧頡剛，劉起釪著：《尚書校釋譯論・呂刑》（第四冊），第2055頁。

無疆之辭，屬於五極，咸中有慶。受王嘉師，監於此祥刑」〔註48〕，要求子孫嚴格按照他制定的祥刑規定處理獄訟之事，這樣才能保證公正。

所謂「明」，主要是以殷罰與文王之罰為正法。它的前提是王掌有執法權，罰從己出，因為王是民的家長，民心服於王之法正。審理程序要慎重，「要囚，服念五六日，至於旬時，丕蔽要囚」〔註49〕，不要急於判罰，避免造成冤屈。判罰標準之一是犯罪者「眚」的態度。如果有大罪，但能反省自己並改正，則不殺；如果是小罪，但不自我反省，終身不改，故意犯法，則殺。在刑罰的內容中，對家人不孝不友是「元惡大憝」，父不慈子不孝，兄不友弟不恭，要「由文王作罰，刑茲無赦」〔註50〕；臣子「不率大戛」，公然違背王朝之法，要「由茲義率殺」。這說明在西周時期，古人已重視自我意識，理性發展到一個新階段。

法與情相對，慎罰必然重情，其中關愛鰥寡老人是西周時期比較突出的方面。殷朝祖甲「能保惠於庶民，不敢侮鰥寡」〔註51〕，文王「懷保小民，惠鮮鰥寡」〔註52〕，所以周室子孫也要以此為鑒，「無遺壽耈」「羞耇惟君」。

第五，自敬戒驕，善於認錯

西周時期，理性認識能力提高，周王室認識到要以德配天，才能永享天命，而「德」是由己出。所以，周公告誡族人作為君或諸侯要以殷先王和文王、武王之德為榜樣，「克永觀省，作稽中德」〔註53〕，要能時常反省自己，使行為合乎中正之道。所謂中正之道，在根本上，是與臣民的關係和睦，不能仗勢放縱；善待士人，善於聽從民的勸告。

在《成王既邦》中，成王曾向周公請教潔身之道，周公訓以「各在其身」，並以伯夷、叔齊以死守節而不辱其身為例予以說明，勉勵成王加強自身修養，「日章而冰澡」〔註54〕。對其子伯禽，周公則以身說教，「我一沐三捉髮，一飯三吐哺，起以待士，猶恐失天下之賢人。子之魯，慎無以國驕人」〔註55〕，

〔註48〕顧頡剛，劉起釪著：《尚書校釋譯論·呂刑》（第四冊），第 2055 頁。
〔註49〕顧頡剛，劉起釪著：《尚書校釋譯論·康誥》（第三冊），第 1327 頁。
〔註50〕顧頡剛，劉起釪著：《尚書校釋譯論·康誥》（第三冊），第 1336 頁。
〔註51〕顧頡剛，劉起釪著：《尚書校釋譯論·無逸》（第三冊），第 1532 頁。
〔註52〕顧頡剛，劉起釪著：《尚書校釋譯論·無逸》（第三冊），第 1538 頁。
〔註53〕顧頡剛，劉起釪著：《尚書校釋譯論·酒誥》（第三冊），第 1396 頁。
〔註54〕馬承源主編：《上海博物館藏戰國楚竹書》（第八冊），上海：上海古籍出版社，2004 年，第 177 頁。
〔註55〕〔漢〕司馬遷：《史記》卷三十三《魯周公世家》，第 1518 頁。

要求他為人謙虛，不要驕縱。

君民是天下之中最根本的政治關係，君擁有天下，民是天下國家的命脈所在，君與民應該「胥訓告，胥保惠，胥教誨，民無或胥譸張為幻」〔註56〕，這樣社會才會安定。但對於統治者來說，他們高居社會上層，掌有權力，特別是「生殺予奪」之權，往往會滋生驕縱之心，無視下層的意見，我行我素。所以，這需要他們提高對自我的理性認識，加深自我修養，意識到自己的政治角色與政治責任，善於聽從臣諫，畏敬民言。如果「小人怨汝詈汝」，要善於反省自己，承認自己的過錯，不能心存怨怒，更不能由此而濫用自己的職權。

2. 戒族人：和衷共濟

在西周父系宗法制度下，兄弟關係僅次於父子關係，因為天下是整個周王室的，君是天下的所有者，兄弟是最可靠的輔政人員。《詩·常棣》歌頌了兄弟之親情，「常棣之華，鄂不韡韡。凡今之人，莫如兄弟。死喪之威，兄弟孔懷。原隰裒矣，兄弟求矣。脊令在原，兄弟急難。每有良朋，況也永歎。兄弟鬩於牆，外御其務。每有良朋，烝也無戎。喪亂既平，既安且寧。」〔註57〕所以，在這種兼有血緣與政治關係的兄弟關係中，兄弟要互相告誡，為臣的要盡於職守，同心協力治理天下國家。

第一，以史為鑒，合力輔佐周王，以保天命

周公攝政期間，成王年幼，無法獨立執政，朝中大臣不盡職守，所以周公作《君奭》戒召公。他以史為鑒，殷朝成湯、太甲、太戊、祖乙、武丁在位時都因有賢臣輔佐，向君推薦有德之人，而使殷朝享有天下，朝內臣子「秉德明恤」，周圍小邦臣服；商紂王用勢利小人，不聽臣子規勸，以致失天下；周文王、周武王因有賢臣輔佐，使周受天命，「丕單稱德」。他要求二人謹記武王之訓，互相勸勉，這樣才能更好地認識自己、完善自己，「作汝民極」，從而能更好地輔佐成王，使其「不以後人迷」，繼承和弘揚先王德業，否則「小子同未在位，誕無我責。收罔勖不及，耇造德不降，我則鳴鳥不聞，矧曰其有能格」〔註58〕。

第二，善始善終

在西周宗法制度下，家族成員擔負著使周王室永享天命的政治責任。所

〔註56〕顧頡剛，劉起釪著：《尚書校釋譯論·無逸》（第三冊），第1542頁。
〔註57〕《毛詩正義·小雅·常棣》，第664～668頁。
〔註58〕顧頡剛，劉起釪著：《尚書校釋譯論·君奭》（第三冊），第1574頁。

以，周公勉勵召公，「惟乃知民德，亦罔不能厥初，惟其終」〔註59〕，百姓一般都是善始容易善終難，而我們作為「民極」要起到榜樣作用，做事要有始有終，必須切實履行自己的職責，不能懈怠，不能因私而廢公，要積極向君諫言誠言。在此期間，如果因為私心而荒廢了政事，以致使君失去了民心，則會危及到周朝的存亡。

始與終相對而生，有始有終觀念的提出，既是對歷史的總結，也是理性思維提高的證明。

另外，這一時期已經有了胎教思想。據《列女傳》記載，西周時文王之母太任「及其有娠，目不視惡色，耳不聽淫聲，口不出敖言，能以胎教」〔註60〕；周武王的妃子邑姜「任成王於身，立而不跂，坐而不差，獨處而不倨，雖怒而不罵，胎教之謂也。」〔註61〕雖然這些材料都出自漢代所記，但其應該有一定的歷史依據。可以肯定的是，在先秦時期古人就重視胎教，認為母親的視聽言行要從善從正，這樣有助於孩子的未來成長。

三、士人家訓內容

1.《儀禮》《禮記》中的家訓

從父系氏族社會發展而來的天下國家，一直都有男女有別的觀念，其中一個重要的方面就是男女在社會、家庭中擔當的角色不同。在家庭、家族中，男子承擔著繼承父業、養家、光耀家族、傳承家族血脈的責任，而女子遲早會為人婦，嫁於他家；在社會中，男子主要負責對外事務、賺錢養家，女子主要負責生育、處理內務。這些不同之處，使家庭、社會對男女的教育不同。

《儀禮》是古代最重要的規範人行為的典籍，「《禮》以明體」〔註62〕，學界一般認為大約成書於春秋、戰國之際〔註63〕。此外，《禮記》中也存有一些古代的儀則、制度，一般認為是孔子「七十子後學者所記」〔註64〕。它們雖然產生於西周之後，但它們的思想都是源自於西周時期。

〔註59〕顧頡剛，劉起釪著：《尚書校釋譯論・君奭》（第三冊），第1586頁。
〔註60〕〔清〕王照圓撰：《列女傳補注》，第14頁。
〔註61〕黃懷信主撰，孔德立，周海生著：《大戴禮記匯校集注》，第417～418頁。另外，《韓詩外傳》記載孟母「懷妊是子，席不正不坐，割不正不食，胎教之也」。
〔註62〕〔漢〕班固：《漢書》卷三十《藝文志》，北京：中華書局，1962年，第1723頁。
〔註63〕〔漢〕鄭玄注，〔唐〕賈公彥疏：《儀禮注疏・前言》（上），上海：上海古籍出版社，2008年，第2頁。
〔註64〕〔漢〕班固：《漢書》卷三十《藝文志》，第1709頁。

　　士昏禮是男女結婚時的禮儀，「敬之至矣」，標誌著「將合二姓之好，上以事宗廟，而下以繼後世也」〔註65〕，重在傳宗接代，是「禮之本也」。

　　在男子準備離家迎親時，有戒辭：

　　　　父醮子，命之，曰：「往迎爾相，承我宗事。勖帥以敬，先妣之嗣。若則有常。」子曰：「諾。唯恐弗堪，不敢忘命。」〔註66〕

　　在女子準備出嫁時，有戒辭：

　　　　父送女，命之曰：「戒之敬之，夙夜毋違命！」母施衿結帨，曰：「勉之敬之，夙夜無違宮事！」庶母及門內，施鞶，申之以父母之命，命之曰：「敬恭聽，宗爾父母之言。夙夜無愆，視諸衿鞶！」〔註67〕

父母要求男子勉勵妻子，慎守婦道，繼承先妣，並且對此不可懈怠；要求女子在夫家勤勞、恭敬行事，不要有過失，順從公婆，聽從丈夫。

　　另外，《禮記》記載「女子十年不出，姆教婉娩聽從，執麻枲，治絲繭，織紝組紃，學女事以共衣服，觀於祭祀，納酒漿籩豆菹醢，禮相助奠。十有五年而笄。二十而嫁，有故，二十三年而嫁。聘則為妻，奔則為妾。」〔註68〕女子十歲後不出閨房，由傅姆教她溫婉柔順、聽從尊長教誨，做女工、製衣服、祭祀之禮等，以備將來出嫁為人妻妾。還有，「古者婦人先嫁三月，祖廟未毀，教於公宮；祖廟既毀，教於宗室。教以婦德、婦言、婦容、婦功。教成，祭之，牲用魚，芼之以蘋藻，所以成婦順也」〔註69〕，從德到貌，從言到行，從內到外，四德全備才是有素養的人婦。此外，《禮記・內則》還記載了很多「男女居室事父母舅姑之法」〔註70〕，一方面強調男女之別，另一方面強調婦道。

　　可見，古代家庭對女子的教育主要是順從丈夫、公婆，勤勞、恭敬行事等。當然，這只是社會的一般情況，在現實中，不是所有的女子都不讀詩書、不參與社會事務，但她們不進學校是肯定的。

　　在家庭關係中，婦與公婆的關係是一個很重要的方面。二者沒有血緣關係，但通過夫相連接為一個共同體，產生了新的倫理關係，婦要孝順公婆，

〔註65〕《禮記正義・昏義第四十四》，第1888頁。
〔註66〕《儀禮注疏・士昏禮第二》，第120頁。
〔註67〕《儀禮注疏・士昏禮第二》，第120～121頁。
〔註68〕《禮記正義・內則第十二》，第1014～1015頁。
〔註69〕《禮記正義・昏義第四十四》，第1893頁。鄭玄釋「婦德」為「貞順」，「婦言」為「辭令」，「婦容」為「婉娩」，「婦功」為「絲麻」。
〔註70〕《禮記正義・內則第十二》引鄭玄《目錄》之語，第965頁。

公婆要教育婦，給予指導。夫與婦成立了家庭，但男女有別，也是新的倫理關係，夫主婦從。所以女子教育重在守婦道，核心是「信」與「順」。「信」指「夫死有主，終身不嫁」〔註71〕，「順」指「順於舅姑，和於室人，而後當於夫，以成絲麻、布帛之事，以審守委積蓋藏」〔註72〕，尊卑有禮，和睦家人，做好衣服、飲食等家內事務。可見，為人婦不僅擔任著處理家庭關係、和睦家人的重要角色，還操持著一家人的基本生活。她們的德行與實踐能力決定著家庭發展的長久。

古代有士冠禮，一般在男子二十歲舉行，標誌著一個人成人，是「禮之始也」。在舉行加冠禮時，父母會請賓客教導子孫，有專門的加冠辭。如：

> 始加，祝曰：「令月吉日，始加元服。棄爾幼志，順爾成德。壽考惟祺，介爾景福。」再加，曰：「吉月令辰，乃申爾服。敬爾威儀，淑慎爾德。眉壽萬年，永受胡福。」三加，曰：「以歲之正，以月之令，咸加爾服。兄弟具在，以成厥德。黃耇無疆，受天之慶。」〔註73〕

這些由於不是父母的直接訓誡，所以不是嚴格意義上的家訓。但從冠禮本身的意義來說，「冠而後服備，服備而後容體正，顏色齊，辭令順」〔註74〕、「將責為人子、為人弟、為人臣、為人少者」〔註75〕，意味著男子從外貌到言行有著根本變化，具有一定的獨立性與社會性，不僅處於家庭關係中，而且還擔任著政治角色。

《禮記》記載男子「六年，教之數與方名。七年，男女不同席，不共食。八年，出入門戶及即席飲食，必後長者，始教之讓。九年，教之數日。十年，出就外傅，居宿於外，學書計，衣不帛襦褲，禮帥初，朝夕學幼儀，請肄簡諒。十有三年，學樂，誦詩，舞《勺》，成童舞《象》，學射御。二十而冠，始學禮，可以衣裘帛，舞《大夏》，惇行孝悌，博學不教，內而不出。三十而有室，始理男事，博學無方，孫友視志。四十始仕，方物出謀發慮，道合則服從，不可則去。五十命為大夫，服官政。七十致事。」〔註76〕可見，他們學

〔註71〕 劉釗：《郭店楚簡校釋·六德》，福州：福建人民出版社，2005年，第108頁。
〔註72〕 《禮記正義·昏義第四十四》，第1892頁。
〔註73〕 〔漢〕鄭玄注，〔唐〕賈公彥疏：《儀禮注疏·士冠禮第一》，《十三經注疏》整理委員會整理，北京：北京大學出版社，2000年，第55～58頁。
〔註74〕 《禮記正義·冠義第四十三》，第1884頁。
〔註75〕 《禮記正義·冠義第四十三》，第1884頁。
〔註76〕 《禮記正義·內則第十二》，第1012～1013頁。

習詩書禮樂射御數等，不僅在家接受教育，而且可以出外就讀，接受學校教育，並且學習是為了將來進入仕途，參與政治。可見，家庭對他們的教育是修身、齊家與治國、處世統一的。

2. 《詩》中的家訓

這主要見於《詩‧小雅‧小宛》〔註77〕：

> 宛彼鳴鳩，翰飛戾天。我心憂傷，念昔先人。明發不寐，有懷二人。
>
> 人之齊聖，飲酒溫克。彼昏不知，壹醉日富。各敬爾儀，天命不又。
>
> 中原有菽，庶民采之。螟蛉有子，蜾蠃負之。教誨爾子，式穀似之。
>
> 題彼脊令，載飛載鳴。我日斯邁，而月斯征。夙興夜寐，毋忝爾所生。
>
> 交交桑扈，率場啄粟。哀我填寡，宜岸宜獄。握粟出卜，自何能穀？
>
> 溫溫恭人，如集於木。惴惴小心，如臨於谷。戰戰兢兢，如履薄冰。

這首詩作於西周末年。毛亨認為是「大夫刺幽王也」〔註78〕，鄭玄認為「亦當為刺厲王」〔註79〕，並勸誡兄弟免禍的詩。

從周成王、周康王之後，西周開始逐漸衰落。這首詩敘述了當時君王沉於飲酒，生活驕奢，不務政事，但大夫謹記祖先教訓，告誡兄弟修身、齊家、為官之道。他要求他們注重威儀，勤於勞作，不要有辱於父母；要教育子孫，繼承父業，光大祖德；待人要溫和恭敬，做事要小心謹慎，以免禍難。從這些內容可知，此時的孝從西周初期的孝養、追思轉為事業上的繼承、顯名；修身從注意行為轉為內心的恭敬；為官重視為自己考慮保身免禍之道，要求做事慎之又慎。這些家訓內容在後代家訓中得到了繼承和發展。

〔註77〕《毛詩正義‧小雅‧小宛》，第 869～873 頁。
〔註78〕《毛詩正義》，第 869 頁。周幽王「嬖愛褒姒」，立褒姒子為太子，重用「為人佞巧，善諛好利」的虢石父，最後被申侯、犬戎等殺。
〔註79〕《毛詩正義》，第 869 頁。周厲王「暴虐侈傲」「好利，近榮夷公」，不聽大臣忠諫，導致國內發生國人暴動，「厲王出奔於彘。」

這說明西周末年，家訓從王室逐漸下移，家庭倫理發生變化，更加注重個體的、精神的、內在的層次；在社會、政治事務中，更加理性，兼具現實與理想的考量，意識到個體的自我價值。當然，重視家族血緣的觀念沒有變，繼續傳承下來了。這是春秋戰國時期士人家訓的前奏。

此外，有一些文獻反映出當時百姓之家對子孫也有教育。如《詩·小雅·蓼莪》〔註80〕就是一首膾炙人口的悼詩。

> 蓼蓼者莪，匪莪伊蒿。哀哀父母，生我劬勞。
> 蓼蓼者莪，匪莪伊蔚。哀哀父母，生我勞瘁。
> 缾之罄矣，維罍之恥。鮮民之生，不如死之久矣。
> 無父何怙？無母何恃？出則銜恤，入則靡至。
> 父兮生我，母兮鞠我。撫我畜我，長我育我，
> 顧我復我，出入腹我。欲報之德。昊天罔極！
> 南山烈烈，飄風發發。民莫不穀，我獨何害！
> 南山律律，飄風弗弗。民莫不穀，我獨不卒！

這首詩主要抒發兒子苦於在外服役，不能孝敬父母，報答父母的養育之恩；父母去世之後，也不能回家奔喪的哀痛心情。雖沒有明確的訓誡，但它提到了父母「撫我畜我，長我育我」，可見他從小受到了父母的教育，被教以孝道，要求以德報恩。

總之，這一時期的王室家訓政治意義突出，家庭倫理被隱匿於其中，尊尊之義下立親親之義，強調「行為」，重視父子關係、兄弟關係，重視家族的和睦與團結、家業的繼承。士人家訓開始重視家庭倫理、為政之道。這些特點說明了西周時期人的理性得到發展，在家庭、社會中意識到了倫理，在天命中意識到了人之德，在群體中意識到了個體，在與他人的關係中意識到了自我。但這些認識還處於抽象的階段，有待繼續深化。

第三節　春秋戰國家訓

一、春秋戰國時期的社會背景

公元前 770 年，周平王遷都洛陽，東周〔註81〕開始。春秋時期，「周室衰

〔註80〕《毛詩正義·小雅·蓼莪》，第 907～911 頁。
〔註81〕本文採用以周平王東遷（公元前 770 年）為起點，周元王元年（公元前 475

微，諸侯強並弱，齊、楚、秦、晉始大，政由方伯。」〔註82〕到春秋末年，「陪臣執政，大夫世祿」〔註83〕，晉國六卿擅權，齊國田氏興起，從此「海內爭於戰功矣」〔註84〕。韓、趙、魏三家分晉、田和代姜姓呂氏成為齊王，標誌著戰國開始，「務在強兵並敵，謀詐用而縱橫短長之說起」〔註85〕，中原逐漸形成「七雄」：秦、魏、韓、趙、齊、楚、燕。七國相互兼併，到公元前221年，秦國滅六國，統一天下，秦朝開始。

春秋時期，由於鐵製農具的運用，農業發展，出現了「公田不治」現象，土地私有興起，「公社農民這個個體與國家的隸屬關係愈來愈密切。」〔註86〕政治上，宗法制度鬆弛，禮壞樂崩，諸侯國積極招納賢才，實施改革，增加了因功受田等制度；同時，卿大夫的「分室」「奪田」的事也很多，叛亂四起，每況愈下。學術也隨之逐漸下移，從西周時期的「學在官府」逐漸轉變為「學在四夷」，勸學成為一種普遍現象。到戰國時期，鐵器得到了廣泛應用，荒地大量被開墾，土地私有和土地買賣盛行，商品貨幣關係發展。隨之，公社逐漸解體，封建生產關係逐漸發展起來，農民出現分化，形成了地主、佃農、自由民等，商人階層興起。政治上，各諸侯國為適應社會的變動，增強自身實力，都招賢養士，施行變法。舊貴族的爵祿不再是永久的，權力逐漸集中於君一人，按血緣關係實行的「世卿世祿」制逐漸被「任人唯賢」的官僚制度代替，傳統的禮治逐漸被法治所壓制，武士的選拔成為一個重要方面。

這些社會經濟、社會制度的變動引起了社會階層的上下頻繁流動。彼此的等級界限不再那麼嚴格，有的貴族淪為民或奴隸，有的庶民靠能力享有俸祿，個體能力成為取得身份的重要依據。

春秋戰國時期，社會主要有公子、卿大夫、士、民四個等級。春秋時期，公子在政治中的地位逐漸下降，降為大夫或士；卿大夫逐漸活躍，並且主要集中於少數大家族。春秋末年到戰國時期，卿大夫地位逐漸衰弱，降為士或

年）為界，將東周分為春秋（公元前770年到公元前476年）和戰國（公元前475年到公元前221年）兩個時期。
〔註82〕〔漢〕司馬遷：《史記》卷四《周本紀》，第149頁。
〔註83〕〔漢〕司馬遷：《史記》卷十五《六國年表》，第685頁。
〔註84〕〔漢〕司馬遷：《史記》卷十五《六國年表》，第685頁。
〔註85〕〔漢〕司馬遷：《史記》卷十五《六國年表》，第685頁。
〔註86〕徐喜辰，斯維至，楊釗主編：《中國通史‧上古時代》（第3卷），白壽彝總主編，上海：上海人民出版社，2004年，第390頁。

庶民；士階層成為社會主要的活動人員；庶民因才被重用，從而晉升為士或大夫。其中，「士階層適處於貴族與庶人之間，是上下流動的匯合之處，士的人數遂不免隨之大增。」〔註87〕他們從西周時期最底層的職位，變為春秋晚期的士農工商四民之首〔註88〕。

在這樣的背景下，宗法血緣關係逐漸鬆散，個體家庭逐漸從家族中獨立出來，三代同居、與從兄弟分居的家庭比較普遍。與之相應，個體家庭內部的關係更加親密，彼此的責任與義務也更加明確，與其他族人的關係相對疏遠。士人階層成為社會的主體，「已從固定的封建關係中游離了出來而進入了一種『士無定主』的狀態。」〔註89〕在這種狀態下，他們作為社會的知識階層，作為文化的承載者，開始有自己獨立的思想，「仕」的問題隨之產生。仕與不仕，如何抉擇？特別是在國君昏庸無道、政治不清明的情況下，出仕還是不仕？

與此同時，傳統的人倫道德受到挑戰。父子之間，「父攘羊」，子該如何做？如果作證，則明於法，但背於情；如果不作證，則重情但背法。子有錯，父該隱嗎？如果隱，則可能會使子更加放縱；如果不隱，則關係到家族聲譽。如果子或父背叛了國君，父或子該如何做？正法還是祖護？父與夫之間，誰更重要？《左傳·桓公十五年》記載鄭厲公派雍糾殺死岳父祭仲，雍糾的妻子雍姬知道此事後，問她母親「父與夫孰親？」這些問題，從社會秩序來說，是情與法何者為大？孝與忠，如果有矛盾，如何解決？孝止於家，忠止於國，父母是唯一的，但無國則無家。義與利何者重要？義關係到節操，利關係到生存。禮與權，如何處理二者的關係？禮意味著尊卑上下，權意味著富貴。並且，在這種以下犯上、臣弒君現象不斷發生的情況下，禮是否該堅守？

面對這些社會變動與社會問題，這一時期的士人家訓重視個人修養，將西周時期治國即是治家的理論演化為治家與治國相分。他們將家視為安身之處，以治家作為治國的基礎，不治家無以治國；將為政、治國作為使命，雖然他們有了自由，但從政是他們思想得以實現的較好的途徑。

〔註87〕余英時：《士與中國文化》，上海：上海人民出版社，2003年，第10頁。
〔註88〕參考余英時：《士與中國文化》，第7～16頁。
〔註89〕余英時：《士與中國文化》，第15頁。

二、春秋家訓內容

春秋時期王室衰落，諸侯國林立，家訓隨之下移，主要集中在大夫、士階層，有世家大族，也有士人家庭。家訓內容涉及到修身、齊家、為官處世三個方面。

1. 修身以德，志於君子

春秋時期，雖然「天下無道，則禮樂征伐自諸侯出」〔註 90〕，但禮樂還沒有完全廢棄，「是古代貴族文化的最後而同時也是最高階段」〔註 91〕，還掌握在一些大夫、士人手裏。他們有的在朝、有的在野，但立身行事都以禮規範自身，並進一步內化，注重個體的內在德性。所以，他們在教育子孫時，也都從他們的修養開始。

第一，勉學《詩》《禮》，以禮待人

《詩》《書》《禮》《樂》等典籍隨著私學的盛行，成為當時大夫、士人言語、行為的主要依據。「任人唯賢」的制度使在朝者、在野者都很重視勉勵子孫學習典籍，注意自己的言行，這樣才能在位的世代有位，在野的爭取有仕途。需要指出的是，勉學的目的不是為了求得知識，而是為了提高自身的德行修養。

> 陳亢問於伯魚曰：「子亦有異聞乎？」
>
> 對曰：「未也。嘗獨立，鯉趨而過庭。曰：『學詩乎？』對曰：『未也。』『不學詩，無以言。』鯉退而學詩。他日又獨立，鯉趨而過庭。曰：『學禮乎？』對曰：『未也。』『不學禮，無以立。』鯉退而學禮。聞斯二者。」〔註 92〕
>
> 子謂伯魚曰：「女為《周南》《召南》矣乎？人而不為《周南》《召南》，其猶正牆面而立也與？」〔註 93〕

孔子戒其子伯魚要學《詩》《禮》。

「詩以言志」〔註 94〕，不同的詩反映不同的心聲，從中可以照見當時整個

〔註 90〕〔宋〕朱熹：《四書章句集注・論語集注》，北京：中華書局，1983 年，第 171 頁。

〔註 91〕余英時：《士與中國文化》，第 18 頁。

〔註 92〕〔宋〕朱熹：《四書章句集注・論語集注》，第 173 頁。

〔註 93〕〔宋〕朱熹：《四書章句集注・論語集注》，第 178 頁。

〔註 94〕〔周〕左丘明傳，〔晉〕杜預注，〔唐〕孔穎達正義：《春秋左傳正義・襄公二十七年》，《十三經注疏》整理委員會整理，北京：北京大學出版社，2000 年，第 1223 頁。

社會的面貌，「治世之音安以樂，其政和；亂世之音怨以怒，其政乖；亡國之音哀以思，其民困」〔註95〕。並且，「《詩》《書》，義之府也」〔註96〕，內含著行為的是非判斷，具有使情與禮合乎中道的作用。《周南》《召南》是《詩》中《國風》的前兩個篇章，主要記載了西周時期女子們戀愛、思夫、看望父母、勞動等情狀，還有一些賀新婚、祝多子多孫的禮俗詩，反映了周王室教化下的家庭倫理道德。它們是「正始之道，王化之基」〔註97〕，如果不學，則無法成人。

學習這些內容「邇之事父，遠之事君。多識於鳥獸草木之名」〔註98〕，不僅能使人習得如何修身齊家治國，如何處理人倫關係，如何成人，而且還可以瞭解自然，掌握知識。可見，學詩可以明白社會人倫、自然物理，提高人內在的自身修養，從而才能與人相溝通，「事理通達，而心氣平和，故能言。」〔註99〕

禮指《儀禮》，「始於冠，本於昏，重於喪祭，尊於朝聘，和於鄉射，此禮之大體也」〔註100〕，涉及到男女、父母與子女、宗族、鄉鄰、君臣等社會關係，是人行為處事的基本規範。「恭儉莊敬，《禮》教也」〔註101〕，可見，禮強調行為謹慎、謙恭，不自矜、自傲，「自卑而尊人」。《國語‧魯語下》記載公父文伯以小鱉待露睹父，睹父怒而退席。敬姜訓誡文伯「祭養尸，饗養上賓」〔註102〕，厚待賓客才是宴請之禮。

在這「禮壞樂崩」的時代，學《詩》《禮》以立身行事。這說明當時的士人進一步深化了對自身的理性認識，認識到齊家、治國先要修身以德；認識到由血緣關係所建立起來的家庭要有良好的家庭傳統，子孫不能有辱先人；認識到自己肩負的歷史責任，要以史為鑒，遵守宗法制度，傳承傳統的禮義文化。

第二，勤儉無逸

人身處富貴，享有俸祿，衣食無憂，很容易滋生貪逸惡勞、驕奢的心理。

〔註95〕〔宋〕朱熹撰：《朱子全書‧詩集傳‧大序》，嚴佐之，劉永祥主編，合肥：安徽教育出版社，第354頁。

〔註96〕《春秋左傳正義‧僖公二十七年》，第501頁。

〔註97〕〔魏〕何晏注，〔宋〕邢昺疏：《論語注疏‧陽貨第十七》，《十三經注疏》整理委員會整理，北京：北京大學出版社，2000年，第270頁。

〔註98〕〔宋〕朱熹：《四書章句集注‧論語集注》，第178頁。

〔註99〕〔宋〕朱熹：《四書章句集注‧論語集注》，第174頁。

〔註100〕《禮記正義‧昏義第四十四》，第1890頁。

〔註101〕《禮記正義‧經解第二十六》，第1597頁。

〔註102〕徐元誥撰，王樹明，沈長雲點校：《國語集解‧魯語下》，北京：中華書局，2002年，第192頁。

《列女傳‧賢明傳》記載晉國公子重耳，後來的晉文公，曾被迫流亡他國，以致於安於齊國，忘記了自己的衛國使命，無意於返回晉國。妻子齊姜告誡他「不可以貳，貳無成命」〔註103〕，不可以安於現狀，質疑天命，而應該努力做事。仲孫它因譏笑季文子身為卿卻「無衣帛之妾，無食粟之馬」〔註104〕，被父親孟獻子禁閉七日，之後「子服之妾衣不過七升之布，馬餼不過稂莠」〔註105〕。身為大夫的公父文伯不理解母親為什麼還自己績麻，認為這會有辱於自己的身份。敬姜則以史為鑒，告誡文伯「夫民勞則思，思則善心生；逸則淫，淫則忘善，忘善則惡心生」〔註106〕，勤儉會使人存善去惡。敬姜曾戒季康子「君子能勞，後世有繼」〔註107〕。人勤儉才能繼承祖先遺業，光宗耀祖，後世有繼。

　　勞動是為了生存，為了滿足人的生活、精神需要。勞有所得使人意識到自己的存在價值，同時將其推廣，也體認到他人的存在價值。勞動使人向善，待人友愛，不侵犯他人所得。相反，人好逸則無法體認自身的社會性，就會向惡，侵犯他人，從而使社會不安定。

　　春秋時期，宗法制度鬆弛，在朝者世卿世祿制逐漸衰微，在野者則有才仕進。對於那些大家族，他們的家庭責任就是傳承祖宗基業，恒享祿位，不辱家門。所以，這就需要子孫們肩負起家族責任，勤於事務，不能有懈怠之心，否則就會斷絕先人的祭祀。同時，只有自己努力，盡職盡責，後代子孫才有可能承繼自己的事業。

　　第三，「無以利害義」

　　春秋時期，各國都想增強自己的經濟、軍事實力，與其他國相抗爭，以獲得更多的土地，而那些有才學之人，有的為了俸祿，放棄自己的思想，迎合諸侯；有的則堅持志於「道」。這就是小人與君子的區別，「君子喻於義，小人喻於利。」〔註108〕在《大戴禮記‧曾子疾病》中，曾子誡子孫「是故君子苟無以利害義，則辱何由至哉？」〔註109〕不能為了高官厚祿而背棄士人的節

〔註103〕〔清〕王照圓撰：《列女傳補注》，上海：華東師範大學出版社，2012年，第53頁。

〔註104〕徐元誥撰，王樹明，沈長雲點校：《國語集解‧魯語上》，第173頁。

〔註105〕徐元誥撰，王樹明，沈長雲點校：《國語集解‧魯語上》，第173頁。

〔註106〕徐元誥撰，王樹明，沈長雲點校：《國語集解‧魯語下》，第194頁。

〔註107〕徐元誥撰，王樹明，沈長雲點校：《國語集解‧魯語下》，第192頁。

〔註108〕〔宋〕朱熹：《四書章句集注‧論語集注》，第73頁。

〔註109〕黃懷信主撰，孔德立，周海生撰：《大戴禮記匯校集注‧曾子疾病》（上），西安：三秦出版社，2005，第603頁。

操，否則就會招致侮辱。君子以修身為本，志、言、行三者是統一的，內心堅守正道，堅持自己的理想，以正身為本，言行要一致，言顧行，行踐言。這樣，人才能「高明廣大」，有德有業。

第四，交賢友

朋友是人從家庭進入社會產生的新的關係，也是最基本的社會關係。墨子認為人「其友皆好仁義，淳謹畏令，則家日益，身日安，名日榮，處官得其理矣……其友皆好矜奮，創作比周，則家日損，身日危，名日辱，處官失其理矣」〔註110〕。所以，交友要慎重。曾子告誡子孫，「與君子游，如長日加益，而不自知也；與小人游，如履薄冰，每履而下」〔註111〕，與有德行的、比自己賢能的人交往則能勉勵自己、提高自己，與德行不高的人交往則會讓自己退步。

對於卿大夫、士人來說，交友還與仕途相關。遇人不賢，則可能會對君不忠，作出謀反之事；與賢人相交，則既能提高自己的德行，同時也可能被君任用。《春秋左傳·隱公三年》記載衛國石蠟曾告誡石厚不要與州吁交遊，因為州吁「驕奢淫泆」「好兵」。但石厚不聽。隱公四年，州吁殺衛桓公而自立為君，石厚輔政。後來石蠟因二人叛君，乘機借刀殺了州吁、石厚。

2. 齊家以道，傳承家風

在家庭這樣一個血緣共同體中，齊家涉及到家庭倫理、婚喪嫁娶等事宜。

第一，先行孝悌

春秋時期，個體家庭增多，家庭倫理的政治意義淡化，親親大於尊尊。曾子在生病時告誡子孫要「思其不可復者而先施焉」〔註112〕。對於儒者來說，他們認為「仁者人也，親親為大」〔註113〕，人與人相愛是由親及疏，由近及遠的。所以，孝悌之道是最根本的家庭倫理。並且，從客觀上來說，「親戚既歿，雖欲孝，誰為孝？老年耆艾，雖欲弟，誰為弟？」〔註114〕，家庭中父母

〔註110〕 吳毓江撰，孫啟治點校：《墨子校注·所染》，北京：中華書局，2006 年，第17 頁。
〔註111〕 黃懷信主撰，孔德立，周海生撰：《大戴禮記匯校集注·曾子疾病》（上），第 607 頁。
〔註112〕 黃懷信主撰，孔德立，周海生撰：《大戴禮記匯校集注·曾子疾病》（上），第 604 頁。
〔註113〕 〔宋〕朱熹：《四書章句集注·中庸章句》，第 28 頁。
〔註114〕 黃懷信主撰，孔德立，周海生撰：《大戴禮記匯校集注·曾子疾病》（上），第 605 頁。

對於子女、兄對於弟，是唯一的，不同於君臣關係，為臣的可以臣服於不同的君，在有限的生命中，行孝悌也是有限制的。

孝悌的內容，不僅是物質生活上的養活，而且更注重精神上的誠孝，如擔憂父母的身體，有病及時治療；父母有不對的地方，子女要耐心勸諫；要承順父母的意志；在行為上對父母要恭敬；出遊必告訴父母所往等。還有的是與政治有關的，如衛國甯惠子，曾經與孫文子聯合逼迫衛獻公逃亡他國，臨終時告誡其子甯悼子，要讓獻公回國，以彌補自己的過錯。

第二，嫁娶慎重

娶妻是家庭的大事，關係到傳宗接代、家道興衰，所以必須慎重。《春秋左傳・昭公二十八年》記載叔向母告誡叔向不要娶巫臣家的女兒。她認為一是「甚美必有甚惡」〔註115〕，女子外貌太過漂亮，會改變人的性情，帶來壞事，並以史為證，如夏桀因寵愛末喜、殷紂因寵愛妲己、周幽王因寵愛褒姒而導致天命墜落，樂正子夔因娶了玄妻而斷後。二是巫臣的妻子夏姬「殺三夫，一君，一子，而亡一國、兩卿矣」〔註116〕，德行不好。三是人有德則不會沉迷於外在，會抑制自己的欲望，處理好家庭生活與事務的關係，但叔向現在德行修養還不夠。

女子出嫁也是很重要的事宜。從古代開始，婚姻與政治就有著密切的關係，特別是在社會上層，家族聯姻是擴大家族勢力的一個重要手段。春秋戰國時期，一些小國為了生存往往需要大國的庇護，或聯姻，或割讓土地。《列女傳・仁智傳》記載衛懿公的女兒，通過庶母向父親建議將其嫁於齊國。因為齊國是大國，如果衛國被侵犯，就可以求助齊國，以保衛國。更有甚者，這一時期還有送女人以保國的例子。密康公母親曾告誡兒子把三個女子獻給周恭王，以保國。

第三，謹守男女之禮

在父系宗法血緣社會，人與人之間「敬慎重正，而後親之」〔註117〕，只有相互守禮，關係才能維持長久。而男女之禮又是其中最核心的部分，關係到家庭的長久、家族的和睦。《國語・魯語下》記載敬姜告誡季康子外朝是他處理國家政事的地方，內朝是處理家族事務的地方，「寢門之內，婦人

〔註115〕《春秋左傳正義・昭公二十八年》，第1716頁。
〔註116〕《春秋左傳正義・昭公二十八年》，第1715～1716頁。
〔註117〕《禮記正義・昏義第四十四》，第1890頁。

治其業焉」〔註118〕，寢門之內才是婦女可以說話、做事的地方。《韓詩外傳》記載孟子因進門見妻「踞」而想休妻。孟母則告誡孟子，夫妻也要遵守「將上堂，聲必揚。將入戶，視必下」〔註119〕之禮，以示互相尊重。

家庭作為社會的基本單位，家族、家人內部的禮就成為禮中最基本的部分。在春秋戰國諸侯混戰的背景下，只有有德行的人，才能理性地認識到「禮」所承載的意義，並堅守傳統。

第四，祭祀尚薄

祭祀祖先是為了表示後代對先人的「敬」。「禮有五經，莫重於祭」〔註120〕，祭禮是吉禮，位居吉、凶、賓、軍、嘉五禮之首，在西周時期就很重視。祭祀有等級性，不同的社會階層祭祀的東西不同，「《祭典》有之曰：『國君有牛享，大夫有羊饋，士有豚犬之奠，庶人有魚炙之薦，籩豆、脯醢則上下共之』。」〔註121〕楚國公卿屈到臨終要求死後用芰祭祀自己，但其兒子屈建認為這樣太輕，不合祭禮，「夫子不以其私欲干國之典」〔註122〕，於是沒有順其父願。但鄭國的公孫黑肱，作為卿大夫，臨終告誡宗人要薄祭，「祭以特羊，殷以少牢」〔註123〕，將平時祭的少牢改為特羊，殷祭的太牢改為少牢。這說明這一時期人們禮的觀念已經發生變化，從重形式轉化為重視內心的「敬」，節儉的思想也滲透其中。

第五，傳承家風

家風是一個家庭或家族的傳統風尚或作風。良好的家風需要子孫們代代相傳，這樣一個家族才會不斷興旺。晏嬰在臨終時告誡妻子「謹視爾家，毋變俗也」〔註124〕，文廷式釋「俗」為「習」〔註125〕，即一個家庭、家族長期以來所形成的性格特徵〔註126〕。

晏嬰的父親晏弱，主要活動於齊頃公、齊靈公時期，是齊國的上大夫，

〔註118〕徐元誥撰，王樹明，沈長雲點校：《國語集解・魯語下》，第 193 頁。
〔註119〕〔漢〕韓嬰撰，許維遹校釋：《韓詩外傳集釋》卷九，北京：中華書局，1980年，第 322 頁。
〔註120〕《禮記正義・祭統第二十五》，第 1570 頁。
〔註121〕徐元誥撰，王樹明，沈長雲點校：《國語集解・楚語上》，第 488 頁。
〔註122〕徐元誥撰，王樹明，沈長雲點校：《國語集解・楚語上》，第 488 頁。
〔註123〕《春秋左傳正義・襄公二十二年》，第 1127 頁。
〔註124〕吳則虞撰：《晏子春秋集釋》，北京：中華書局，1962 年，第 427～428 頁。
〔註125〕吳則虞撰：《晏子春秋集釋》，第 428 頁。
〔註126〕徐梓：《家風的意蘊》，《尋根》2014 年第 3 期。

文武兼備，內政、外交兼行，知禮、有智、有勇、有謀、善言辭，為臣忠諫。去世後，晏嬰繼承父親官職，輔佐齊靈公、齊莊公、齊景公三朝。他為人有學識，「博聞強記，通於古今」，「勇於義，篤於禮」；行為恭敬，「善於人交」；生活節儉，「食不重肉，妾不衣帛」，「衣苴布之衣，麑鹿之裘，駕敝車疲馬，盡以祿給親戚朋友」，為父服喪簡樸；為臣「國有道，即順命；無道，即衡命」，內政上，盡心盡力忠諫於君，「懸而至，順而刻」，外交上，「使諸侯，莫出詘其辭」。〔註127〕總之，晏嬰是一位「內能親親，外能厚賢」〔註128〕的君子。

　　希爾斯認為「信仰或行動範型要成為傳統，至少需要三代人的兩次延傳」〔註129〕。關於晏子的祖父，由於資料缺乏無法考證，但從晏弱、晏嬰的行為可以看到晏氏家族正在形成或已經形成一種良好的家風，在個人德性、見識、與人交往、處理事務等方面都很有性格。而要把這種好的家風傳承下去，就需要家長以身作則教育好兒女，子孫們需要以父母、先輩為榜樣勉勵自己。特別是在春秋時期，社會秩序混亂，倫理道德備受挑戰，功利化趨向嚴重的背景下，家庭、家族成員更需要行為謹慎，互相勸勉，各盡其責。

3. 為政盡忠，敬戒保身

　　在古代處世、為政方面所訓誡的對象都是男子，但訓誡的主體有為人父的，有為人母的，有為人妻的。所以，「男不言內，女不言外」〔註130〕的禮訓不再那麼嚴格。

　　第一，盡忠衛國

　　春秋時期，君臣之禮鬆弛，臣弒君的現象很多，所以「忠」德就成為一個突出的觀念，強調忠於君，忠於國。《春秋左傳・襄公十四年》記載楚國子囊臨終告誡子庚，「必城郢」，要修復城牆，保衛楚國。晏子臨終遺訓其子輔政所應注意的具體內容，「布帛不可窮，窮不可飾；牛馬不可窮，窮不可服；士不可窮，窮不可任；國不可窮，窮不可竊也」〔註131〕，保證有衣可穿，有牛馬可用，有士可擔重任，國強才會有人歸附。田稷子曾將所受賄賂交給母親，其母訓誡他「夫為人臣而事其君，猶為人子而事其父也。盡力竭能，忠信

〔註127〕參考吳則虞撰：《晏子春秋集釋・劉向敘錄》，《史記》卷六十二《管晏列傳》。
〔註128〕吳則虞撰：《晏子春秋集釋》，第 49 頁。
〔註129〕〔美〕愛德華・希爾斯：《論傳統》，傅鏗，呂樂譯，上海：上海人民出版社，
　　　　　1991 年，第 20 頁。
〔註130〕《禮記正義・內則第十二》，第 974 頁。
〔註131〕吳則虞撰：《晏子春秋集釋》，第 428 頁。

不欺，務在效忠。必死奉命，廉潔公正，故遂而無患」〔註132〕。魏哀王曾有意將本為太子娶的妃子據為己有，魏國大夫如耳的母親知道此事後，告誡如耳「王亂於無別，汝胡不匡之……汝不言，則魏必有禍矣，有禍必及吾家。汝言以盡忠，忠以除禍，不可失也」〔註133〕，要求他及時諫君。《左傳》記載晉懷公在位，狐突在晉，但狐突的兒子狐毛和狐偃都跟隨重耳在秦國。晉懷公要求狐突召他兒子們回晉國，就赦免他。狐突沒有同意，他認為「父教子貳，何以事君？」〔註134〕於是被殺。狐突以死捍衛「忠」德，認為父親只能教子忠，不能教子叛。

這些君臣之間都沒有血緣關係，不同於西周王室周公戒召公，是為了家族利益的考慮。所以，這種臣對君的「忠」，一是由家庭、家族內部的「孝」所推廣出來的，「孝慈則忠」〔註135〕；二是由於輔佐君，保衛國是臣的本職。

第二，敬戒保身

春秋時期，在國內，君不君，臣不臣，君臣之禮被破壞，導致君殺臣、臣弒君的現象很多，國家政權更替頻繁；對外，國與國之間經常發動戰爭，相互兼併，導致很多諸侯國滅亡。複雜的國內國外形勢，使大夫、士人的為政觀念也在發生變化，保身、免禍思想突出，勉力從事、謙讓敬慎、戒富保身成為家訓內容。

春秋時范氏是晉國的大家族，從范武子、范文子、范宣子到范獻子四代人都活躍在晉國的政壇上，有很好的家訓傳統。《國語·晉語》記載范武子在退朝後，告誡范文子「爾勉從二三子，以承君命，唯敬」〔註136〕，要自我勉勵，跟大夫學習，忠心恭敬輔佐君王。范文子因在朝掩蓋大夫，說出秦客的三條隱語，遭到范武子的手杖，並被教以謙卑，告誡他「大夫非不能也，讓父兄也」〔註137〕。後來，在靡笄之役晉國勝利，范文子在郤獻子之後入城，不奪取郤的好聲名，范武子說「吾知免矣」。范文子在為人父後曾訓誡其子范宣子。鄢陵之戰時，范文子與將士們在謀劃如何應戰，范宣子見狀以公族身份發言。范文子責備他「國之存亡，天命也，童子何知焉？且不及而

〔註132〕〔清〕王照圓撰：《列女傳補注》，第43頁。
〔註133〕〔清〕王照圓撰：《列女傳補注》，第131頁。
〔註134〕《春秋左傳正義·僖公二十三年》，第468頁。
〔註135〕〔宋〕朱熹：《四書章句集注·論語集注》，第59頁。
〔註136〕徐元誥撰，王樹明，沈長雲點校：《國語集解·晉語五》，第381頁。
〔註137〕徐元誥撰，王樹明，沈長雲點校：《國語集解·晉語五》，第381頁。

言，奸也，必為戮」〔註138〕，在政事上，不知道不能亂言，且不讓說的時候不能說。范宣子在失去訾祏後，詢問范獻子如何修身、為政，范獻子說「居處恭，不敢安易，敬學而好仁，和於政而好其道，謀於眾不以賈好，私志雖衷，不敢謂是也，必長者之由」〔註139〕。范宣子說：「可以免身。」正是因為范氏家族平時注重教育子孫，強調為人以禮，謙卑恭敬，謹言慎行，才使家族保全、顯耀。

求安不求富也是新形勢下的新觀念。過度的貪婪必定會引起他人的嫉妒、掠奪之心，從而會危及到自己的生命、國家的存亡，特別是位高權重的人，更加危險。鄭國公孫黑肱在臨終時告誡族人「生於亂世，貴而能貧，民無求焉，可以後亡。敬共事君，與二三子。生在敬戒，不在富也」〔註140〕，要求族人減少官員，將祭祀以外的土地都歸還君王，不要貪財；要求子孫恭敬、謹慎輔佐君王。孫叔敖臨終戒子「受封必求磽埆之地」〔註141〕，不要接受君王的封地，而是去耕種荊楚間的惡地。

三、戰國家訓內容

戰國時期各國都在變法圖強，所以思想觀念與春秋時期不同。顧炎武在《日知錄》中講到「如春秋時，猶尊禮重信，而七國則絕不言禮與信矣；春秋時，猶宗周王，而七國則絕不言王矣；春秋時，猶嚴祭祀，重聘享，而七國則無其事矣；春秋時，猶論宗姓氏族，而七國則無一言及之矣；春秋時，猶宴會賦詩，而七國則不聞矣；春秋時，猶有赴告策書，而七國則無有矣」〔註142〕。傳統的禮樂文化、孝悌忠信的倫理道德被法治觀念、縱橫之術、尚武觀念等新思想壓制。這一時期的家訓內容主要有兩個方面：一是自勉，二是忠君。

自勉是承春秋思想發展來的。因為這一時期，社會階層流動加劇，個人能力成為取得祿位的重要憑藉。不同的是，在春秋時期自勉是為了提高自身修養，而到了戰國有著功利化的傾向，為祿而自勉。如田鮪曾戒其子田章「主

〔註138〕徐元誥撰，王樹明，沈長雲點校：《國語集解・晉語六》，第 385 頁。
〔註139〕徐元誥撰，王樹明，沈長雲點校：《國語集解・晉語八》，第 426 頁。
〔註140〕《春秋左傳正義・襄公二十二年》，第 1127 頁。
〔註141〕〔南朝宋〕范曄：《後漢書》卷三十七《丁鴻列傳》，第 1262 頁。
〔註142〕〔清〕顧炎武著，陳垣校注：《日知錄校注》，合肥：安徽大學出版社，2007 年，第 715 頁。

賣官爵，臣賣智力，故自恃無恃人」〔註143〕，這裡的「智」已經含有謀或術的意思。

春秋時期勉學是學習詩書禮樂，到戰國時期學習的是兵書。如蘇秦的家人曾告誡他「周人之俗，治產業，力工商，逐什二以為務。今子釋本而事口舌，困，不亦宜乎！」〔註144〕從中可見，他們家祖上應該不是貴族，所以倡導務本治業。蘇秦卻認為「夫士業已屈首受書，而不能以取尊榮，雖多亦奚以為！」〔註145〕於是他鑽研《陰符》，游說諸國，取得仕途。項羽年少時曾讀詩禮等書沒有成就，後來又學劍，也沒學成。其季父項梁告誡他「書足以記名姓而已。劍一人敵，不足學，學萬人敵」〔註146〕，於是教他學兵法。

這種功利化的傾向，除了是因為社會環境相對寬容，取得仕途的門路多元化外，另一個重要的客觀原因是隨著個體家庭的獨立，男子所承擔的家庭責任也隨之增大，需要負責家庭的經濟來源。

忠君既有德的要求，也有利的考慮。臣事君是職責所在，如果不盡心，就是失職。《戰國策·齊策六》記載齊國的王孫賈輔佐齊閔王，但在齊閔王出逃被殺後，其母質問他，「女今事王，王出走，女不知其處，女尚何歸？」〔註147〕於是王孫賈召集眾人殺了淖齒。田鮪曾戒子田章「欲利而身，先利而君；欲富而家，先富而國」〔註148〕，這裡一方面是認識到君、國的利益具有優先性，君、國不保，則身、家不保。另一方面，它是以利為前提的，不是為了忠而忠，是為了利己而利國、利君。此外，對於諸侯國來說，為家與為國之間有時會發生矛盾，需要在親情之愛與諸侯國的利益之間作出選擇，如《戰國策·趙策四》記載趙太后因愛子而不忍心讓長安君作人質，但大臣觸龍戒其「父母之愛子，則為之計深遠」，讓長安君作人質才是有功於國，將來才能繼承王位，這才是真正的愛子。由此可見，這一時期的家訓力圖將治國與治家相統一，將治家融於治國之中。

另外，一些銘文、竹簡中的文獻雖然存在史料真偽、成書年代的爭議，

〔註143〕陳奇猷校注：《韓非子新校注·外儲說右下》（上），上海：上海古籍出版社，2000年，第820頁。

〔註144〕〔漢〕司馬遷：《史記》卷六十九《蘇秦列傳》，第2241頁。

〔註145〕〔漢〕司馬遷：《史記》卷六十九《蘇秦列傳》，第2241頁。

〔註146〕〔漢〕司馬遷：《史記》卷七《項羽本紀》，第297頁。

〔註147〕〔漢〕劉向編集：《戰國策》，賀偉，侯仰軍點校，濟南：齊魯書社，2005年，第137頁。

〔註148〕陳奇猷校注：《韓非子新校注·外儲說右下》（上），第820頁。

但他們的思想還是值得注意。

《金人銘》的產生時間，學界已有討論〔註149〕，可以肯定是後人託黃帝之名而作。它是具有訓誡性質的家訓文獻。

> 古之慎言人也。戒之哉！戒之哉！無多言，多言多敗；無多事，多事多患。安樂必戒，無行所悔。勿謂何傷，其禍將長；勿謂何害，其禍將大；勿謂何殘，其禍將然。勿謂莫聞，天妖伺人。熒熒不滅，炎炎奈何；涓涓不壅，將成江河；綿綿不絕，將成網羅；青青不伐，將尋斧柯。誠不能慎之，禍之根也；曰是何傷，禍之門也。強梁者不得其死，好勝者必遇其敵。盜怨主人，民害其貴。君子知天下之不可蓋也，故後之、下之，使人慕之，執雌持下，莫能與之爭者。人皆趨彼，我獨守此；眾人惑惑，我獨不徙，內藏我知，不與人論技；我雖尊高，人莫我害。夫江河長百穀者，以其卑下也。天道無親，常與善人。戒之哉！戒之哉！〔註150〕

它要求慎言、慎行、戒安樂、戒好勝、戒從眾、宜從善。這些內容是家訓中所一直重視的。

《清華簡・程寤》記載了周文王告誡太子發如何滅商。他要求武王，「何警非朋，何戒非商，何用非樹，樹因欲，不違材……惟容納棘，億亡勿用，不□，思卑柔和順，生民不災，懷允。嗚呼，何監非時，何務非和，何裹非文，何保非道，何愛非身，何力非人」〔註151〕，警惕小人，以商為戒，因材施用，善於包容，崇尚柔順，百姓無患，注重時機，尚和諧，修文德，守大道，愛身體，盡人力。《保訓》〔註152〕記載了周文王在位第五十年，訓示太子發繼位為君，

〔註149〕如王輝斌認為是西周中期的「古逸」，鄭良樹認為作於春秋之季，龐光華認為「產生可能在漢代初年，最早不會早於戰國末期」。參考王輝斌：《商周逸詩輯考》，合肥：黃山書社，2012年，第47～49頁。鄭良樹：《諸子著作年代考》，北京：北京圖書館出版社，2001年，第12～20頁。龐光華：《論〈金人銘〉的產生時代》，《孔子研究》2005年，第2期。本文採用鄭良樹、龐光華的觀點，認為應在西周之後。

〔註150〕〔漢〕劉向撰，向宗魯校證：《說苑校證》，北京：中華書局，1987年，第258～259頁。

〔註151〕清華大學出土文獻研究與保護中心編，李學勤主編：《清華大學藏戰國竹簡》（壹）（上），上海：上海文藝出版集團，2010年，第136頁。

〔註152〕關於清華大學藏戰國竹簡《保訓》的真偽，學界有爭論，姜廣輝認為其成書於西周可疑。見《〈保訓〉十疑》，《光明日報》2009年5月4日。《清華簡鑒定可能要經歷一個長期的過程──再談對〈保訓〉的疑問》，《光明日報》

如何保有社稷之道。他以舜、上甲微、成湯為例，認為舜「自稽厥志，不違於庶萬姓之多欲，厥有施於上下遠邇。迺易立設稽測，陰陽之物，咸順不逆」〔註153〕，順民意，不悖人道，求得「中」道，獲得帝位；上甲微「假中於河」，使得河內地區行和諧之道；成湯繼承上甲微的思想，「用受大命」。因此，他要求姬發向他們學習，對中道「祗備毋懈」「敬哉，勿淫」〔註154〕，注意自己的行為，不要驕縱。《武王踐阼》〔註155〕中記載了周武王訓誡子孫的銘文，主要內容是「要子孫以殷商的衰敗為鑒戒，做到依道而行；敬謹謙恭；忍忿制欲；瞻前顧後；伸屈興廢，修身省過；慎言語，免招辱；毋殘害，杜禍患，從而永保周室」〔註156〕。雖然這些訓誡性質文獻不是作於西周時期，但這些思想的提出說明當時社會的統治者重視個人的行為，強調以德治國，順天保民。

　　總之，這一時期的家訓反映了士人自我意識提高，將修身、齊家、治國、平天下作為人生追求，重視家族的發展，希望既能保護自身、保護家族又能效忠於國。在內容上，士人家訓為主體，從修身、齊家、治國三個方面展開，為此後家訓的開展提供了基本框架。他們重視學習經典，特別是禮；繼承了西周時期的勤儉觀念，並將其延伸到終制，崇尚薄祭；將孝與忠並行，齊家與治國並重，但如果二者衝突，則先行孝悌；在為政處世上，意識到保身的重要性。在形式上，這一時期還是具體情境下的訓誡，是口頭說教，沒有落實到書面；有的訓誡是臨終而作，已經具有了遺訓性質。

第四節　春秋戰國家訓與社會思潮

　　社會思潮是為了回應時代的社會問題，而一個時代的家訓內容與當時的

2009 年 6 月 8 日。《〈保訓〉疑偽新證五則》，《中國哲學史》2010 年第 3 期。本文作者基本認同此觀點，所以不將其列入西周文獻，但作為先秦文獻，主要從思想上予以分析。釋文見廖明春，陳慧：《清華簡〈保訓〉篇解讀》，《中國哲學史》2010 年，第 3 期。

〔註153〕廖明春，陳慧：《清華簡〈保訓〉篇釋讀》，《中國哲學史》2010 年，第 3 期，第 8～9 頁。

〔註154〕廖明春，陳慧：《清華簡〈保訓〉篇釋讀》，《中國哲學史》2010 年，第 3 期，第 12 頁。

〔註155〕黃懷信認為「此篇文辭不古，非西周作品，當是後人據傳聞而記」。見黃懷信主撰，孔德立，周海生撰：《大戴禮記匯校集注》，第 24 頁。馬承源主編：《上海博物館藏戰國楚竹書》（第七冊），上海：上海古籍出版社，2004 年。

〔註156〕徐少錦，陳少斌：《中國家訓史》，西安：陝西人民出版社，2003 年，第 53 頁。

社會思想有著密切關係。以社會上層為代表，他們既是事業家也是思想家〔註157〕，與當時的政治、社會、思想都密切相關。所以，思潮與家訓內容作為同時代的產物，是相互作用的，並隨著思潮的變動而有著內容的變化。這一時期的思潮「發端於春秋末世與戰國初年的孔、墨顯學的對立」〔註158〕，出現了以儒、墨、道、法四家為代表的思想派別。他們對社會、人性的認識不同，對家訓的影響也不同。並且，他們比家訓產生時間要晚，在一定程度上促進了思潮的產生。

一、春秋戰國家訓與儒學思想

儒家提出「仁者愛人」〔註159〕，但以「親親為大」，倡導由親及疏，由近及遠，由孝親及忠君的道德。在基本的倫理關係中，「君君，臣臣，父父，子子」〔註160〕，君義臣忠，父慈子孝，要求彼此是相互的，如果君對臣無禮，則臣也不忠君；如果父所言所行不合理，則子要諍諫於父，不能唯父母是從。在孝與忠之間，孝為大，因為父母對於子女是唯一的，君對臣卻不是。所以，如果父與夫之間有鬥爭，則也是父為大，「人盡夫也，父一而已。」〔註161〕如果情與法矛盾，情為大，「父為子隱，子為父隱，直在其中矣」〔註162〕，直才是孝，孝才能忠。人與人之間要求知禮守信，重義輕利，親賢人遠小人。禮重在節欲治情，明確尊卑長幼，「不知禮，無以立」〔註163〕；信是社會運行的必要條件，不守信，則無人交、無人用。曾子曾戒其妻：「嬰兒非有知也，待父母而學者也，聽父母之教。今子欺之，是教子欺也。母欺子，子而不信其母，非以成教也。」〔註164〕義是公利，利是私利，公大於私，無公則無私。賢人有德，交往越久，受益越大；小人輕德重己，交往越久，行為越有可能下滑。

〔註157〕侯外廬通過分析希臘「智者」與中國古代「賢人」的區別，提出中國古代事業家與觀念家不分工。參考侯外廬：《中國思想通史》（第一卷），第34～39頁。

〔註158〕侯外廬：《中國思想通史》（第一卷），第27頁。

〔註159〕〔宋〕朱熹：《四書章句集注·孟子集注》，第298頁。

〔註160〕〔宋〕朱熹：《四書章句集注·論語集注》，第136頁。

〔註161〕《春秋左傳正義·桓公十五年》，第236頁。

〔註162〕〔宋〕朱熹：《四書章句集注·論語集注》，第146頁。

〔註163〕〔宋〕朱熹：《四書章句集注·論語集注》，第194頁。

〔註164〕陳奇猷校注：《韓非子新校注·外儲說左上》（下），第711頁。

在教育思想方面，孔子提出「少成若性，習貫之為常」〔註165〕，認為年少時養成的品行會影響人以後的行為。曾子提出「君子之於子也，愛而勿面也，使而勿貌也，導之以道而勿強也」〔註166〕，父母對子女的愛要藏於內心，不要顯露在面貌上，不要頤氣指使、強迫他做什麼，而是應該善於導之以理。即將情與理融於其中，尊重他，關愛他，教育他，但不寵愛，不指使。孟子提出「中也養不中，才也養不才；故人樂有賢父兄也。如中也棄不中，才也棄不才；則賢不肖之相去，其間不能以寸」〔註167〕，家庭中的賢能者要善於教育不才、不賢者，這樣彼此的距離就能拉近，從而家庭才能和睦、有發展。他還認為父母以正道教育子女，如果子女不聽從父母，父母就會生氣，進而會離間父母與子女的情感。所以，他提出「易子而教」，這樣父子之間就不會有疏遠情感的問題。陳亢依據孔子教子而提出「君子之遠其子也」〔註168〕，即「《詩》有諷刺之辭，《禮》有嫌疑之誡，《書》有悖亂之事，《春秋》有邪僻之譏，《易》有備物之象；皆非父子可通言」〔註169〕，這些反映社會不正之風的內容是不適合父子之間談論的。

在人生志向的追求上，儒家總結歷史經驗、運用理性思維，認為「人能弘道，非道弘人」〔註170〕，天地、社會之理的實現需要人擔當，特別是有文化的人，更應肩負這個使命。所以，要求「士志於道」。這個「士」最大的資產是思想，更確切的說是為政思想，沒有恆產，只有恆心，最大的成就是政道實行。從宏觀來說，他們的理想是天地間有「仁義」，「父子有親，君臣有義，夫婦有別，長幼有序，朋友有信」〔註171〕；賢能者在位，鄰里友善；君士農工商各盡其職，士有祿，農有地，工有業，商有貨，老少都有所養，庠序之教盛行。這一方面需要「士」修養自己，「自天子以至於庶人，壹是皆以修身為本」〔註172〕，「身修而後家齊，家齊而後國治，國治而後天下平」〔註173〕，

〔註165〕黃懷信主撰，孔德立，周海生撰：《大戴禮記匯校集注》，第336頁。
〔註166〕黃懷信主撰，孔德立，周海生撰：《大戴禮記匯校集注》，第503頁。
〔註167〕〔宋〕朱熹：《四書章句集注·孟子集注》，第291頁。
〔註168〕〔宋〕朱熹：《四書章句集注·論語集注》，第174頁。
〔註169〕王利器撰：《顏氏家訓集解》（增補本），北京：中華書局，1993年，第15頁。
〔註170〕〔宋〕朱熹：《四書章句集注·論語集注》，第167頁。
〔註171〕〔宋〕朱熹：《四書章句集注·孟子集注》，第259頁。
〔註172〕〔宋〕朱熹：《四書章句集注·大學章句》，第4頁。
〔註173〕〔宋〕朱熹：《四書章句集注·大學章句》，第4頁。

如學習《詩》《書》《禮》《樂》《春秋》，「見賢而思，見不賢而內自省」〔註174〕，見利思義；另一方面需要求得仕宦。但從孔子「知其不可而為之」來說，仕與不仕不是主要的，根本的是要敢於擔任士這個社會角色，勇於承擔個體對社會的責任，及在傳道過程中遇到的種種非議、貧窮、困苦等。

從以上的分析，可以看出儒家重視傳統基於血緣的宗法制度、以及在此基礎上的禮樂文化，重視教育對人的作用。這些思想切近現實的人倫日用，具有可執行性。他們的「士」觀是以整個社會、天下的安定和諧為終極目的，以個體的德性修養為內在依據，以歷史典籍為治國依據，以仕宦為實踐路徑，具有理想性、實踐性的特點。

對於沒有經歷私有制革命、家族血緣佔據關係首位的「社稷」來說，傳統觀念的力量在個體、家庭、政治中是很強大的。並且，儒者在西周就是一個有著官方職位的教育者，《周禮·天官·大宰》「以九兩系邦之民，……四曰儒，以道得民……」，鄭玄注為「儒，諸侯保氏，有六藝以教民者」〔註175〕，到春秋戰國之際，孔子開創私學以詩書禮樂教弟子，在教育方面有著優越性。

儒學的這些特點和優越性契合了家訓的內在要求，重視家庭親情卻又不失理性，重視人生價值的實現，如從勉學、勤儉、忠信、交賢人、敬慎、守禮等家訓內容中都可以看到儒家思想的印跡。

從這一時期家訓的主體來看，既有長輩對晚輩的教育，也有晚輩對長輩的建議，如太子晉建議周靈王修德順時；既有夫對妻的告誡，也有妻對夫的勸告，如定姜戒衛定公忍耐孫林父、負羈妻子戒負羈要禮遇重耳，晏子車夫的妻子戒夫謙遜，有涉及修身的，也有關於政事的。雖然在社會上，男性、長輩擁有比女性、晚輩高的地位，但在家庭中彼此是相互的，承認為人子、為人妻在家庭中的地位與權力，彼此的關係是比較寬容的。

儒家在子對父方面是比較寬容的，強調「事父母幾諫」。但是在妻對夫方面，儒家沒有那麼寬容，認為「女正位乎內」「女不言外」，女子對於政事應該是不能言語的。這從公父文伯的母親敬姜的行為就可以證實。敬姜與子論勞逸、講禮，不與季康子在內朝、外朝言語，說明她雖然教子，但在政事上是不會言語的。所以，現實中女性，特別是士人家庭的女性，在行為方面與儒家思想所倡導的是有錯位的，是不一致的。

〔註174〕〔宋〕朱熹：《四書章句集注·論語集注》，第73頁。
〔註175〕《周禮注疏·天官》，第47頁。

二、春秋戰國家訓與墨、道、法思想

墨子將親情倫理與利益相統一，認為「兼相愛，交相利」〔註 176〕是天下根本之「道」，強調愛人若愛己，利人兼利己，「夫愛人者，人必從而愛之。利人者，人必從而利之。惡人者，人必從而惡之。害人者，人必從而害之。」〔註 177〕推廣開來，如果人都能視他家如己家，視他國如己國，則每個家庭都父慈子孝、兄友弟恭，君義臣忠，各國之間就不會有利益之爭，也就不會有盜竊、戰爭，「若使天下兼相愛，國與國不相攻，家與家不相亂，盜賊無有，君臣父子皆能孝慈，若此則天下治。」〔註 178〕對於士人，墨子認為他們是國家的重要輔政者，否則「緩賢忘士，而能以其國存者，未曾有也」〔註 179〕。而從他們自身來說，「士雖有學，而行為本焉」〔註 180〕。所謂「行」既包含德也包含實踐，德的具體內容包括有志於道，博學有智，「見毀而反之身」〔註 181〕，言而信、行而果，據財能分人，能辨識是非；實踐是指「有道者勸以教人」〔註 182〕。

墨家在一定程度上作為儒家的反對者，認為理大於情，取消人己之別，非議傳統的禮樂，以互利制衡人倫、戰爭，過分注重下層的利益，而未曾意識到人性的複雜性，忽視了思想的可執行性。這與家訓重視家庭親情、重視傳統的思想並不契合，所以墨家思想在家訓中無法貫徹。但他在一定程度上指出了儒家思想的弊端，提出節葬、節用思想，這可能影響到士人的喪葬祭祀思想；重視修身與實踐的士人觀，有助於家訓中訓誡子孫如何立身處世。

道家以隱者身份出場，以「道」為根本範疇，探討宇宙生成、本體、事物生存之道，認為「自然」是天地、社會運行的最佳狀態。他批判當時社會「失道而后德，失德而後仁，失仁而後義，失義而後禮」〔註 183〕，注重外在的虛偽表現而不重視內在之德，認為仁義禮智應以道與德為根基，六者是一個統一體。「上德不德，是以有德」〔註 184〕，真正的「德」是事物按其本然運行，

〔註 176〕吳毓江撰，孫啟治點校：《墨子校注·兼愛中》，第 161 頁。
〔註 177〕吳毓江撰，孫啟治點校：《墨子校注·兼愛上》，第 155 頁。
〔註 178〕吳毓江撰，孫啟治點校：《墨子校注·兼愛上》，第 155 頁。
〔註 179〕吳毓江撰，孫啟治點校：《墨子校注·親士》，第 1 頁。
〔註 180〕吳毓江撰，孫啟治點校：《墨子校注·修身》，第 10 頁。
〔註 181〕吳毓江撰，孫啟治點校：《墨子校注·修身》，第 11 頁。
〔註 182〕吳毓江撰，孫啟治點校：《墨子校注·尚賢下》，第 98 頁。
〔註 183〕樓宇烈校釋：《老子道德經注校釋》，第 93 頁。
〔註 184〕樓宇烈校釋：《老子道德經注校釋》，第 93 頁。

「法自然」而行，不需要教而後成。所以，現實的人要超脫出各種形式化的名教就需要修身，「修之於身，其德乃真；修之於家，其德乃餘；修之於鄉，其德乃長；修之於邦，其德乃豐；修之於天下，其德乃普」〔註185〕，以修身為本，推之於家，由家推及國與天下。其具體要求是「滌除玄鑒」「致虛極，守靜篤」，踐行無為、損其學、知止、知足、節欲。在教育思想方面，老子提出「聖人處無為之事，行不言之教」〔註186〕，提倡以身示教。關於「士」，老子認為「善為士者不武」〔註187〕，文與武相對，不武即是要求不以武力為交往的依據。武中有德有文，這個「德」是「上德若谷，大白若辱，廣德若不足，建德若偷」〔註188〕，具有「至上性和與天地及天地之道的關聯，而揚起了仁義」〔註189〕。

道家理論充滿了哲學意蘊，對人性、社會有著深刻的認識與批判，重視由己及家、由家及國、由國及天下的家國建構。他的「知足」「虛靜」「不言之教」等理論影響到了當時士人的修身、教育思想，這對於家訓內容的展開有一定作用。

法家思想，與儒、墨、道三派思想有著根本的不同。他認識到親親倫理在政治、社會中的隱患，於是從君、國的角度考慮，立足於法、術、勢三位一體來處理事務。他認為在政治中，夫妻、父兄屬於「八姦」中的兩個隱患；在家庭中，「挾夫相為則責望，自為則事行。故父子或怨譙，取庸作者進美羹」〔註190〕，父子之間相互依靠，如果父養子不用心，子孝養父也就不出力，就會引發相互埋怨，相反，如果獨立行事，則更容易成功。在教育方面，「母厚愛處，子多敗，推愛也；父薄愛教笞，子多善，用嚴也」〔註191〕，認為父母之教有區別，家法勝過教化；父子之間因為有親情，所以在教育子女時就會有偏袒，從而驕縱子女等。總之，他從一定程度上人與人「平等」的視角，以「法」立政，重視個人能力，「法者，見功而與賞，因能而受官」〔註192〕；否

〔註185〕樓宇烈校釋：《老子道德經注校釋》，第143～144頁。
〔註186〕樓宇烈校釋：《老子道德經注校釋》，第6頁。
〔註187〕樓宇烈校釋：《老子道德經注校釋》，第171頁。
〔註188〕樓宇烈校釋：《老子道德經注校釋》，第112頁。
〔註189〕謝揚舉：《老子論士的修養與古禮》，《孔子研究》1997年第3期，第90頁。
〔註190〕陳奇猷校注：《韓非子新校注·外儲說左上》，上海：上海古籍出版社，2000年，第660頁。
〔註191〕陳奇猷校注：《韓非子新校注·六反》，第1009頁。
〔註192〕陳奇猷校注：《韓非子新校注·外儲說左上》，第708頁。

定了傳統的詩書禮樂之教,「燔詩書而明法令」〔註193〕;集中君權,以術治臣。對於士人,韓非認為要用「有術之士」。他們能「得效度數之言,上明主法,下困姦臣,以尊主安國者也」〔註194〕,對上能宣明君主的法紀,對下能夠運用法律,制服姦臣,能敬主保國。他批判那些讀先人典籍的士人不懂得國家混亂的原因,所謂的仁愛會使「有施與貧困,則無功者得賞;不忍誅罰,則暴亂者不止」〔註195〕,認為用他們的思想治國會給國家帶來患難。

法家對現實人倫道德的批判有助於人重新反思自我、反思教育,這有助於家訓的不斷改善;其重視個體能力的觀點刺激了人的物質欲望,富貴逐漸成了人仕途的目標,這導致戰國後期家訓功利化的傾向;而重吏能不重文的觀點也影響到士人家訓內容更加現實化,而不重視內在的德性修養。

另外,其他諸子對家訓的展開也有一些影響。如管子提出「為人父者慈惠以教」〔註196〕,並且要求士農工商四個階層的人不雜處,這樣有利於各自教育的開展,「父兄之教,不肅而成,其子弟之學,不勞而能」〔註197〕,對於後代來說,「少而習焉,其心安焉,不見異物而遷焉」〔註198〕,士人的子孫孝悌忠敬,農民的子孫勤於農業,手工業主的子孫習得工巧,商人的子孫習得從商之業。這種教育思想一方面意識到環境的重要性,不同的環境會造就不同的德行與才能,另一方面這是出於穩定當時社會結構,維護社會的等級制度而作。這種教育思想對後代有一定的影響,如後代的士人家訓不希望子孫從事農業、經商,反對貪求財富。

儒、墨、道三派開創於一個時代,在思想上有共同點。他們以西周及其之前文化為來源,將其進一步深化到人的理性自覺,將己、家、國三者置於一個體系中。其中,修身、反思自我是個人的第一要務,求「道」是人生目的,從個人來說是德,從社會來說是和。而法家作為一個後起的學派,認識到現實存在的倫理、教育問題,將關注點轉向君王與個人能力。他們都關注著士階層,特別是儒家,認識到士人有著知識、思想,是傳統文化的承載者,

〔註193〕陳奇猷校注:《韓非子新校注·和氏》,第275頁。
〔註194〕陳奇猷校注:《韓非子新校注·姦劫弒臣》,第282頁。
〔註195〕陳奇猷校注:《韓非子新校注·姦劫弒臣》,第293頁。
〔註196〕黎翔鳳撰,梁運華整理:《管子校注·小匡》,北京:中華書局,2004年,第198頁。
〔註197〕黎翔鳳撰,梁運華整理:《管子校注·小匡》,第400頁。
〔註198〕黎翔鳳撰,梁運華整理:《管子校注·小匡》,第401頁。

擔負著社會該如何發展的重任，是國家的支柱。這些思想對於家訓的展開都提供了一定的理論指導，不同的是，相比較而言，儒學思想本身更契合家訓的實踐需要。

同樣，從家訓自身的發展來說，這一時期的家訓從周王室下降到士人家庭，士成為了知識人，家訓內容也從西周時期不得已的敬德深化到自覺的個人修養，將「德」的內容內在化、具體化。他們要求子孫以「德」為本，為「道」而行，堅守氣節，「大上有立德，其次有立功，其次有立言，雖久不廢，此之謂不朽。若夫保姓受氏，以守宗祊，世不絕祀，無國無之，祿之大者，不可謂不朽」〔註199〕，內在德性修養的意義超過了宗族血緣、世卿世祿的延續。這些家訓有的產生於社會思潮之前，直接繼承自西周文化。這種士人家庭的教育對社會風俗的形成有一定的影響，推進了學術思想將其系統化、哲理化。而在社會思潮影響下的家訓，作為傳統文化的一部分，將其傳承於下一代，也有助於社會思想的普及與深化。

小結

從以上分析可以看出，先秦時期的王室家訓主要從政治意義上予以訓誡，注意到個人行為對於家族發展的意義，要求效法祖先，強調家族子孫和衷共濟。但這種「敬德」觀念是以「敬天」為前提的，具有一定的宗教性。士人家訓主要圍繞家庭建設與為政之道而展開。他們重視孝道，強調子孫對家庭血緣親情的報答；重視家庭禮制，或遵守傳統，如男女之別之禮，或因時變革，如祭禮；重視家風的傳承；重視個人的德行修養，強調學習經典，要求行為謹慎，勤勞。

這些家訓內容是對當時社會思想的一種反映，說明春秋戰國時期人們的家庭觀念突出。同時，這些內容對社會發展也起到一定作用，禮制的變化有助於促進社會風俗的變革，從重視外在、重視等級轉為重視內在的精神追求；家訓富有人文性，教人從善，子孫代代相傳有助於傳統文化的傳承與發展，有助於促進社會的文明與進步。

由於這一時期的家訓都是因事而訓，文獻源於後人追述，訓誡者還沒有意識到需要將家訓付諸於文字記錄下來以教育子孫。所以，它具有零散性、

〔註199〕《春秋左傳正義·襄公二十四年》，第1152頁。

簡明性的特點。但這也說明這一時期人們已經意識到家庭訓誡的必要性了。

　　總體來說，西周家訓奠定了古代王室家訓的基本內容，春秋戰國家訓奠定了古代士人家訓的基本內容。他們重視理性，重視文化，發展出以修身、齊家、治國、平天下為一體的家訓內容，強調人的自我認識、自我完善。這為後代家訓的開展提供了重要的指導作用。但這一時期典籍還沒有得到推廣，學術爭辯盛行，社會上存在著不同的價值觀，家與國的關係還不夠明確，所以訓誡者的意識還不夠自覺，家訓內容還沒有很大的一致性，學術思想的影響有待進一步深入。

第三章　秦漢家訓——發展時期

　　秦朝由於歷史的原因，家訓文獻存留很少。但從歷史記載中，我們可以看到這一時期家庭、社會對子女的一些要求，從而透視出家庭對子女教育的內容。漢代家訓是中國家訓史的一個重要發展時期。訓誡者自覺意識提高，在家國同構的宗法結構背景下，立足於個體家庭展開其內容，將治家與治國相分離。很多家訓內容成為典型，被後代所效法。在表達方式上，從先秦時期的口頭訓誡轉為有文獻形式的訓誡，出現了書信、自傳、遺詔、誡子詩等新形式。

第一節　簡論秦朝家訓

　　公元前 221 年，秦滅六國，統一天下，秦朝開始。公元前 207 年，秦二世被殺，子嬰被立為秦王，執政四十六天，向劉邦投降，秦朝滅亡。

　　秦朝時，李斯任丞相，認為天下統一，儒者以古論今，倡導私學，會使百姓隨處議論，從而使人心惑亂，威脅君權。所以，他建議秦始皇只保留秦代史籍，只允許博士官保存《詩》《書》等百家典籍，禁止民間私人藏這些書；只允許民間保存醫藥學、卜筮、種樹的典籍；只允許向官吏學習有關法令的典籍，「有敢偶語《詩》《書》者棄市。以古非今者族。」〔註1〕這個建議得到了推行，秦朝從社會上層到下層，言論、思想都受到限制，沒有私人著述，只有國家法令自上而下推行。如果說先秦是以禮樂文化為主導，則秦朝是以皇

〔註 1〕〔漢〕司馬遷：《史記》卷六《秦始皇本紀》，第 255 頁。

帝制定的法律為主導,「凡法律令者,以教道民,去其淫避,除其惡俗,而使之之於為善殹。」〔註2〕

　　《孔叢子‧答問篇》記載孔鮒臨終戒其弟子襄,要師從叔孫通。因為叔孫通「處濁世而清其身,學儒術而知權變」〔註3〕,以他為師,將來肯定有美好前途,會有官職、俸祿。這則家訓作於秦朝末年。

　　孔鮒是孔子的八世孫,出生於戰國時期,但不喜武,只喜文,「獨樂先王之道,講習不倦」〔註4〕,而叔孫通是他的弟子。秦始皇統一天下後,孔鮒因秦不尚禮樂教化而不入仕,但他對叔孫通說「子之材,能見時變,今為不用之學,殆非子情也」〔註5〕。於是,叔孫通辭去,出仕於秦,初為待詔博士,秦二世時被封為博士。孔鮒自己不仕,卻戒其弟師從懂權變之人以獲得利祿、仕途。這說明在秦朝用儒士「守成」的背景下,士人家訓將仕途視為個人自我實現的主要路徑,同時也是光宗耀祖的主要路徑;但同時,他們弱化了對個人德行的要求,轉而重視明哲保身、隨機應變、順從皇帝之道。從中也可以看到,在為己與為人之道上,訓誡者執行雙重標準,為己主要考慮的是名節、操守;為人主要考慮的是名譽、富貴。

　　僅有的家訓並不能反映這一時期整個家訓情況,我們還可以從秦朝的法律、典籍對個人修養、人與人之間的倫理關係、為人處世之道等方面的要求來看當時家庭對子孫教育的內容。

　　在睡虎地竹簡中,有「父盜子,不為盜」〔註6〕「子盜父母,父母擅殺、刑、髡子及奴妾,不為『公室告』」〔註7〕。因為這些屬於「家罪」,官方不予受理。這說明秦法保障家庭中父權的至上性,這樣家庭、家族在父權的管理下很容易保持穩定,不會疏遠血緣關係。在家庭倫理中,孝觀念是第一位的,「毆大父母,黥為城旦舂」〔註8〕「免老告人以為不孝,謁殺」「亟執勿失」〔註9〕,子孫如果對父母不孝,父母就可以授予官方治罪,官方也會照辦。在

〔註2〕睡虎地秦墓竹簡整理小組編:《睡虎地秦墓竹簡》,北京:文物出版社,2001年,第13頁。

〔註3〕傅亞庶撰:《孔叢子校釋‧答問》,北京:中華書局,1984年,第435頁。

〔註4〕傅亞庶撰:《孔叢子校釋‧獨治篇》,第409頁。

〔註5〕傅亞庶撰:《孔叢子校釋‧獨治篇》,第410頁。

〔註6〕睡虎地秦墓竹簡整理小組編:《睡虎地秦墓竹簡》,第98頁。

〔註7〕睡虎地秦墓竹簡整理小組編:《睡虎地秦墓竹簡》,第118頁。

〔註8〕睡虎地秦墓竹簡整理小組編:《睡虎地秦墓竹簡》,第111頁。

〔註9〕睡虎地秦墓竹簡整理小組編:《睡虎地秦墓竹簡》,第117頁。

社會上，如果偷盜他人、傷害他人等，也都會被治罪，這是用法來使人從善。

從典籍中也可以看到秦朝對人倫秩序的規範。秦始皇曾五次出巡，每次都會立石以表彰其德。如第二十八年，在鄒嶧山立石有「貴賤分明，男女禮順，慎遵職事。昭隔內外，靡不清淨，施於後嗣」〔註10〕。第三十二年，在碣石有辭「男樂其疇，女修其業，事各有序」〔註11〕。第三十七年，在會稽立石，「飾省宣義，有子而嫁，倍死不貞。防隔內外，禁止淫泆，男女絜誠。夫為寄豭，殺之無罪，男秉義程。妻為逃嫁，子不得母，咸化廉清。」〔註12〕這些都是要求禁止淫亂，守男女之禮，為人妻要守貞節，男女各盡其職，區分尊卑貴賤，從善戒惡。

從這些材料中可以看到，秦朝主要是以法令的形式規範個人行為、人倫秩序。這些法律條例折射出：一是個體家庭在社會中的地位凸顯，父權隨著君權的集中而被充分肯定，父子之間不再是相互的，父對子有絕對的權力，子對父更多的是服從；為人妻要求有貞節，夫死改嫁被視為不貞，家庭關係向單向性發展。二是家庭中父母對子女，仍然要求男女有別、遵守禮節、孝敬父母、盡心盡職、從善不從惡等。這是對先秦家訓內容的繼承。這兩方面合力推進了家訓的發展。同時，孔鮒戒弟說明這一時期的家訓進一步發展了戰國家訓功利化的思想，將仕途視為利祿之道，而不是視為治國之道；在形式上，開創了效法賢人的教育方法。

第二節　兩漢家訓的發展

漢代家訓文獻主要見於《史記》《漢書》《後漢書》《後漢紀》《東觀漢記》《東漢文紀》《華陽國志》《列女傳》《孔叢子》《藝文類聚》等。按照時代發展，這一時期的家訓可分為西漢與東漢兩個時期；按照社會等級，可分為皇室家訓與士人家訓。這一時期女訓得到了重要發展，出現了以班昭《女誡》為代表的文獻。

一、兩漢家訓發展的社會背景

西漢初期，經過文景之治，政權得以建立和鞏固，到漢武帝時期（公元

〔註10〕睡虎地秦墓竹簡整理小組編：《睡虎地秦墓竹簡》，第 243 頁。
〔註11〕〔漢〕司馬遷：《史記》卷六《秦始皇本紀》，第 252 頁。
〔註12〕〔漢〕司馬遷：《史記》卷六《秦始皇本紀》，第 262 頁。

前 140 年到公元前 87 年），政權達到鼎盛。漢元帝之後，皇室政權逐漸衰落，出現了王莽篡漢的情況。東漢時期，政權不穩定，各種勢力相互鬥爭，外戚宦官輪流執政。在漢桓帝、漢靈帝時，宦官當政，士人品議朝政，發生了兩次黨錮之禍，許多士人或被處置，或被罷官。公元 196 年，曹操脅迫漢獻帝遷都許昌，東漢結束，三國開始。

在制度上，「漢承秦制」，但也有些變化。經濟方面，皇帝是最高的地主，享有全國土地的所有權，將其分封於宗室、臣子、外戚等。對於宗室來說，他們雖然享有土地，但卻沒有實際的政治權力，反而逐漸集中到皇帝一人手中，宗法制度的存在形式發生變化。在官吏任用上，傳統的世卿世祿制被廢除，選官制度實行，主要有察舉制、徵辟制、考試、任子制等。在國家意識形態上，儒學的獨尊地位被確立。

1. 家國同構的宗法制度

漢代改變了先秦時期的宗法形式，實行郡縣制，代替了傳統的宗法分封制，除了皇位仍然實行由皇室血緣的人繼承外，其他官職都是按照選拔制度招錄人才。小家庭、家族成為社會主體，「小到只包括夫婦，大到包括從兄弟」〔註13〕「充其量是三代人同居」〔註14〕。接受教育、研讀經書、入朝為官、享受俸祿成為普通百姓家也可以實現的事情，不再只限於仕宦家庭。這樣，這一時期的家國關係表現為一方面家與國是各自獨立發展。家庭成員如何相處、家庭如何富貴、家庭財產如何安置、家道如何繼承等是家庭、家族所關心的，如何處理皇帝、臣、民的關係、如何處理皇權與相權的關係、如何教化百姓等是國家所關係的事情。另一方面，在三綱思想指導下，家與國在組織結構上又是相似的。個體家庭中父家長制與國家系統中皇帝集權制相似，以及由此導致家庭中家庭關係的主從之分、依附與被依附關係與朝廷中皇帝與臣子的統治與被統治關係相似，二者都兼有親情性與政治性。

在這種宗法結構下，個體家庭、家族將治家與治國相統一，強調由家及國。對於家庭來說，「血緣關係很容易把個人集中起來，它可以自然而然地把不同的意識調和起來」〔註15〕，這樣家人之間就建立起共同的價值觀、共同

〔註13〕〔日〕守屋美都雄：《中國古代的家族與國家》，錢杭，楊曉芬譯，上海：上海古籍出版社，2010 年，第 249 頁。

〔註14〕瞿同祖：《漢代社會結構》，上海：上海世紀出版集團，2007 年，第 15 頁。

〔註15〕〔法〕埃米爾·涂爾幹：《社會分工論》，渠東譯，北京：生活·讀書·新知三聯書店，2013 年，第 28 頁。

的目標，即追求家庭和睦、幸福、顯名。與此同時，以個體家庭為單位、由宗法凝聚成的家族，作為一個血緣共同體、同時也是地緣共同體，靠親情維繫，成員間有著共同的利益，一榮俱榮。

2. 重儒學、重孝悌的政策

儒學在經歷了秦代的毀滅後，在漢代逐漸興起。公元前 314 年，漢武帝〔註16〕罷去「諸不在六藝之科孔子之術者」〔註17〕，從此儒學成為官方意識形態，董仲舒、公孫弘等儒生因此進入仕途，享有爵祿。此後，皇帝在執政時期都繼續增加對儒士的徵召。從此，學術與官職相聯繫，促進了新的官員選拔制度的形成。

在政治、教育上，漢代實行以孝治國，推廣孝悌倫理教化。劉邦開始以「孝」作諡；呂后「初置孝悌力田二千石者一人」〔註18〕；漢惠帝「舉民孝悌力田者復其身」〔註19〕；漢文帝獎勵三老、孝悌者，「以戶口率置三老孝悌力田常員」〔註20〕，以擴大教化，設置《孝經》博士；漢武帝確立了以孝悌作為考察、選人的依據之一；漢昭帝將《論語》《孝經》列入皇帝、士人必讀的經典書目；漢平帝除了在郡縣學校設置經師外，「鄉曰庠，聚曰序，序庠置《孝經》師一人」〔註21〕；東漢時繼續推行西漢時期的政策，教化對象更加廣泛，「十一月，研冰凍，令幼童讀《孝經》《論語》篇章。」〔註22〕

這些政策導致傳統的世卿世祿制被打破，個人的德行、學問、能力與爵位、俸祿相聯繫，成為士人晉升仕途的敲門磚。這推進了這一時期的家訓重

〔註16〕漢武帝時期，「國家無事，非遇水旱之災，民則人給家足，都鄙廩庾皆滿，而府庫餘財。京師之錢累鉅萬，貫朽而不可校」，社會經濟實力倍增，國家開始重視文化建設。漢武帝即位次年，採納衛綰建議，罷去治法家、縱橫家之學的人；建元五年（公元前 136 年）設置五經博士，詩、書、禮、易、春秋各有所治；元光元年（公元前 134 年）採納董仲舒建議，「罷除百家，獨尊儒術」。後來，公孫弘建議武帝「古者政教未洽，不備其禮，請因舊官而興焉」，從民間招錄「好文學，敬長上，肅政教，順鄉里，出入不悖所聞者」，能精通一藝以上者，任博士弟子、文學掌故、郎中等職位，免去他們的勞役賦稅，對於不能精通六藝者則予以免職，這被武帝採納。

〔註17〕〔漢〕班固：《漢書》卷五十六《董仲舒傳》，第 2523 頁。

〔註18〕〔漢〕班固：《漢書》卷三《呂后紀》，第 92 頁。

〔註19〕〔漢〕班固：《漢書》卷二《惠帝紀》，第 90 頁。

〔註20〕〔漢〕班固：《漢書》卷四《文帝紀》，第 124 頁。

〔註21〕〔漢〕班固：《漢書》卷十二《平帝紀》，第 355 頁。

〔註22〕〔漢〕崔寔著，石聲漢校注：《四民月令校注》，北京：中華書局，1965 年，第 71 頁。

視學習，強調經世致用，重視子女的自身修養，特別是孝道與忠道方面。「君子之事親孝，故忠可移於君。事兄悌，故順可移於長。居家理，故治可移於官」〔註23〕，忠孝一體，在家行孝悌，為政才能忠順。同時，學術與政治的聯繫引發了士人思考操守與生存二者之間的張力關係。

二、兩漢皇室家訓內容

漢代的皇室家訓材料比較零散，主要集中於建國初期，以漢高祖劉邦《手敕太子》〔註24〕，漢文帝劉恒《遺詔》，漢武帝劉徹戒子為代表。

1. 勤於讀書，親寫公文

劉邦在《手敕太子》中以自身實踐告誡其子，作為皇室子孫，要勤於讀書，自己練習寫公文，「每上疏，宜自書，勿使人也」〔註25〕，這樣將來才可能擔當重任。

劉邦生活於秦朝禁止私學、以軍功封爵的時代，所以他在擁有天下之前不曾讀書，認為讀書無用。但在「以布衣提三尺劍取天下」〔註26〕之後，他作為天下之主需要管理宗室、臣民，處理政務，一方面讀書、學習成為一種基本的能力要求，另一方面自身也逐漸意識到讀書的益處，認為讀書「乃使人知作者之意，追思昔所行，多不是」〔註27〕。讀古人書可以掌握作者的思想，進而可以以古人為鑒來反思自己的行為，從而有錯則改，推進對自我的認識，提高自身的修養。

對於皇室來說，讀書既是為了修身，更是為了永保天下。得天下容易，保天下難；得天下可以靠武力、智慧、勇氣，而保天下需要以前代歷史為借鑒，吸收其有益的治國經驗與衰亡的歷史教訓，以德服人，禮法並用。這些

〔註23〕《孝經注疏‧廣揚名章》，第 55 頁。

〔註24〕《手敕太子》一文最早見於《古文苑》中，而《史記》、《漢書》均未記載。但《漢書‧藝文志‧諸子略》中有「《高祖傳》十三篇」，班固注「高祖與大臣述古語及詔策也」。《古文苑》的作者認為此文或為其中之一。並且，根據《史記》的《高祖本紀》、《陸賈傳》、《叔孫通傳》的相關記載，劉邦雖最初反對儒學，但後來深受陸賈、叔孫通等人的影響，逐漸對儒學「稱善」。所以，這則史料是可信的。

〔註25〕〔宋〕章樵注：《古文苑》卷十，《四部叢刊初編‧集部》，第 316 冊，上海：上海書店，1989 年。

〔註26〕〔漢〕司馬遷：《史記》卷八《高祖本紀》，第 391 頁。

〔註27〕〔宋〕章樵注：《古文苑》卷十，《四部叢刊初編‧集部》，第 316 冊，上海：上海書店，1989 年。

治國之道就藏在古籍中，只有掌握了他們的思想，並將之運用於實踐，享有天下才有可能。如果皇帝或皇室之人不讀書，則不懂治國之道，進而可能導致政權旁落，天下墜落。

2. 以禮待人

皇室子孫享有天下，是天下最尊貴者，享有臣民的臣服，如果不加訓誡，很容易滋生驕縱的心態，以權勢壓人，對臣民無禮。所以，劉邦戒其子「汝見蕭、曹、張、陳諸公侯，吾同時人，倍年於汝者，皆拜」〔註28〕，要禮遇蕭何、曹參、張良、陳平，遇到他們都要行拜見禮。因為他們都是父親的同輩，自己的長輩，尊敬長輩是基本的德行修養；更重要的是，他們都是朝中重臣，是國家的重要輔政者〔註29〕。另外，劉邦要求太子告誡諸弟也要禮遇長輩。這實際是要求作為兄長要有表率作用，兄行使著部分父權，對弟有教育的責任。

3. 終制節儉

終制是死者生前對自己喪葬、祭祀事宜的安排。漢文帝在臨終時對自己的終製作了詳細的告誡。

> 其令天下吏民，令到出臨三日，皆釋服。無禁取婦、嫁女、祠祀、飲酒、食肉。自當給喪事服臨者，皆無踐。絰帶無過三寸。無布車及兵器。無發民哭臨宮殿中。殿中當臨者，皆以旦夕各十五舉音，禮皆罷。非旦夕臨時，禁無得擅哭臨。以下，服大紅十五日，小紅十四日，纖七日，釋服。它不在令中者，皆以此令比類從事。布告天下，使明知朕意。霸陵山川因其故，無有所改。歸夫人以下至少使。〔註30〕

這些要求基本可概括為，一儘量不影響官吏、百姓的日常生活，二喪葬禮制要儘量節儉、省事、短喪，不影響朝政。

〔註28〕〔宋〕章樵注：《古文苑》卷十，《四部叢刊初編·集部》，第316冊，上海：上海書店，1989年。

〔註29〕蕭何在楚漢戰爭中曾輔佐劉邦「鎮國家、撫百姓、供軍需、給糧餉」，建國後重新制定律令制度，作《九章律》，輔佐劉邦滅異性諸侯；曹參曾輔佐劉邦攻城略地，建國後出任齊相，以黃老思想治理齊國；張良被稱為「謀聖」，能「運籌帷幄之中，決勝千里之外」；陳平曾「六出奇計」輔佐劉邦奪天下，建國後擔任丞相。

〔註30〕〔漢〕班固：《漢書》卷四《文帝紀》，第132頁。

漢文帝之所以這樣安排，是與漢初的社會背景和他自身的思想有關。漢代初期是政權建立和鞏固時期，是長期戰亂後社會經濟的恢復期，朝廷為此制定了各項「與民休息」的政策旨在促進社會發展。漢文帝以身作則，倡導節儉。他反對以往及當下厚葬、重服的做法，批判了傳統「事死如事生」、以及視厚葬、長喪、哀哭才是孝順的觀念，認為一「天下萬物之萌生，靡不有死。死者天地之理，物之自然，奚可甚哀」〔註31〕，天下萬物有生就有死，生死一體，這是自然規律。特別是死亡，自然如此，不是人可以主宰的，所以死亡也就不是悲哀的事情，不需要厚葬久喪。二厚葬久喪既浪費錢財，致使家庭無法維持生存，又會使家人過度悲痛，傷害在世的人的生命。這對於皇帝來說，會「重吾不德」。外在禮制的改變源於內在思想觀念的革新。

漢文帝的這種節葬短喪理念對傳統的喪葬禮制有矯正作用，在兩漢、魏晉南北朝產生了很大影響，具有表率作用。此後，在終制上，從皇室到臣民很多都厲行節儉。

終制事宜不僅關係到當事者，而且關係到整個家庭、家族，甚至關係到全天下人，所以不得不慎重處理。

4. 為政有德，敬戒保國

漢武帝在封三子為齊王、燕王、廣陵王時，分別作詔書「各以國土風俗申戒」〔註32〕，光武帝也曾告誡其子如何治國。具體要求一以德義修身，行中庸之道。承繼傳統的天命觀，他認為天命不是永恆的，所以「人之好德，克明顯光。義之不圖，俾君子怠。悉爾心，允執其中，天祿永終」〔註33〕，諸侯要修養自己的德性，存善去惡，養仁義之心，做事儘量不偏不倚，這樣才能使自己不懈怠，惠及臣民，與臣民關係平穩、友善，從而能保身、保國。二盡心職務，謹慎守禮。諸侯承擔著封地上臣民的安危，並進而關係到漢朝天下的存亡，所以人要在其位，謀其政，盡心竭力處理好政務、與臣民的關係等；在行為上要「祗祗兢兢，乃惠乃順」〔註34〕「毋邇宵人，維法維則」〔註35〕，做事要小心謹慎，遵守禮法，對於上級要行順道，對於下層要行惠道，不能仗著權勢作威作福；對於身邊的臣子要區分賢人與小人，親賢人遠小人。

〔註31〕〔漢〕班固：《漢書》卷四《文帝紀》，第 131 頁。
〔註32〕〔漢〕班固：《漢書》卷六十三《武五子傳》，第 2749 頁。
〔註33〕〔漢〕班固：《漢書》卷六十三《武五子傳》，第 2749 頁。
〔註34〕〔漢〕班固：《漢書》卷六十三《武五子傳》，第 2760 頁。
〔註35〕〔漢〕班固：《漢書》卷六十三《武五子傳》，第 2760 頁。

三戒享樂、安逸。因為諸侯身處高位，掌握權勢，所以很容易放縱自己的欲望，沉迷於享樂、安逸，以致於不務政事，久了就會危及到封國的安危，以及自身的安危，所以人要敬戒自身，「毋侗好軼」。

這種為政思想，與西周時期周公戒諸侯的內容相似，如天命不常、戒安逸、有德、謹慎、盡職。因為他們都處於社會的最上層，享有臣民的臣服，是天下的所有者，同時也擔負著家族、天下的存亡，所以他們對自身的要求也相似，並且後代的思想是承前代而來，是對他們歷史經驗的借鑒。不同的是，他們有著不同的社會背景、不同的指導思想，在一些具體內容上有所不同，如漢武帝所言的「德」「義」是指人內在的德性，不是僅限於行為要求；謹守禮法是隨著漢代逐漸恢復傳統禮制而提出的。光武帝劉秀面對兒子問軍旅之事，說「昔衛靈公問陳，孔子不對，此非爾所及」〔註36〕。這是在東漢建國初期社會處於建設時期提出的，他希望後代能以文治國。

總之，這一時期的皇室家訓繼承了西周王室家訓的內容，重視子孫的個人修養，以敬戒保民為根本指導思想，強調以身作則。具體內容方面有著其時代特點，如重視讀書、禮節，並且開啟了皇室節葬的風氣。

三、西漢士人家訓內容

西漢時期的士人家訓主要包括三個方面，一是修身，以孔臧《與子琳書》、《與侍中從弟安國書》、司馬談遺訓、韋玄成《戒子孫》、劉向《誡子歆書》為代表，涉及到立身有志、勉學讀書、師從賢人、繼先人事業、謹慎守禮；二是齊家，涉及到終制事宜、不治家產的勤儉教育，前者以楊王孫為代表，後者以疏廣為代表；三是為政，有以東方朔為代表的尚變、中道教育，以疏廣為代表的功遂身退教育，以歐陽地餘為代表的廉潔教育，以尹賞、陳咸為代表的盡職盡忠教育。

1. 修身以德，學業兼備

隨著儒學文化興起，修身成為一個重要方面。其中，德行修養是首要的，不僅要求自勉，還有要求效法他人；同時，隨著學術的豐富，繼承父業的內容也多樣化，既有經學，也有史學。

第一，立志進道，勉學飾行

孔臧是孔子的十世孫，曾在書信中肯定其子樂於讀書、有志於道，「聞汝

〔註36〕〔南朝宋〕范曄：《後漢書》卷一下《光武帝本紀》，第85頁。

與諸友講肄書傳，滋滋晝夜，衎衎不怠，善矣。」〔註37〕在讀書方法上，孔臧勉勵他「取必以漸，勤則得多」〔註38〕，學習要循序漸進、要勤奮；並且要學而行之，「徒學知之未可多，履而行之乃足佳。」〔註39〕讀書的目的不是為知識而知識，也不是為了向別人炫耀，而是為了指導道德實踐，使個人的行為更加合乎道德要求，更加完善。

這一時期的讀書，在形式上已經不同於孔子戒伯魚要讀詩、禮那麼簡潔、一言概之；內容上更豐富、具體，限於《詩》《書》《禮》《易》《春秋》等經典；在方法上，超越了前代單純的研習，重在與朋友互相討論，結合社會現實，闡述各自對經典的理解，更加注重現實意義。

第二，師從賢人，以德立身

提高自身修養，除讀書外，效法賢人也是一種方式。這些賢人都是既有學識，也有德性，並且在儒學地位確立之後，他們被社會所承認，具有較高的社會地位。孔臧戒其子要以孔子、孔安國為榜樣，「遠則尼父，近則子國」〔註40〕。親人的榜樣力量更大，更具有激勵作用。

孔臧贊孔安國在學識上「明達淵博，雅學絕倫」〔註41〕。所謂「雅學」即是正學，也即當時盛行的經學詮釋學，「淵博」是指他涉獵五經、《孝經》，精通《尚書》，掌握古文與今文。在德行上，「言不及利，行不欺名，動遵禮法，少小長操」〔註42〕，謹行尊卑、貴賤之禮，不以利害義，行為有操守，名實相符，在朝廷上不推崇禮義以外的事。這樣，孔安國倍受皇帝親睞，大臣羨慕，「獨得掌御唾壺」，是孔子後代中的佼佼者，是儒學精神的現代實踐者。

如果說讀書是自修，是與古人對話、聽從古人教誨，那麼效法賢人就是他修，更具有操作性、實踐性，更容易實現目標。

第三，繼承祖業，以顯父母

在血緣共同體的社會結構中，子承父業是很自然的事情。結婚生子是家族血緣的傳承，子承父業則是家族事業的傳承。

〔註37〕傅亞庶撰：《孔叢子校釋‧連叢子上》，第452頁。
〔註38〕傅亞庶撰：《孔叢子校釋‧連叢子上》，第452頁。
〔註39〕傅亞庶撰：《孔叢子校釋‧連叢子上》，第452頁。
〔註40〕傅亞庶撰：《孔叢子校釋‧連叢子上》，第452頁。
〔註41〕傅亞庶撰：《孔叢子校釋‧連叢子上》，第452頁。
〔註42〕傅亞庶撰：《孔叢子校釋‧連叢子上》，第452頁。

　　孔氏自從孔子編訂六經以來，「世以經學為業，家傳相承，作為訓法。」〔註43〕在漢武帝時期，《尚書》學因今古文版本不同而引起爭辯〔註44〕。孔臧告誡孔安國「先王遺典，缺而不補，聖祖之業，分半而泯。後之君子將焉取法」〔註45〕，作為孔氏的後代，有責任繼承祖先之業，將《尚書》「校亂反正」，這樣才能真正闡明先人之道；不要被俗儒的淺見、非議所迷惑，要敢於順從天命，申明古訓。另外，據楊朝明考證，《孔子家語》在孔安國寫定之後，「直到三國王肅之時，在三四百年的時間裏，《家語》卻是作為家傳圖書而存在。」〔註46〕《孔叢子》中「第十二篇至第二十一篇，記子高、子順、子魚的言行，具有父子相承的家學脈絡」〔註47〕。司馬談的祖輩歷代擔任周代史官。他在因憤生病之後告誡其子，「余死，汝必為太史；為太史，無忘吾所欲論著矣」〔註48〕，要求其子繼承祖業，繼續擔任太史官，完成自己的史書著作。

　　這一方面是出於倫理道德的考慮。在父權最大的社會下，子女沒有自由選擇職業的權利。如果子女違背父母意願，則是對父母的不孝、對祖先的不孝；子孫有功名，使父母、祖輩顯耀、家族昌盛，即是有孝德。另一方面是因為士人以道為追求，希望將文化傳承下去。作史書是史官本身的使命，也是有國者的責任。司馬談曾論《春秋》「上明三王之道，下辨人事之紀，別嫌疑，明是非，定猶豫，善善惡惡，賢賢賤不肖，存亡國，繼絕世，補敝起廢，王道之大者也。……長於治人。……禮義之大宗也」。〔註49〕漢朝雖然天下一統，沒有春秋時期混亂，但史書的作用在根本上是相同的，能使人傳承先人之德，從善去惡，明辨是非，遵守禮義，君臣父子各盡其職、各守其位。史書未成將是士人的失職，國家的恥辱，會影響到文化的傳承、歷史的發展。

〔註43〕傅亞庶撰：《孔叢子校釋·連叢子上》，第447頁。
〔註44〕此時盛行的《尚書》學是今文學，主要是從秦博士伏生傳下來的，是先秦古書的殘貌，學界主要用陰陽五行說闡釋經書的微言大義。魯恭王在壞孔子舊宅時，「聞鍾磐琴瑟之聲，遂不敢復壞，於其壁中得古文經傳」，其中就有《古文尚書》，孔安國受武帝詔，用今文讀出，發現其除與今文相同的二十九篇外，還多出十六篇。對於這十六篇，當時今文經學家都不予承認，有很多非議，適逢朝廷發生巫蠱之禍，也沒有立於學官，所以學界發生經學今古文爭辯。
〔註45〕傅亞庶撰：《孔叢子校釋·連叢子上》，第451頁。
〔註46〕楊朝明，宋立林主編：《孔子家語通解》之代前言《〈孔子家語〉的成書與可靠性研究》，濟南：齊魯書社，2009年，第8頁。
〔註47〕傅亞庶撰：《孔叢子校釋·前言》，北京：中華書局，1984年，第1頁。
〔註48〕〔漢〕司馬遷：《史記》卷一百三十《太史公自序》，第3297頁。
〔註49〕〔漢〕司馬遷：《史記》卷一百三十《太史公自序》，第3297頁。

2. 儉為治家之本

隨著儒學文化興起，訓誡者告誡子孫要自我獨立，不要寄希望於父母。另外，終制事宜在這一時期的士人家訓中也悄然興起。士人以身作則，希望能保護自身的名節，推動社會風俗的改變。

第一，勤儉持家

漢代很多士人因治學而晉升仕途，取得高官厚祿，家庭、家族也隨之富貴。但他們留給子孫後代的卻不是富貴，而是勤儉治家的精神。

《史記・貨值列傳》有「任公家約，非田畜所生不衣食，公事不畢則不得飲酒食肉」〔註50〕，要求任氏家人自給自足，自力更生，以公事為重。疏廣在辭職後將皇帝所賜的黃金用於宴請族人、賓客，卻沒有給子孫多置田產、留錢財的想法。於是，同族的兄弟問他為何如此，他說：「顧自有舊田廬，令子孫勤力其中，足以共衣食，與凡人齊。今復增益之以為贏餘，但教子孫怠惰耳。賢而多財，則損其志；愚而多財，則益其過。且夫富貴，眾人之怨也；吾既亡以教化子孫，不欲益其過而生怨。」〔註51〕這裡，一方面激發子孫的心志，讓他們嚴於律己，要勤儉持家，自力更生，戒除懶惰，不要妄圖想靠著父母不勞而獲；另一方面也是基於免禍保身的考慮。子孫如果因父母而富貴，就可能會招致怨恨、禍難，無以保身。可以看出，此時的勤儉持家不僅僅是德行，而且是保身利器。

第二，終制節葬，毋受贈予

這一時期的士人從自身的終制事宜做起，倡導節葬，致力於矯正世俗，如歐陽地餘、何並。其中，楊王孫的裸葬觀是節葬觀的一個極點。他在臨終前告誡其子，要將自己裸葬，不用布囊、棺槨、陪葬品，只需「以身親土」。

這一方面基於現實的原因。他認為喪葬禮制本是因「緣人情不忍其親，故為制禮」〔註52〕，但在現實中厚葬之風大行，逾越了禮制，違背了先人制禮的初衷，引起了世人相互攀比。這樣不但耗生者之財，而且對死者也無用。他希望通過自己的裸葬實踐來矯正世俗風氣。另一方面是基於他建立在形神分離基礎上的死亡觀。楊王孫受道家、黃老思想影響，認為人的形體與精神分屬地與天，「精神者天之有也，形骸者地之有也。精神離形，各歸

〔註50〕〔漢〕司馬遷：《史記》卷一百三十《太史公自序》，第3280頁。
〔註51〕〔漢〕班固：《漢書》卷七十一《疏廣傳》，第3041頁。
〔註52〕〔漢〕班固：《漢書》卷六十七《楊王孫傳》，第2908頁。

其真」〔註53〕，人在死亡之後，二者相分離，各自回歸，精神演化為鬼，形體獨處。人在失去精神的同時也失去了人的認知能力，不再作為有意義的存在。而正是這種與大地融為一體的回歸，才是人生命的「反真」，才符合天地之「道」。而厚葬、甚至是合禮制的喪葬，因有棺槨而使屍體與大地相隔，這是不符合大道的。

裸葬對於子孫來說是一件煩心的事，他們面對著傳統與現實、情感與理智的矛盾與衝突，一方是父親的遺令，作為子孫順從父母是應有的孝敬之道；一方是傳統的喪葬禮制要求，且從人情來說，也於心不忍。這些矛盾其實是思想觀念的對立，思想改變了，那麼矛盾也就自然化解。最終，王孫之子還是從父令將其裸葬。這對後代士人的喪葬觀產生了很大影響，引發了爭論。從此也可以看出，社會的一個小小的進步都有一些有識見的士人在起著重要作用，他們是社會理性的推動者與實踐者。

另外，這一時期有士人死後皇帝贈予財物的禮制，但有的士人臨終訓誡子孫不要接受朝廷的贈予。歐陽地餘是漢朝博士，何並曾任長陵令，二人都性清廉，臨終都戒其子死後如果朝廷贈予治喪的財物，不要接納。這一方面是為了保留自己的名節。因為士人以求道為志向，重義輕利，品行操守是最看重的。另一方面也是希望子孫能靠自己奮鬥、顯名，不要寄希望於父母。這個思想對後代也產生很大影響，之後的很多士人紛紛傚仿，不受賵贈，如羊續、崔瑗、蓋勳、朱寵等都是要求子孫如此。

3. 為政謹慎，盡忠知足

隨著天下統一，社會安定，國家招賢納才，晉升仕途成為一種捷徑的選擇。與此同時，君權強化，福禍無常，避禍全身成為這一時期為政的一個重要方面。家訓內容也主要圍繞這些展開。訓誡者都現身說法，以自身的官場經歷告誡子孫，希望以己為鑒，不要重蹈覆轍。

第一，以屈求伸

在君權逐漸集中於皇帝一人的時代，人才選用、提拔、貶黜都出自皇帝一人之意，作臣子的即便是忠心為國，也可能因惹怒皇帝而受到懲罰。所以，家訓在處世、為政方面也產生了與正道相對的、以變應世的中道思想，東方朔戒子即是代表。

〔註53〕〔漢〕班固：《漢書》卷六十七《楊王孫傳》，第 2908 頁。

東方朔告誡其子「首陽為拙，柱下為工」〔註54〕，一要「以仕易農」，用勞心代替勞力，這樣生活會過得比較舒適、安逸。二是「與物變化，隨時之宜，無有常家」〔註55〕，不固守先人之道，不能為名節而傷身，而是以屈求伸，以中處世，若即若離，以變應時，避禍全身。三是警惕世道，「自盡者無多」。有才好名就能得到榮華，才華用盡就會有危險；結朋樹黨會有禍難，高貴孤傲則會與眾人不和；凡事留有餘地，則能防患於未然。

東方朔這種以屈求伸，「避世於朝廷」的中道家訓說明在當時個體家庭逐漸成為主體的背景下，治家與治國逐漸出現一種分離，特別是對於從社會下層晉升為社會上層，有一官半職的士人來說，個人的安危、生活是思考的出發點，入仕成為一種生存選擇；在仕途中，德行不是唯一，保身是首要的。

第二，謹慎守禮

謹慎守禮是政治活動中一個很重要的方面，這一時期更加突出。因為一方面隨著朝廷對文化的重視，將才華與俸祿相結合，仕途成為士人紛紛追求的一個目標，關係到個人的自我實現、家庭的富貴、家族的興旺；另一方面是基於君為臣綱的思想，社會中尊卑等級次序更加嚴格。榮譽的誘惑與等級的約束、壓抑，二者共同作用，使士人晉升仕途成為一件需要謹慎、戒懼的事情。

韋玄成作詩告誡其子，「嗟我後人，命其靡常，靖享爾位，瞻仰靡荒。慎爾會同，戒爾車服，無惰爾儀，以保爾域。爾無我視，不慎不整；我之此復，惟祿之幸。於戲後人，惟肅惟栗。無忝顯祖，以蕃漢室」〔註56〕，要以父親為鑒，在朝為官要盡心盡力，不要懈怠、荒廢，對於朝會之事要小心謹慎，注意禮節、儀表，不要有辱祖先，保護漢朝。石慶擔任內史時，因「入外門不下車」而被其父石奮責備不懂禮。劉向在子劉歆年少做了黃門侍郎時，曾引董仲舒「弔者在門，賀者在閭」「賀者在門，弔者在閭」〔註57〕之言、齊頃公因侮辱諸侯而遭禍的歷史告誡他身處顯位，「新拜皆謝，貴人叩頭，謹戰戰慄慄，乃可必免」〔註58〕，要有憂患之心、戒懼意識，待人要恭敬有禮，戒驕奢，

〔註54〕〔漢〕班固：《漢書》卷六十五《東方朔傳》，第 2874 頁。
〔註55〕〔唐〕歐陽詢撰，汪紹楹校：《藝文類聚》卷二十三，上海：上海古籍出版社，1982 年，第 418 頁。
〔註56〕〔漢〕班固：《漢書》卷七十三《韋賢傳》，第 3114 頁。
〔註57〕〔唐〕歐陽詢撰，汪紹楹校：《藝文類聚》卷二十三，上海：上海古籍出版社，第 422 頁。
〔註58〕夏劍欽，王巽齋校點：《太平御覽》卷二百二十一，石家莊：河北教育出版社，第 133 頁。

這樣才能免禍得福。

　　這些家訓內容都是有史為鑒，與訓誡者自身的仕途經歷有關。如韋玄成之所以強調禮容的重要性，是因為自己有一次在參加祭祀孝惠帝廟的活動中，因不是坐馬車而是騎馬到了宗廟，而被人彈劾，後來被削職。他因此事而深深自責，認為有辱於祖先。劉向一生也是仕途坎坷，時而被提拔，時而被貶黜，曾因鑄偽黃金而被彈劾，因外戚干政被下獄等，深感福禍無常。

　　第三，盡職行仁

　　在其位謀其政是臣子的職責所在，否則就是失職。但這一時期酷吏出現，重在依法令治國，手段嚴酷。對此，家長有不同的訓誡。

　　尹賞是漢代的酷吏，曾因用刑使罪人致殘而被免官，後來因人推薦而被復用。在臨終時，他以自己失而復用的仕途經歷告誡其子做官要有威嚴，「一坐軟弱不勝任免，終身廢棄無有赦時，其羞辱甚於貪污坐贓。慎毋然」〔註59〕，因軟弱不能勝任而被免官，這種羞辱遠遠甚於貪污窩藏罪。勝任官職是個人能力問題，貪污窩藏是德行問題，後者可以改正，但前者是很難改變的，並且它關係到士人的名節，以能享位、名副其實才是士人的榮譽。嚴延年也是酷吏，因執法殘酷而受到母親的責備。她告誡他「不聞仁愛教化，有以全安愚民，顧乘刑罰多刑殺人，欲以立威，豈為民父母意哉」〔註60〕，行仁義教化，才能安民。陳咸經常告誡其子，「為人議法，當依於輕，雖有百金之利，慎無與人重比」〔註61〕，執法要公正、從輕。

　　第四，功遂身退

　　由於漢代為政禍福無常，所以有識見者主張在仕途上知足而退。疏廣曾位至太傅，其侄疏受曾任少傅，「太子每朝，因進見，太傅在前，少傅在後」〔註62〕，俸祿有二千石，朝廷都以二人為榮。在任職五年後，疏廣引老子「知足不辱，知止不殆」〔註63〕「功遂身退，天之道也」〔註64〕之言，訓誡其兄子辭職歸鄉，疏受接受提議。這個思想對後代士人產生了很大影響，發展到魏晉南北朝時傚仿之人眾多，成為家族保身的門法。

〔註59〕〔漢〕班固：《漢書》卷九十《酷吏傳》，第3675頁。
〔註60〕〔漢〕班固：《漢書》卷九十《酷吏傳》，第3672頁。
〔註61〕〔南朝宋〕范曄：《後漢書》卷四十六《陳咸傳》，第1548頁。
〔註62〕〔漢〕班固：《漢書》卷七十一《疏廣傳》，第3039頁。
〔註63〕樓宇烈校釋：《老子道德經注校釋》，第122頁。
〔註64〕樓宇烈校釋：《老子道德經注校釋》，第21頁。

　　除了這些正道或中道的教育外，還有一些另類的教育，如陳萬年生病時曾教導其子陳咸為人要諂。對此，可以肯定，他是為了子孫考慮，擔心他們進入社會因不懂世道而吃虧。但這種家訓也畢竟是少數，不是家訓主流。

　　在天下統一，政治清明，社會安定，儒學興起，學術繁榮的背景下，西漢時期士人家訓的內容也更加豐富，從修身、齊家到為政，在先秦家訓內容的基礎上注入了新的內涵，並在很多方面具有開創性，如重視家族學術的傳承、裸葬、不為子孫治家產、以仕代農、重視禮容等；在形式上，出現了書信、詩誡、遺訓等，主題單一。另外，這一時期的家訓，在修身上注重德行與學識修養，強調人的自立與經世致用，將入仕視為個人自我實現的最好路徑，將目的轉向了富貴、仕途；同時也注重明哲保身，和睦族人。這些都是為了家族的榮耀與發展。當然，他們也重視個人的名節，有著社會責任感，只是將個體與國家、家庭與社會、君與臣之間的聯繫建立在個體獨立的基礎上。

四、東漢士人家訓內容

　　由於東漢時期政治不清明，社會思想向著神學化方向發展，士人家訓主要集中在修身與齊家方面，在為政方面論述很少。

1. 養生有道，修德從善

第一，慎酒養生，不求仙道

由於這一時期酒業發達、道教產生，出現了專門修煉丹術、宣傳長生的教派，養生也逐漸成為生活的一部分。

鄺炎戒其子「消息汝躬，調和汝體」〔註65〕，注意休養、調和身體，「無湎於酒」。嚴光列了九種傷身、滅家之法，「嗜欲者，潰腹之患也；貨利者，喪身之仇也；嫉妒者，亡軀之害也；讒慝者，斷脛之兵也；謗毀者，雷霆之報也；殘酷者，絕世之殃也；陷害者，滅嗣之場也；博戲者，殫家之漸也；嗜酒者，窮餒之始也。」〔註66〕這既有生活方面的，如賭博、好酒；也有人性方

〔註65〕〔宋〕章樵注：《古文苑》卷十，《四部叢刊初編‧集部》，第316冊，上海：上海書店，1989年。鄺炎的《戒子書》也是最初只見於《古文苑》中，而未見於《後漢書》。王曉鵑的《〈古文苑〉論稿》一書認為《古文苑》有其自身的文獻來源，「《文選》所不錄、史傳所不收之文，才是《古文苑》的基本編纂目的與體例」。參考王曉鵑：《〈古文苑〉論稿》，北京：人民出版社，2010年，第201～204頁。

〔註66〕〔宋〕劉清之：《戒子通錄》（卷一），《文淵閣四庫全書》，第703冊，臺北：商務印書館，1983年，第13頁。

面的，如縱慾、好利、嫉妒；還有行為方面的，如讒言、誹謗、陷害他人。這些都非常簡潔，沒用詳細論述。

陳惠謙的侄兒陳伯思想修煉道術成仙，陳惠謙告誡他「君子疾沒世而名不稱，不患年不長也。且夫神仙愚惑，如繫風捕影，非可得也」〔註67〕，君子所擔心的是一生無名，而不擔心活得是否長久；並且求道成仙之事，沒有現實依據，是迷惑人心的。這說明道教的長生成仙學說，在社會上還沒有得到廣泛認同，並且與儒家重德思想有衝突。

慎酒家訓從西周時候就有，《尚書‧酒誥》就是專門告誡諸侯及其子民謹慎用酒，但這是從保天下角度來考慮，具有政治作用。到東漢時期，慎酒令落實到普通家庭，並且是從他們的身心、生活方面考慮。這一方面是擔心子孫過於好酒以致於將錢財都用於買酒，而無法維持日常生活。另一方面可能是擔心子孫飲酒過度傷生、酒後亂事、借酒消愁等，家訓內容更加樸實、生活化。

這些養生家訓雖然都比較簡短，但起碼說明人們開始意識到自身身心的重要性，對個體自身更加關注，對自我的認識從精神落實到生活。

第二，立志為君子，自勉為善

這一時期雖然政治不清明，但有識見的士人希望子孫堅守儒家正道，潔身自清，遵守禮儀，謙卑知足，從善去惡，立志為君子。

司馬徽曾戒其子「勿以薄而志不壯，貧而行不高」〔註68〕，貧窮無礙於自身對德行、志向的追求。陳寔曾借小偷入盜其室的事情告誡其子，「夫人不可不自勉。不善之人未必本惡，習以性成」〔註69〕，人要自勉為善，只要肯自我反省，養成良好的習慣，就能從善。杜泰姬，東漢趙宣的妻子，曾戒其子「中人情性，可上下也，在其檢耳。若放而不檢，則入惡也」〔註70〕，人要善於反省自己，如果不反省，很容易從惡。鄭玄在病危時告誡其子「德行立於己志」〔註71〕「其勖求君子之道，研鑽勿替」〔註72〕，要有志於修養德行，

〔註67〕〔晉〕常璩撰，劉琳校注：《華陽國志校注》卷十下，成都：巴蜀書社，1984年，第814頁。
〔註68〕〔唐〕歐陽詢撰，汪紹楹校：《藝文類聚》卷二十三，第422頁。
〔註69〕〔南朝宋〕范曄：《後漢書》卷六十二《陳寔傳》，第2067頁。
〔註70〕〔晉〕常璩撰，劉琳校注：《華陽國志校注》卷十下，第811頁。
〔註71〕〔南朝宋〕范曄：《後漢書》卷三十五《鄭玄傳》，第1210頁。
〔註72〕〔南朝宋〕范曄：《後漢書》卷三十五《鄭玄傳》，第1210頁。

認真專研君子之道，注重禮儀，待人恭敬，行事謹慎。如果因此而有聲名，也是父母的榮耀。

張奐的侄兒對老人輕慢倨傲、戲弄同輩，信口開河。張奐引孔子「於鄉黨，恂恂如也」〔註73〕，遽伯玉「年五十，見四十九非」〔註74〕的例子，訓誡他「當崇長幼，以禮自持」〔註75〕，要以禮約束自己的行為，謹守長幼之序，待人恭敬；並且要自我反省，認真思考別人的批評，「改之為貴」，不要反怨恨於他人。酈炎臨死戒其子「剛焉柔焉，弱焉強焉，學焉愚焉，仁焉隱焉」〔註76〕，要剛柔並濟，強弱均衡，既智又愚，仁隱兼備，並訓以「事君莫如忠，事親莫如孝，朋友莫如信，修身莫如禮」〔註77〕。

樊宏是東漢光武帝的舅舅，鑒於西漢時期外戚因好富貴而專權，最後反而不得全身的事實，經常告誡其子「天道惡滿而好謙，前世貴戚皆明誡也。保身全己，豈不樂哉」〔註78〕，謙虛不自滿才是自然之理，違背自然放縱慾望就會招致殺身之禍。

第三，博學典籍，傳承家學

酈炎是東漢時期的文學家、詩人，少年時即作賦誦誄，曾作《酈篇》《州書》《七平》，臨死告誡其子「博學以著書，以續受父母久業」〔註79〕。孔融是孔子的十九世孫，曾勉勵從弟「知晚節豫學，既美大弟」〔註80〕，晚年還認真讀書，這種態度值得學習。鄭玄是東漢末年的經學大師，臨終感慨「所好群書率皆腐敝，不得於禮堂寫定，傳與其人」〔註81〕，擔憂他所珍藏的書籍都陳腐破爛，無法再整理遺文、注釋古書，將學問傳給後人。這裡雖然沒有直接要求子孫繼承衣缽，但其既然寫於戒子書中，就是希望子孫能承繼父業，有所作為。

這一時期經學繼承已經不同於西漢時期，後者重在通一經，進而仕途高升；而此時是經今古文學兼容並收，立足於學術本身，希望將學術傳承下去。

〔註73〕〔唐〕歐陽詢撰，汪紹楹校：《藝文類聚》卷二十三，第422頁。
〔註74〕〔唐〕歐陽詢撰，汪紹楹校：《藝文類聚》卷二十三，第422頁。
〔註75〕〔唐〕歐陽詢撰，汪紹楹校：《藝文類聚》卷二十三，第422頁。
〔註76〕〔宋〕章樵注：《古文苑》卷十，《四部叢刊初編·集部》，第316冊。
〔註77〕〔宋〕章樵注：《古文苑》卷十，《四部叢刊初編·集部》，第316冊。
〔註78〕〔南朝宋〕范曄：《後漢書》卷三十二《樊宏傳》，第1121頁。
〔註79〕〔宋〕章樵注：《古文苑》卷十，《四部叢刊初編·集部》，第316冊。
〔註80〕〔宋〕章樵注：《古文苑》卷十，《四部叢刊初編·集部》，第316冊。
〔註81〕〔南朝宋〕范曄：《後漢書》卷三十五《鄭玄傳》，第1210頁。

而繼承文學家訓的興起說明東漢時期學術多樣化。這些說明這一時期的士人不再執著於靠詮釋經書晉升仕途，政治與個體的關係鬆散，個體更加獨立地謀求自我發展。

第四，戒譏議，師賢人

馬援因其侄兒馬嚴、馬敦好評論是非而作《誡兄子嚴、敦書》予以訓誡。他戒其「聞人過失，如聞父母之名，耳可得聞，口不可得言也」〔註82〕，關於他人的過失，只可聽，不能言，不要議論是非。因為這是德行問題，是對他人不尊敬。並且，他以當朝人物為例，希望他們能以龍伯高為榜樣，不要學習杜季良。前者「敦厚周慎，口無擇言，謙約節儉，廉公有威」〔註83〕，有儒者風範，行為謹慎；後者「豪俠好義，憂人之憂，樂人之樂，清濁無所失」〔註84〕，有俠人風範，豪爽講義氣。賢人易學，俠客難當。此外，酈炎因其子年幼，希望他能向蔡邕、盧植，張公哀、張子傳、王延壽、王子衍等有才華、有德行的人學習。其中蔡邕、盧植都是東漢時期的經學大師。孔融臨終感歎自己「言多令事敗」，希望子孫能以此為鑒，言語謹慎。

馬援的這種以品議當朝人物為內容的訓誡方式在後代產生很大影響，效法之人不斷，如魏晉時王昶《家誡》。

馬援告誡子孫不要品議人物是非，而自己卻是通過評論人物來教育子孫。並且，龍伯高、杜季良因這封家書而仕途受影響，前者因此高升，被重用，後者因被人認定為「為行浮薄，亂群惑眾」〔註85〕而被免官。而後來馬援自己也因此事而受影響，死後只是被家人草草埋葬了。所以，慎言很重要，不能隨便品議人物，作長輩的一定要以身作則，不要明知故犯。

第五，以善報惡，以恩報恩

張霸臨終戒其子「人生一世，但當畏敬於人，若不善加己，直為受之」〔註86〕，對人要心存敬畏，寬容他人的不善之舉，學會忍耐。這是一種以善報惡，以德報怨，此處的「德」不是恩德，而是德性。這個思想被後代所繼承，如王昶《家誡》「人或毀己，當退而求之於身」〔註87〕。以善報惡，以忍

〔註82〕〔南朝宋〕范曄：《後漢書》卷二十四《馬援傳》，第844頁。
〔註83〕〔南朝宋〕范曄：《後漢書》卷二十四《馬援傳》，第844頁。
〔註84〕〔南朝宋〕范曄：《後漢書》卷二十四《馬援傳》，第844頁。
〔註85〕〔南朝宋〕范曄：《後漢書》卷二十四《馬援傳》，第845頁。
〔註86〕〔南朝宋〕范曄：《後漢書》卷三十六《張霸傳》，第1242頁。
〔註87〕〔晉〕陳壽：《三國志》卷二十七《王昶傳》，第746頁。

報不善，不同於「以直報怨」，強調個體自我的內在修養，要求人將之視為認識自己的契機。

鄜炎因罪入獄被處以死刑，臨死之前告誡其子自己曾受到衛府君、寧府君、韓府君、楊君等人的提攜、幫助，但現在「思恩則孤而靡報。汝有可以倒戟背戈，無孤之矣」〔註88〕，希望兒子長大後能替自己報恩於他們。這是以恩報恩，以德報德。這不僅是出於情的考慮，還與當時的選舉制度有關。漢代的選舉制度中有察舉制、公府與州郡辟除、大臣舉薦等方式，這除了重視人有德行、能力外，更重要的是需要有人推薦。這樣，選舉者與被選舉者就因政治而發生關係，後者依附於前者。他們之間或者是師生關係，或者是有君臣之誼，並且這種關係被看的很重，如同父子、家人，所以報恩的行為也就順理成章。

2. 勇擔家事，節儉節葬

第一，傳家事

鄭玄於七十歲（196年）時「案之禮典，便合傳家」〔註89〕，告誡子孫要承擔家中的一切大小事情，自己不再負責家事，只閒居養性，「覃思以終業。自非拜國君之命，問族親之憂，展敬墳墓，觀省野物。」〔註90〕他沒有闡釋所謂的「家事」具體包括什麼，但結合那個時代與他的家庭，可能有田間勞作、修葺先人墳墓、孝養父母、勤儉持家、教育子孫、待人接物等，以家庭的擔當者自居。

傳承家事意味著將父權交給子孫，由子孫負責家庭財產、日常生活安排等，在此之前沒有家訓做這樣的安排。

第二，勤儉持家

楊震生前不為子孫置辦產業，認為「使後世稱為清白吏子孫，以此遺之，不亦厚乎」〔註91〕，留給子孫「清白」德性比財產還要豐厚。鄭玄一生都無意於仕途，靠自己租田耕種，以維持生活，臨終告誡其子「勤力務時，無恤飢寒。菲饌食，薄衣服，節夫二者，尚令吾寡恨」〔註92〕，持家要勤儉、務時，不要擔憂飢寒。

〔註88〕〔宋〕章樵注：《古文苑》卷十，《四部叢刊初編·集部》，第316冊。
〔註89〕《禮記·曲禮》有「七十曰『老』，而傳」，鄭玄釋為「傳家事，任子孫，是謂宗子之父」。
〔註90〕〔南朝宋〕范曄：《後漢書》卷三十五《鄭玄傳》，第1210頁。
〔註91〕〔南朝宋〕范曄：《後漢書》卷五十四《楊震傳》，第1760頁。
〔註92〕〔南朝宋〕范曄：《後漢書》卷三十五《鄭玄傳》，第1210頁。

　　不論是在位的，還是在野的，他們傳給子孫的都是勤儉的精神，希望子孫能獨立。富貴者不希望子孫依靠父母而天然享受財富、權勢，貧困者既然沒有父母可以依靠，就要自己勤儉奮鬥，自力更生。

　　第三，終制節儉

　　這一時期終制事宜在士人家訓中盛行，紛紛傚仿西漢時期要求薄葬，力行節儉，如祭肜、樊宏、楊震、張酺、梁商、周磐、李固、馬融、酈炎、朱寵、張奐、范冉、趙諮、趙岐、袁閎等。薄葬的基本原則是「推情從意」，但也不能從楊王孫的裸葬，擔心死後有辱於先人，但在具體內容上有所差異。

　　關於喪葬，這一時期一是盛行死後不歸鄉，就地埋葬，或因歸鄉路途遙遠，費時費力，如張霸；或因身為臣子，「陪山陵」，如袁安；或因身為臣子，無功於國，因事獲罪，歸鄉有辱於祖先，前者如楊震，後者如李固、酈炎。二是盛行死後即埋即葬，希望自己能速朽，如梁商、張奐、范冉、趙岐。三是繼承西漢家訓，死後不受朝廷賞賜，如祭肜、崔瑗。另外，還有將屍體置於師門，告慰嚴師，以示學生對老師的尊重、感恩，如任末。這個風氣自春秋戰國時期就有，師生關係如同父子，待師如父，喪葬也是如此。

　　另外，有的家訓中還有關於分葬、陪葬、墳墓、祭祀的規定，如樊宏要求與妻子同墳異葬；周磐要求在墳墓中陪葬《堯典》，以示謹記聖人之訓；謝夷吾要求「墓不起墳」，這樣可以保存全屍，墓地完整；張酺要求祭祀簡潔，只在茅草屋下即可，以示節儉。

　　這一時期的薄葬家訓，一方面是基於氣化論的生死觀。「夫亡者，元氣去體，貞魂遊散，反素復始，歸於無端」〔註93〕，認為人因氣而生，生死是自然之事，死亡只是元氣離開了人的身體，靈魂散去，回歸到其原來的狀態，最終歸於土地。另一方面是基於對社會奢侈、厚葬之俗的批判，認為這樣不是為了安撫哀傷之情，而是為了顯耀自己，「違禮之本，事禮之末，務禮之華，棄禮之實」〔註94〕，對生者、死者都無益。他們進而將這種奢侈之風上推於西周，「其事煩而害實，品物碎而難備，然而秩序異級、貴賤殊等」〔註95〕，認為是後代厚葬盛行的源頭。第三是基於士人對自身價值的考量。他們認為身為士人，是國家的砥柱，是文化的傳承者，享受著國家的俸祿，卻在這昏

〔註93〕〔南朝宋〕范曄：《後漢書》卷三十九《趙諮傳》，第1314頁。
〔註94〕〔南朝宋〕范曄：《後漢書》卷三十九《趙諮傳》，第1314頁。
〔註95〕〔南朝宋〕范曄：《後漢書》卷三十九《趙諮傳》，第1314頁。

亂之世，無法匡時濟世，有功於國，愧對自己的職位與聲名，也愧對祖先。這些思想都基本繼承自西漢，不同的是在東漢這樣一個朝綱昏亂、國家內外不安、社會奢侈之風盛行的時代，士人的自我認識更加深刻，更深刻地意識到自己所擔當的社會責任之重大，更加重視自己的名節。他們為自己的無能為力深深自責，希望能以薄葬自身安慰自己。

4. 為政盡忠，為善不為惡

這一時期士人對政治的態度比較複雜，傳統的盡忠思想仍然繼承下來，但現實中盡忠卻喪生的例子卻讓士人開始對仕途產生質疑。

祭肜臨終告誡其子「身自詣兵屯，效死前行，以副吾心」〔註96〕，讓他們自己向朝廷請纓，安定邊境戰亂，以安慰自己的亡靈；酈炎戒子「事君莫如忠」。范滂因黨錮之禍被抓，臨死戒子「吾欲使汝為惡，則惡不可為；使汝為善，則我不為惡」〔註97〕，為惡則與人性相違背，與傳統道德相違背；為善則又會遭遇禍患，傷及性命。在這種情況下，為善與為惡似乎成了艱難的選擇。但既然「惡」是肯定不能做的，那麼只能為善，只是要善於保護自己性命，謹慎行事。這是魏晉家訓重家輕國思想轉向的緣由之一。

總之，東漢時期的士人家訓文獻比西漢時期多，訓誡者的自覺性提高，在形式上簡短為主，出現了篇幅較長的訓誡，如酈炎《遺令書》，鄭玄《戒子益恩書》，內容涉及多方面，具有綜合性、普遍性的特點。家訓內容在繼承前代的基礎上，也有自己的創新。在修身方面注重養生；在家學方面既有傳統的經學，也有文學；儒家的君子之道備受推崇，強調志向的重要性，注重德性的培養，希望提高自身內在的修養以抵制社會的不良風氣。在齊家方面，除了傳統的勤儉、終制外，傳承家事的訓誡產生。在政治方面，士人家訓開始探求折衷保身、保家與治國關係之道。同時，這一時期的士人更加重視自身的名節，要求薄葬。有的家訓還成為典範，備受後代推崇，如馬援家訓。

第三節　兩漢女訓

男女不平等的觀念發展出對男女不同的教育思想與教育內容，並且隨著社會的發展，家庭、社會對女性的要求越來越苛刻、嚴厲，女性作為個體所

〔註96〕〔南朝宋〕范曄：《後漢書》卷二十《祭遵傳》，第746頁。
〔註97〕〔南朝宋〕范曄：《後漢書》卷六十七《范滂傳》，第2207頁。

擁有的自由也越來越受限制、受壓抑。

　　這一時期隨著儒家思想被官方確立，三綱思想形成，君權、父權、夫權更加集中，其中一條就是「夫為妻綱」，要求女子遵守三從四德。所謂「三從」，就是在家從父，既嫁從夫，夫死從子；所謂「四德」，就是婦德、婦言、婦容、婦功。另外，劉向因目睹當時「俗彌奢淫，而趙、衛之屬起微賤，踰禮制」〔註98〕，而作《列女傳》，記述了上至堯舜，近至漢代的歷代賢妃、貞婦、孽嬖滅國者的德行、善惡，希望女性能有所借鑒，以規範自己的行為。漢代女訓就是在這個背景下展開的。

一、兩漢女訓內容

　　女訓是指在家庭中，家庭成員對女子的教育，其中主要是來自親身父母或公婆、丈夫的教育。對於母親或婆婆來說，她們自己也都曾為人婦，也都曾受到她們母親或婆婆的訓誡。所以，她們在訓誡女兒或兒媳時會將先人的訓誡繼續傳承下來、會以自身的經歷現身說法。

　　在現存史料中，在漢代之前，女子所接受的訓誡主要見於《禮記》中《士昏禮》與《內則》，但二篇都是一般的論述，沒有具體到個別家庭的情況。漢代出現了具體的訓誡，主要散見於《後漢書‧列女傳》《華陽國志》等。比較典型的有杜泰姬戒女及婦、楊禮珪戒婦、班昭戒女、蔡邕戒女、荀爽戒女等。其中，班昭的《女誡》是一篇內容比較完整的文獻，是有意為之。她意識到當時的家庭很重視教育兒子如何在家庭保有威儀，但卻輕視了教育女子如何對待丈夫，二者本是一體兩面。另外，她擔心女子失教會有辱於婆家、祖宗。

　　這些女訓基本可分為兩方面的內容，一是如何為人婦，主要是和諧家庭關係、勤儉持家；二是如何為人母，主要是教育子孫。

　　1. 為人婦之道

　　女子出嫁為人婦，就意味著組建了一個新的家庭，原來由血緣關係所形成的共同體被打破，構建了新的共同體。在這個家庭中，她們面臨著新的倫理關係，主要是與丈夫、公婆、叔妹的關係。另外，夫婦二人是這個家庭未來的擔當者，特別是人婦，所以如何持家是二人需要學習和掌握的。如果要處理好這些關係、管理好家庭事務，女性的德行修養就很重要。

〔註98〕〔漢〕班固：《漢書》卷三十六《楚元王傳》，第 1957 頁。

第一，四德修身

所謂「四德」，是指婦德、婦言、婦容、婦功，這是對女子的基本要求。班昭在《女誡》中提出：

> 婦德，不必才明絕異也；婦言，不必辯口利辭也；婦容，不必顏色美麗也；婦功，不必工巧過人也。清閒貞靜，守節整齊，行己有恥，動靜有法，是謂婦德。擇辭而說，不道惡語，時然後言，不厭於人，是謂婦言。盥浣塵穢，服飾鮮潔，沐浴以時，身不垢辱，是謂婦容。專心紡績，不好戲笑，潔齊酒食，以奉賓客，是謂婦功。〔註99〕

婦德重在禮節、貞節。女子嫻靜自古就是社會所倡導的，《詩》有「窈窕淑女，君子好逑」〔註100〕，毛亨釋「窈窕」為「幽閒也」，也就是嫻靜義。在行為上，《禮記‧內則》對女子的行為有詳細規定，如進退之禮、接受贈予之禮等，不能隨意行事。蔡邕《女訓》告誡女兒在公婆家的鼓琴之道，敘述很詳細。

> 舅姑若命之鼓琴，必正坐操琴而奏曲。若問曲名，則捨琴興而對，曰某曲。坐若近，則琴聲必聞；若遠，左右必有贊其言者；凡鼓小曲，五終則止；大曲三終則止。無數變曲，無多小曲，尊者之聽未厭，不敢早止；若顧望視他，則曲終而後止，亦無中曲而息也。琴必常調，尊者之前，不更調張。私室若近舅姑，則不敢獨鼓；若絕遠，聲音不聞，鼓之可也。鼓琴之夜，有姊妹之宴，則可也。〔註101〕

貞節觀強調女子對丈夫從一而終，「壹與之齊，終身不改」〔註102〕，一是在婚姻內，不能淫亂，二是既嫁之，則安之，不能隨便離婚，即便丈夫去世，也不能隨意改嫁。如果女子失去貞節將是最大的恥辱。

婦言重在善待人。婦容重在乾淨。蔡邕《女誡》曾批評當時社會女子衣服穿著過於華麗、奢侈，只顧修飾外表，而不注重內心修養，提出「心猶首面也，是以甚致飾焉。面一旦不修飾，則塵垢穢之；心一朝不思善，則邪惡入之」〔註103〕，強調要重視心靈從善。婦功重在料理好家人的穿著與飲食。鄧綏之母常

〔註99〕〔南朝宋〕范曄：《後漢書》卷八十四《列女傳》，第2789頁。
〔註100〕《毛詩正義‧周南‧關雎》，第26頁。
〔註101〕夏劍欽，王巽齋校點：《太平御覽》卷五百七十七（第五冊），第556頁。
〔註102〕《禮記正義‧郊特牲第十一》，第949頁。
〔註103〕夏劍欽，王巽齋校點：《太平御覽》卷四百五十九（第四冊），第802頁。

教育鄧綏「汝不習女工以供衣服，乃更務學，寧當舉博士邪？」〔註104〕

總體來說，這四個方面兼顧內外修養，要求謹慎行事，遵守禮法，善幹家務。這是從宏觀上來說女子所應具備的德行與能力。

第二，勤勞治家

具體來說，它就是要求「晚寢早作，勿憚夙夜，執務私事，不辭劇易，所作必成，手跡整理」〔註105〕。荀爽在女兒臨出嫁時，告誡她要「昏定晨省，夜臥早起」〔註106〕。這一方面是由於女性在家負責家庭內務，這些事情相對來說比較散而多，且關係到家庭的日常生活運行。另一方面是受從古代傳下來的勤勞能使人思善，不勤則好安逸的思想影響。楊禮珪是陳省的妻子，楊元珍的女兒。他們家比較富有，並且兩個兒媳也都出生富貴之家，但楊氏還是教導兩個兒媳「粗食急務者，使知苦難，備居獨時」〔註107〕，要注意食用粗糧、勤於事務，這樣才能知道生活的苦難，以備將來分家獨居。

此外，女性還需要準備家庭的祭祀事宜。在祭祀中，男子主祭，女子主獻，要求「正色端操，以事夫主，清靜自守，無好戲笑，潔摘酒食，以供祖宗」〔註108〕。祭祀是五禮中最重要的，意味著對先人的敬重。為人婦參與祭祀先人，一方面是為了告祭男性祖先，自己已經成為這家庭中的一員，家族的血脈可以繼續傳承下去；另一方面是為了告祭先人，未來他們將負責家族的祭祀事宜。

第三，和諧關係

在新的家庭中，為人婦主要面臨著三種倫理關係，一是夫婦關係，二是與公婆的關係，三是與叔妹的關係。其中，夫婦之間有男女之別，但他們的結合又是契合天地之理與陰陽之義，是異性關係中最親密的。所以，二者的倫理之道是最重要的。這三種關係處理好則家庭和睦，有美好的聲譽。

就夫婦關係來說，男尊女卑，男子是家庭經濟、家庭責任、家庭權利的主要承擔者與掌握者，女子處於輔助男子地位。班昭《女誡》告誡女兒，作為人婦對夫要行「敬順」之道。「敬」即是恭敬，「順」即是寬容、謙卑，並且要長久堅持，這樣在面對一些事情的時候，可免於雙方起爭執。另外，婦對夫

〔註104〕〔南朝宋〕范曄：《後漢書》卷十上《皇后紀》，第2798頁。
〔註105〕〔南朝宋〕范曄：《後漢書》卷八十四《列女傳》，第2787頁。
〔註106〕〔唐〕歐陽詢撰，汪紹楹校：《藝文類聚》卷二十三，第419頁。
〔註107〕〔晉〕常璩撰，劉琳校注：《華陽國志校注》卷十下，第812頁。
〔註108〕〔南朝宋〕范曄：《後漢書》卷八十四《列女傳》，第2787頁。

要「專心正色。禮義居潔，耳無塗聽，目無邪視，出無冶容，入無廢飾，無聚會群輩，無看視門戶」〔註109〕，這樣才能得到丈夫的專寵，夫婦才能和睦相處，終身不分離。

就與公婆的關係來說，二者是因丈夫而成為家人，取得公婆歡心是兒媳的重要事務。其道在於「曲從」，如果二人在一些事情上有爭議，作為兒媳要委屈順從公婆，以公婆的是非為是非，不要堅持自己的看法，即便自己的觀點是對的，也要聽從公婆的看法。

就與叔妹的關係來說，叔妹是自己在家庭裏聲名好壞的主要來源，與他們和睦與否，會直接關係到公婆能否接納自己，進而會影響到丈夫對自己的看法。所以，為人婦作為嫂嫂與叔妹要和睦相處，其道在於「謙順」，即謙和、順從。這樣嫂嫂與叔妹之間重恩親義，互相幫助，彼此友好相處。

這三種關係是密切聯繫的，任何一種關係處理不好都會影響其他兩種關係的發展。總體來說，女訓就是要求女子善於處「卑弱」地位，「謙讓恭敬，先人後己，有善莫名，有惡莫辭，忍辱含垢，常若畏懼」〔註110〕，以恭敬、順從為要道。

第四，好學書藝

雖然這一時期沒有訓誡女子讀書的家訓文獻，但從一些材料可以看出一些出身於士人家庭的女子還是可以讀書，可以受到良好的文化教育。

孝成許皇后許氏「善史書」；孝成班婕妤「誦《詩》及《窈窕》《德象》《女師》之篇」〔註111〕；和帝陰皇后，陰識曾孫，「善書藝」；和熹鄧皇后鄧綏，鄧禹之孫，「六歲能史書，十二通《詩》《論語》，諸兄每讀經傳，輒下意難問」〔註112〕；順烈梁皇后梁妠，梁商之女，「好史書，九歲能誦《論語》、治韓詩，大義略舉」〔註113〕；王美人「能書會計，作《道德賦》《令議頌》」〔註114〕；袁隗妻馬倫，馬融之女，「少有才辯」；馬倫妹馬芝「亦有才義，作《申情賦》」〔註115〕；皇甫規妻「善屬文，能草書」〔註116〕；陰瑜妻荀采，

〔註109〕〔南朝宋〕范曄：《後漢書》卷八十四《列女傳》，第2790頁。
〔註110〕〔南朝宋〕范曄：《後漢書》卷八十四《列女傳》，第2787頁。
〔註111〕〔漢〕班固：《漢書》卷九十七下《外戚傳》，第3984頁。
〔註112〕〔南朝宋〕范曄：《後漢書》卷十上《皇后紀》，第418頁。
〔註113〕〔南朝宋〕范曄：《後漢書》卷十下《皇后紀》，第438頁。
〔註114〕〔南朝宋〕范曄：《後漢書》卷十下《皇后紀》，第450頁。
〔註115〕〔南朝宋〕范曄：《後漢書》卷八十四《列女傳》，第2796頁。
〔註116〕〔南朝宋〕范曄：《後漢書》卷八十四《列女傳》，第2798頁。

荀爽之女，「有才藝」；蔡文姬，蔡邕之女，「博學有才辯，又妙於音律」〔註117〕。從中可以看出，這些女子都是出身於仕宦家庭，父祖輩都是有才學之人。在女子只能待在閨門之內的時代，她們的才學主要源於家庭教育，深受良好家風的薰陶。

2. 為人母之道

母親對子女的教育其實是伴隨他們一生的，從胎教開始，出生後開始進行成長教育，教子修身、齊家、處世、為政之道，教女四德。一般來說，在女兒未出嫁、兒子未成家之前，子女與母親相處的時間比父親要長。他們是從肉體的結合逐漸過渡到精神的結合，並且傳統上講「嚴父慈母」，二者在教育上有所差異。所以，母親的教育在子女成長過程中很重要。

杜泰姬曾向其女和兒媳傳授如何教育子女。

> 吾之妊身，在乎正順。及其生也，思存於撫愛。其長之也，威儀
> 以先後之，體貌以左右之，恭敬以監臨之，勤恪以勸之，孝順以內之，
> 忠信以發之，是以皆成而無不善。汝曹庶幾勿忘吾法也。〔註118〕

首先是胎教。胎教的根本原則是「正順」，就是母親的視聽言行都要合乎禮制，避免邪惡，「寢不側，坐不邊，立不蹕，不食邪味，割不正不食，席不正不坐，目不視於邪色，耳不聽於淫聲。夜則令瞽誦詩，道正事。如此，則生子形容端正，才德必過人矣。」〔註119〕

在孩子出生之後，母親要關心、照顧、愛護他們，讓他們感受到母愛，這實際是動之以情。在長大一些後，他們具備了基本的認知、學習能力，母親開始授之以基本的德行教育，要求他們待人恭敬、孝順家人、盡忠守信、勤勉學習。這個時期威嚴與禮義兼用，這樣他們才能成為有修養、有知識、有能力的人，將來才會有所成就，不會在社會上為惡。這是教育他們應該如何，是道德教育。既有情感培育，也有道德教育；既有慈愛，也有威嚴；這樣子女就不會因被寵愛而沒有教養。

此外，這一時期賈誼《新書》、戴德《大戴禮記》、劉向《列女傳》、王充《論衡》都有論述到胎教，內容基本相似。他們根據歷史經驗，將其理論化。賈誼認為「《春秋》之元，《詩》之《關雎》，《禮》之《冠》《婚》，《易》之《乾》

〔註117〕〔南朝宋〕范曄：《後漢書》卷八十四《列女傳》，第 2800 頁。
〔註118〕〔晉〕常璩撰，劉琳校注：《華陽國志校注》卷十下，第 811 頁。
〔註119〕〔清〕王照圓撰：《列女傳補注》，第 14 頁。

《坤》，皆慎始敬終云爾」〔註120〕，所以將胎教視為教育起點。劉向認為「姙子之時，必慎所感。感於善則善，感於惡則惡。人生而肖萬物者，皆其母感於物，故形音肖之」〔註121〕，子的善惡德行源於母親在懷孕時所感受到的善惡。王充將其進一步發展，將元氣理論與人性理論相結合，「萬物自生，皆稟元氣」〔註122〕，並且人「有三性：有正，有隨，有遭。正者，稟五常之性也；隨者，隨父母之性；遭者，遭得惡物象之故也」〔註123〕，如果母親在懷孕時，元氣遇到惡物，就會使胎兒受到損傷，從而影響到他們未來的外貌與德行，「受氣時，母不謹慎，心妄慮邪，則子長大，狂悖不善，形體醜惡」〔註124〕，或母親懷孕時如果吃兔肉，則子會成兔唇。所以，母親在懷孕時行為要正。

除此之外，醫學上也提出了一些關於養胎的理論。這一時期主要見於馬王堆帛書《胎產書》、張仲景《金匱要略》，後者主要是關於孕婦在妊娠期間發病的診斷與治療；前者有論述到懷孕時機、生男生女、懷胎十月中每個月胎兒生長發育的特徵，和相應的孕婦每個月不同的養胎方法，如「三月始脂。果隋肖效。當是之時，未有定儀，見物而化。是故君公大人，毋使侏儒，不觀沐猴，不食蔥薑，不食兔羹。□欲生男，置弧矢，□雄雉，乘牡馬，觀牡虎。欲生女，佩簪珥，紳珠子，是謂內象成子」〔註125〕，第三月是胎兒定型的時期，容易受外界事物的影響，所以在飲食、視聽等方面要多注意，並且性別還可以隨行為改變。王充思想有可能受此影響。

這說明一方面當時社會，起碼是社會上層，普遍重視胎教，並且科學思想與哲學思想方面取得的突破為其建立了理論依據；另一方面當時社會很重視人的德行，並認為一個人德行的善惡源於母親，「鳳凰生而有仁義之意，虎狼生而有貪戾之心，兩者不等，各以其母」〔註126〕。

二、班昭《女誡》的影響及其評價

班昭《女誡》既是對古代女子教育思想的一個總結，也是對漢代男性集

〔註120〕〔漢〕賈誼撰，閻振益，鍾夏校注：《新書校注》，第 390 頁。
〔註121〕〔清〕王照圓撰：《列女傳補注》，第 14 頁。
〔註122〕黃暉撰：《論衡校釋‧言毒》，北京：中華書局，1990 年，第 949 頁。
〔註123〕黃暉撰：《論衡校釋‧命義》，第 53 頁。
〔註124〕黃暉撰：《論衡校釋‧命義》，第 55 頁。
〔註125〕馬繼興著：《馬王堆古醫書校釋》，長沙：湖南科技出版社，1992 年，第 786 頁。
〔註126〕〔漢〕賈誼撰，閻振益，鍾夏校注：《新書校注》，第 390 頁。

權、夫為妻綱思想的體現。在《女誡》成型之前，《女憲》一文已經存在。班昭在《女誡》中曾引用其中的話，「得意一人，是謂永畢；失意一人，是謂永訖」「婦如影響，焉不可賞。」〔註127〕它的原文現已佚失，具體的產生年代也不可考，但可以肯定它是一本專門訓誡女子言行的書，認為妻子能得到丈夫的歡心則和諧永終，否則一生都不會幸福；妻子在家表現好，還會有獎賞。這些思想對班昭影響很大。

　　《女誡》一文包括了七個方面，卑弱、夫婦、敬慎、婦行、專心、曲從、和叔妹。它的思想主旨是要求女兒以四德修身，在公婆家行「卑弱」之道，謹慎處理好與丈夫、公婆、叔妹的家庭倫理關係，特別是與丈夫的關係，要專心於他，對他恭敬、謙卑、順從，儘量不要有爭執，維持家庭和睦，終止鄰人流言、誹謗。

　　就這篇家誡而言，它的特點之一是對一些傳統的內容，如卑弱下人、執勤、繼承祭祀、四德、專心、敬慎，作了詮釋，明確了它們的具體內涵，規定了是什麼、不是什麼，便於踐行。特點之二是在闡述每一方面的內容時都有根據，或是哲學依據，如「夫婦之道，參配陰陽，通達神明，信天地之弘義，人倫之大節也」〔註128〕，有天地、陰陽之理；或是歷史依據，如傳統禮制規定男子可以再娶，但女子不能再嫁；或是經驗依據，如處理與公婆、叔妹、丈夫的關係都是人生經驗的總結。這樣說理充分，便於理解。所以，它既有理論性，也有實踐性，成為了女子家訓的奠基之作，「班姬女戒，足稱母師也。」〔註129〕

　　在此之後，歷朝開始重視訓誡女子。班昭之後，蔡邕有《女訓》、《女誡》，荀爽有《女誡》；魏晉南北朝時期有李氏《女訓》十六卷，辛德源等《內訓》二十卷，徐湛之《婦女訓誡集》十卷，崔浩《女訓》，無名氏《女訓集》六卷等，隋唐時期有宋若莘、宋若昭姐妹《女論語》，陳邈妻鄭氏《女孝經》十篇，長孫皇后《女則要錄》十卷，韋澄《女誡》一卷，劉氏《女儀》一卷，薛蒙妻韋氏《續曹大家女訓》十二章，王搏妻楊氏《女誡》一卷；宋代之後更多，比較著名的有宋代呂坤《閨範》，清代陳宏謀《教女遺規》等，但這些書很多都沒有被保存下來。他們的思想也都基本是在「順婦」的框架下展開，但他們在內容上超出了只是處理家庭關係，還有如何勤儉治家、接待賓客、教育子孫等。

〔註127〕〔南朝宋〕范曄：《後漢書》卷八十四《列女傳》，第2791頁。

〔註128〕〔南朝宋〕范曄：《後漢書》卷八十四《列女傳》，第2788頁。

〔註129〕〔南朝梁〕劉勰：《文心雕龍‧詔策》，第39頁。

明朝時王相將班昭《女誡》，宋氏姐妹《女論語》，明朝徐皇后《內訓》，劉氏《女範捷錄》集為四書，之後一直通行。並且，明朝時《女誡》有詮釋本，張居正應神宗皇帝之詔作《女誡直解》「以教宮闈」；王相著《女誡箋注》等。可見，《女誡》影響深遠。

但對於《女誡》的內容，當時社會既有贊成的，也有駁斥的。前者如馬融，「善之，令妻女習。」〔註130〕但馬融的女兒馬倫「少有才辯」，面對袁隗的數次問話，都能應對自如，似乎並沒有學習《女誡》。後者如班昭的小姑曹豐生，「亦有才惠，為書以難之，辭有可觀。」〔註131〕

馬融是東漢時期的經學大家，之所以認同一方面是基於對傳統文化的掌握，認為班昭所言有著古訓依據，符合《周易‧家人卦》《禮記》所言；另一方面是基於男性的視角，認為男女有別，男子是家庭權力的掌握者與家庭責任的擔當者，女子應該順從丈夫，做好內務。曹豐生反駁，主要是基於女性的視角。雖然她所發難的書信史料未存，但她既然發難，起碼認為女子不應該一味的曲從於家人，不應該不讀書、掩飾自己的學問，不應該只待在閨門；應該有獨立性，對社會事務有所關心，在大是大非面前有所堅持，既有情，也有理。而班昭戒女，是為女兒未來幸福考慮，希望她有德行、有貞潔、能深得公婆家人歡心，家人和睦，生活也就幸福，和大於理。三者立場不同，觀點不同。

「配適君子，竭節從理，昏定晨省，夜臥早起，和顏悅色，事如依恃，正身潔行，稱為順婦。」〔註132〕這種「順婦」教育是當時社會分工、以及在此基礎上傳統禮制的要求，有一定的社會合理性，也與女性本身的性情在一定程度上相合；但它抑制了女性的意志，使她們失去了獨立性，成為具有一定依附性的個體。

反觀當時的社會，很多女子不是「順婦」「貞婦」，夫死女子改嫁是常事〔註133〕。班昭自己也不嚴守《女誡》，「博學高才。世叔早卒，有節行法度」〔註134〕，曾續寫班固未完成的《漢書》，被招入宮當皇后、貴人的老師，鄧太

〔註130〕〔南朝宋〕范曄：《後漢書》卷八十四《列女傳》，第 2792 頁。
〔註131〕〔南朝宋〕范曄：《後漢書》卷八十四《列女傳》，第 2972 頁。
〔註132〕〔唐〕歐陽詢撰，汪紹楹校：《藝文類聚》卷二十三，第 419 頁。
〔註133〕可參考楊樹達：《漢代婚喪禮俗考》，上海：上海古籍出版社，2000 年，第 34～42 頁。
〔註134〕〔南朝宋〕范曄：《後漢書》卷八十四《列女傳》，第 2784 頁。

后臨朝時還曾參與朝政。並且，《後漢書》為女性列傳，選擇的不只是賢於內務的人，還有可以為君分憂的人，「賢妃助國君之政，哲婦隆家人之道，高士弘清淳之風，貞女亮明白之節。」〔註135〕這一方面說明當時社會環境比較寬容，對女性的禁錮不是很嚴格，有一定的自由度，特別是進入皇宮的人更需要有才學、能力輔佐皇帝；士人家庭的女子也需要有能力來輔佐夫的仕途，如楊敞曾因聽從妻子的告誡而得以免禍升職；另一方面說明在儒家思想影響下，特別是三綱五常思想的確立，家庭開始注重對女性的依附性教育，用所謂的道德遏止她們的自然人性，而《女誡》的出現為此後家庭、社會教育女子樹立了標杆。

其實，現實的家庭關係很複雜，家庭和睦需要全體家庭成員努力，相愛、相互尊敬、相互寬容，而不是人婦一個人所能決定的。就妻子、或兒媳、或嫂嫂這個角色來說，最善的處理方式是情與理相結合的中庸之道，晚輩可以順從家人，但在大是大非面前，如果家人的觀點是不對的，也要有所諍諫，不能死守禮制。如《後漢書·列女傳》記載周郁的妻子「少習儀訓，閑於婦道，而郁驕淫輕躁，多行無禮」〔註136〕，於是公公希望她能匡正丈夫的行為。但她認為這讓她處於兩難境地，如果自己所言無用，則會被公公責怪；如果自己所言有用，則丈夫會有違背父親而從妻子的罪名，於是自殺。這就是禮教的悲劇。女性需要有修養，守禮法，「有賢女然後有賢婦，有賢婦然後有賢母，有賢母然後有賢子孫」〔註137〕，但不能被禮法束縛，傷害性命。

第四節　兩漢家訓與學術思想

學術思想的傳承與發展是中國古代家訓發展的思想依據。學術的繁榮改變著人們對文化的認識，也改變著對自我的認識，從而也影響到對子孫的教育，並在不同時期表現不同。

這一時期一方面先秦思想除名、墨外，儒、道、法、陰陽等思想繼續傳承了下來；另一方面這些不同的思想相互融合、相互鬥爭，形成了以儒學、道家、道教、法家為主體的思想派別。

〔註135〕〔南朝宋〕范曄：《後漢書》卷八十四《列女傳》，第2781頁。

〔註136〕〔南朝宋〕范曄：《後漢書》卷八十四《列女傳》，第2784頁。

〔註137〕〔清〕陳宏謀：《五種遺規·教女遺規·序》，《四部備要》，第60冊，北京：中華書局，1989年，第225頁。

一、兩漢家訓與儒學思想

這一時期以董仲舒為代表的儒者，在先秦儒學思想的基礎上，融合陰陽、五行等思想，建立了「三綱六紀」「五常」思想作為社會的基本倫理道德。「何謂綱紀？綱者，張也。紀者，理也。大者為綱，小者為紀。所以張理天下，整齊人道也。」〔註138〕具體來說，「三綱者，何謂也？謂君臣、父子、夫婦也。紀者，謂諸父、兄弟、族人、諸舅、師長、朋友也。故《含文嘉》曰：君為臣綱，父為子綱，夫為妻綱。又曰：敬諸父兄，六紀道行，諸舅有義，族人有序，昆弟有親，師長有尊，朋友有舊」〔註139〕，這樣確立了以君臣關係為首，由個體家庭成員推及族人、社會的人際關係網，以及社會上嚴格的尊卑等級秩序，要求家服從於國、卑者服從尊者。五常即五德，「夫仁誼禮知信五常之道，王者所當修飭也；五者修飭，故受天之祐，而享鬼神之靈，德施於方外，延及群生也」〔註140〕，並且五德與五行一一相對應，這樣五德就有了形而上根據，具有永恆性。其中，「禮者，繼天地，體陰陽，而慎主客，序尊卑、貴賤、大小之位，而差內外、遠近、新故之級也」〔註141〕，是五常中最重要的。

儒學的興盛影響到士人家訓思想的變化，其突出表現是重經典、重國家、重節文。

第一，移孝作忠，重視經典

孝與忠是人的基本德行，這一時期強調移孝作忠，孝悌於家則能盡忠於國，「君子之事親孝，故忠可移於君。事兄悌，故順可移於長。居家理，故治可移於官。」〔註142〕這種思想也體現在這一時期的家訓中。

一是教育子孫從小要讀《孝經》《論語》。如漢昭帝劉弗陵「朕以眇身獲保宗廟……通《保傅傳》，《孝經》《論語》《尚書》，未云有明」〔註143〕；漢宣帝劉詢「年十八，師受《詩》《論語》《孝經》」〔註144〕；漢元帝劉奭「年十二，通《論語》《孝經》」；廣川王劉去「師受《易》《論語》《孝經》，皆通」；

〔註138〕〔清〕陳立撰，吳則虞點校：《白虎通疏證》，北京：中華書局，1994 年，第 374 頁。

〔註139〕〔清〕陳立撰，吳則虞點校：《白虎通疏證》，第 373～374 頁。

〔註140〕〔漢〕班固：《漢書》卷五十六《董仲舒傳》，第 2505 頁。

〔註141〕蘇與撰，鍾哲點校：《春秋繁露義證·奉本》，北京：中華書局，1992 年，第 276 頁。

〔註142〕《孝經注疏·廣揚名章》，第 55 頁。

〔註143〕〔漢〕班固：《漢書》卷七《昭帝紀》，第 223 頁。

〔註144〕〔漢〕班固：《漢書》卷八《宣帝紀》，第 238 頁。

范升「九歲通《論語》《孝經》」；樊安「幼學治《韓詩》《論語》《孝經》」，從皇室到士人、從上到下都進行這樣的教育。

二是重視引經教誡。如孔臧《與子琳書》引《詩》「無念爾祖，聿修厥德」〔註145〕「操斧伐柯，其則不遠」，司馬遷戒子引《孝經》「孝始於事親，中於事君，終於立身」〔註146〕「揚名於後世，以顯父母」〔註147〕。

三是教育子孫孝親、盡忠、立身是一體的。司馬談臨終告誡司馬遷要完成史書，從繼承祖宗事業、揚名父母角度來說，是盡孝；從作為史官的職責來說，是盡忠、為道，同時這也使自己的生命價值得以實現。祭肜臨終感慨自己在職無功，希望子孫能守衛邊疆，盡忠報國，以實現自己的心願。這裡忠於國即是對父的孝。如果孝與忠相矛盾，不能兼得，則忠大於孝，氣節大於生命。范滂死前，其母有言「汝今得與李、杜齊名，死亦何恨！既有令名，復求壽考，可兼得乎」〔註148〕。

當然漢代也不是所有的家庭都倡導以死報國，如西漢時期東方朔希望其子屈伸以求生存，疏廣告誡其侄功遂以求身退，這與這一時期君臣關係尚未凝固有關〔註149〕。

第二，融情於禮

這一時期隨著禮儀制度的逐漸恢復、重建，人與人之間的倫理關係也得到了進一步的規範。「禮者，所以守尊卑之經、強弱之稱者也」〔註150〕「凡物必有合……陰者陽之合，妻者夫之合，子者父之合，臣者君之合……君臣、父子、夫婦之義皆取諸陰陽之道。君為陽，臣為陰；父為陽，子為陰；夫為陽，妻為陰。……王道之三綱，可求於天」〔註151〕，家人之間、君臣之間的相互關係被規定為單向尊卑關係，夫妻、父子、君臣之間有嚴格的禮制，並

〔註145〕《毛詩正義·大雅·文王》，第1129頁。

〔註146〕《孝經注疏·開宗明義章》，第5頁。

〔註147〕《孝經注疏·開宗明義章》，第4頁。

〔註148〕〔南朝宋〕范曄：《後漢書》卷六十七《黨錮列傳》，第2207頁。

〔註149〕徐復觀《兩漢思想史》在分析揚雄的思想傾向時，有言「由東漢所開始形成的君臣之間的凝固的關係，由宋儒所強調的君臣大義的關係，在西漢知識分子中，是相當稀薄的」。參考徐復觀：《兩漢思想史》（第2卷），上海：華東師範大學出版社，2001年，第282頁。

〔註150〕〔漢〕賈誼撰，閻振益，鍾夏校注：《新書校注》，第214頁。

〔註151〕〔漢〕董仲舒著，蘇輿撰，鍾哲點校：《春秋繁露義證·基義》，北京：中華書局，1992年，第350頁。

且君臣即父子、父子即君臣。

這些思想反映在家訓中就是待家人如君臣。如石奮「子孫為小吏，來歸謁，萬石君必朝服見之，不名……子孫勝冠者在側，雖燕必冠，申申如也……上時賜食於家，必稽首俯伏而食，如在上前。其執喪，哀戚甚。子孫遵教，亦如之」〔註152〕；樊重的子孫在家「朝夕禮敬，常若公家」〔註153〕；張湛「居處幽室，必自修整，雖遇妻子，若嚴君言」〔註154〕；魏朗「閉門整法度，家人不見惰容」〔註155〕。家長對家人嚴格要求恭敬行禮，尊父如尊君，在家如在朝，不能有懈怠。

可見，他們都很重視禮制在規範人與人的關係中的作用，在禮與情的關係上，禮要勝於情，而親情就蘊含在禮制中，對禮制的遵守即是孝悌。

二、兩漢家訓與道家、道教思想

雖然道家在先秦之後開始衰落，在漢武帝「獨尊儒術」之後，更不被重視，但它的一些思想，以及由它發展而來的「以虛無為本，以因循為用」〔註156〕的黃老思想，對於這一時期家訓的發展還是具有指導意義。這主要表現在：

一是重視個體生命。《老子》有言「功遂身退，天之道也」〔註157〕「禍莫大於不知足；咎莫大於欲得。故知足之足，常足矣。」〔註158〕這種知足保身思想被這一時期的士人作為修身之道告誡子孫，如西漢疏廣戒其姪「功遂身退」為善，東漢樊宏戒子不要貪求富貴與榮勢，「保身全己，豈不樂哉」。這說明在漢代的官僚政治體制下，士人的自我意識逐漸提高，意識到生命對於個人、家庭的重要意義，行為方式趨向理性、務實。

二是行不言之教。《老子》有言「不言之教，無為之益，天下希及之」〔註159〕。這種思想後來被黃老思想吸收，發展為「上無為下有為」的政治思想，「所推崇的理想治國者，既不同於『法治』之能吏，也不同於『禮治』之君

〔註152〕〔漢〕班固：《漢書》卷四十六《石奮傳》，第2194頁。

〔註153〕〔南朝宋〕范曄：《後漢書》卷三十一《樊宏傳》，第1119頁。

〔註154〕〔南朝宋〕范曄：《後漢書》卷二十七《張湛傳》，第928頁。

〔註155〕〔南朝宋〕范曄：《後漢書》卷六十七《黨錮列傳》，第2201頁。

〔註156〕〔漢〕司馬遷：《史記》卷一百三十《太史公自序》，第3292頁。

〔註157〕樓宇烈校釋：《老子道德經注校釋》，第21頁。

〔註158〕樓宇烈校釋：《老子道德經注校釋》，第125頁。

〔註159〕樓宇烈校釋：《老子道德經注校釋》，第6頁。

子，而是所謂『長者』。」〔註160〕這種思想應用於家庭來說，就是父母作為「長者」，以身作則，對子女行「不言之教」，而晚輩要善於自我反省。這種教育思想重視個體對自我的約束。這以石奮的家庭教育為代表。

石奮生活於漢代初期，「無文學，恭謹，舉無與比。」〔註161〕子孫如果犯過錯、行為違背禮節，他便「不誚讓，為便坐，對案不食。然後諸子相責，因長老肉袒固謝罪，改之，乃許」〔註162〕，這樣不言而子改。在石奮的教育下，其家形成「不言而躬行」的家風，四子都以「孝謹」聞名，都官至二千石，石奮被漢景帝封為「萬石君」。

三是氣化論的生死觀。《莊子》認為人「察其始而本無生；非徒無生也，而本無形；非徒無形也，而本無氣。雜乎芒芴之間，變而有氣，氣變而有形，形變而有生，今又變而之死，是相與為春秋冬夏四時行也」〔註163〕，人的生命是由氣而成，死亡也是氣自然運動的結果。這種思想在漢代得到了發展，《淮南子》提出「精氣為人。是故精神，天之有也；而骨骸者，地之有也。精神入其門，而骨骸返其根，我尚何存？」〔註164〕認為人是天地間陰陽二氣相互作用而成，其中精神與形體是稟受於天地，二者結合產生生命，人死後各歸其根。這種思想被當時的皇帝、有識見的士人所接受，並付諸實踐，反映在家訓中就是他們對自身終制事宜實行儉葬。比較有代表的是，漢文帝認為「死者天地之理，物之自然，奚可甚哀」〔註165〕，實行儉葬，為社會開啟了節葬、務實的風尚；楊王孫認為「死者，終生之化，而物之歸者也。歸者得至，化者得變，是物各反其真也」〔註166〕，實行裸葬，為士人承擔矯正社會風俗的責任樹立了榜樣。從此，安排終制、要求儉葬成為皇室、士人臨終的普遍要求，特別是到東漢時期更加盛行。

道教產生於東漢末年，是融合了古代的道家思想、鬼神思想、神仙方術、巫術、讖緯思想、黃老思想等形成的一種宗教。它以「道」為最高信仰，以修道養生、濟世救人為宗旨，發展出煉丹修仙的道術，「大易性情，各如其度。

〔註160〕閻步克：《士大夫政治演生史稿》，北京：北京大學出版社，2015 年，第 243 頁。
〔註161〕〔漢〕班固：《漢書》卷四十六《石奮傳》，第 2193 頁。
〔註162〕〔漢〕班固：《漢書》卷四十六《石奮傳》，第 2194 頁。
〔註163〕〔清〕郭慶藩撰，王孝魚點校：《莊子集釋》，北京：中華書局，1961 年，第 615 頁。
〔註164〕劉文典：《淮南鴻烈集解》（上），北京：中華書局，1989 年，第 218 頁。
〔註165〕〔漢〕班固：《漢書》卷四《文帝紀》，第 132 頁。
〔註166〕〔漢〕班固：《漢書》卷六十七《楊王孫傳》，第 2908 頁。

黃老用究，較而可禦。爐火之事，真有所據。三道由一，俱出徑路」〔註167〕
「欲作伏食仙，宜以同類者，植禾當以穀，覆雞用其卵。以類補自然，物成易
陶冶。」〔註168〕但這種思想在這一時期還不太被接受，如陳惠謙告誡其侄「神
仙愚惑」，反對其修煉。這說明道教神仙思想在這一時期還沒有真正深入到社
會上層，士人所關注的重點還在個人名節。

三、兩漢家訓與法家思想

漢代皇室的家法是王霸並用，陽儒陰法，所以法家思想在漢代仍然受重
視。它認為「治國之臣，效功於國以履位，見能於官以受職，盡力於權衡以任
事」〔註169〕，在國家用人方面重視的是個人能力，而不是德行，能盡職即是
良臣。尹賞臨終告誡諸子為吏之道就在於，要能堅定地勝任其職，即便行為
殘酷，絕對不能軟弱。這完全不同於儒家以德修身、以德治國的思想，而是
深受法家思想的影響，希望以吏能仕進。

這種重吏能、不重德行的思想，與當時儒士與文吏的分職有關。西漢時
期，儒士開始參政，重視德治，不重視學習法律條文；而文吏勤修法律，不重
德治。儒生「承自先秦的獨立學人的身份和意識，使之保持了維繫道義的政
治批判力和發揮『非常異義可怪之論』的想像力；但是在另一方面，這種學
人素質，也使之一時難以取代那些自秦帝國始就卓有成效地擔負著政務的文
吏集團」〔註170〕。到東漢時期，儒士與文吏才逐漸融合，社會倡導成為通儒，
重儒術的同時也重吏能。

佛教大約在兩漢之際，公元 1 世紀左右〔註171〕傳入中國，主要在社會上
層盛行。東漢時期，社會上逐漸有漢譯佛經〔註172〕。在這一時期，他們被視

〔註167〕 任法融著：《周易參同契》（修訂版），北京：東方出版社，2012 年，第 201 頁。
〔註168〕 任法融著：《周易參同契》（修訂版），第 95 頁。
〔註169〕 陳奇道校注：《韓非子新校注》，第 540 頁。
〔註170〕 閻步克：《士大夫政治演生史稿》，北京：北京大學出版社，第 396 頁。
〔註171〕 關於佛教傳入中國的確切時間，學界觀點不一，主要有兩種，一是東漢漢明
帝永平十年，一是西漢漢哀帝時期；綜合二者，大約在兩漢之際。參看方立
天：《中國佛教與傳統文化》，北京：中國人民大學出版社，2010 年，第 27
頁。湯用彤：《漢魏兩晉南北朝佛教史》，劉夢溪主編《中國現代學術經典‧
湯用彤卷》，石家莊：河北教育出版社，1996 年，第 40 頁。
〔註172〕 主要有以安世高為代表的禪學，經典有《安般守意經》、《陰持入經》、《六度
集經》等，和以支讖為代表的般若學，經典主要有《維摩詰經》、《道行經》、
《大明度經》等。

為與黃老術類似，「不過是作為祭祀方術的一種」〔註173〕，主要思想是生死報應，認為通過去欲無為，「行善修道」，就可以達到「佛」的境界。現有的家訓資料看不出其對當時的影響，所以暫且擱置。

第五節　兩漢士人與兩漢家訓

　　這一時期的士人不論學識高低，普遍重視家訓，將入仕視為個人、家庭所追求的目標與理想，而子孫仕途不墜成為對父母、祖先的大孝。這是從宏觀上說。從微觀上說，不同的士人家庭實施的教育不同，其社會影響也不同，並且不同的教育也造就了不同的家風，家族的發展也不同。

　　第一，以東方朔為代表的俳優型士人

　　俳優型的士人可以算是中國傳統士人中的另類。他們滑稽多辯、在談笑中諷諫君主，被時人稱為「狂人」，因「談言微中，亦可以解紛」〔註174〕受到青睞。東方朔可謂此類的代表。他「用三千奏牘」上書，被漢武帝詔用，從此步入仕途。對於入仕，他一方面將它看作個人治國、平天下理想的實現、身份的改變，另一方面還將它視為一種「避世」之法，以保全自身。他開創了「朝隱」的處世方式，「將不合作的因素帶入到合作中……將朝與隱二者互相融通起來，出世與入世二者集於一體，在一定程度上解決了出與入的矛盾，使士人的社會價值和個人價值統一起來，為士人實現理想提供了有效的途徑」〔註175〕，這是當時士人無所隱的狀態下不得已的選擇。

　　他的《誡子書》所貫徹的也是這種思想，一方面要求「飽食安步，以仕易農」〔註176〕；一方面要求「依隱玩世，詭時不逢」〔註177〕。張溥曾言「誡子一詩，義苞道德兩篇，其藏身之智在焉，而世皆不知」〔註178〕。

　　這種教育在後代並不被倡導，如梁元帝蕭繹《金樓子·戒子篇》就認為這種思想無益於人自我勉勵、積極向上，不希望子孫學習。後人所反對的並

〔註173〕侯外盧：《中國思想通史》（第三卷），第406頁。
〔註174〕〔漢〕司馬遷：《史記》卷一百二十六《東方朔傳》，第3197頁。
〔註175〕王繼訓：《一個不應該被忽視的儒者：東方朔》，《齊魯學刊》2002年第3期，第104頁。
〔註176〕〔漢〕班固：《漢書》卷六十五《東方朔傳》，第2874頁。
〔註177〕〔漢〕班固：《漢書》卷六十五《東方朔傳》，第2874頁。
〔註178〕〔明〕張溥著，殷孟倫注：《漢魏六朝百三家集題辭注》，北京：人民文學出版社，1963年，第10頁。

不是這種保身免禍思想，而是這種菲薄先人，「首陽為拙，柱下為工」〔註179〕，將生命「玩」於政治的態度。此外，他自身留給世人「言不純師，行不純德，其流風遺書蔑如也」〔註180〕的不良印象，與儒家「見賢思齊」的思想相違背，所以也無益於後人將其視為學習的榜樣。

第二，以韋玄成、楊震為代表的世代儒士

在漢代通經可以入仕的背景下，社會上逐漸出現了世代修儒學、通一經的家族。其中，韋氏是西漢時期的代表，世代修《詩》，整個宗族官至兩千石的有十多人；楊氏是東漢時期的代表，世代研究歐陽《尚書》，四代位居三公〔註181〕。對於這種深受儒學薰陶的家族來說，重視子孫教育是自然的，這既是為了個人的德行修養，也關係到家族的發展。他們在內容上所普遍重視的一是孝悌禮儀忠廉，二是家學，前者既是睦家之道、也是處世之道，後者既可修身、也可治國。

韋氏其先人韋孟，曾為楚元王子孫三代的太傅，可見其應該精通五經。五世之後即西漢時期，韋賢曾教漢昭帝學《詩》，官至丞相；其子韋玄成、其孫韋賞都曾以《詩》教授漢哀帝，玄成官至丞相，韋賞名列三公。東漢時，韋賞孫韋彪、韋順、韋豹及其子韋著、族子韋義都修經學、有高名。像韋氏家族這樣從西漢到東漢一直有文化傳承、一直興盛、並且在西漢就有兩代官至丞相，在當時應該無出其右者。這與他們重視對子孫的教育是密切相關的。

在孝悌方面，韋玄成曾為了讓爵與兄，「陽為病狂，臥便利，妄笑語昏亂」〔註182〕，韋彪也是「孝行純正……清儉好施，祿賜分與宗族」〔註183〕。在禮節方面，韋玄成「謙遜下士。出遇知識步行，輒下從者，與載從之。其接人，貧賤者益加敬」〔註184〕，待人恭敬有禮，謙而不驕，不以貴賤視人，並且他

〔註179〕〔清〕嚴可均輯，陳延嘉，王同策，左振坤等校點：《全漢文》卷二十五，第494頁。

〔註180〕〔漢〕班固：《漢書》卷六十五《東方朔傳》，第2873頁。

〔註181〕在東漢，除楊氏外，還有袁氏是四世五公：袁安、子袁敞、子袁京、孫袁湯、曾孫袁逢、曾孫袁隗。但在家風方面，《後漢書·楊震傳》引《華嶠書》「東京楊氏，袁氏，累世宰相，為漢名族。然袁氏車馬衣服極為奢僭；能守家風，為世所貴，不及楊氏也」。袁弘曾因「恥其門族貴執，乃變姓名，徒步師門，不應徵辟，終於家」。參見《後漢書》（卷四十五），第1516頁。

〔註182〕〔漢〕班固：《漢書》卷七十三《韋賢傳》，第3108頁。

〔註183〕〔南朝宋〕范曄：《後漢書》卷二十六《韋彪傳》，第917頁。

〔註184〕〔漢〕班固：《漢書》卷七十三《韋賢傳》，第3108頁。

還要求子孫在君臣之禮方面要「慎」「戒」「無惰」。他們的這種兄弟情深、宗族互助、待人恭敬的德行，如果沒有父輩的以身作則、言傳身教，再加上書籍缺乏，在當時是很難修養成的。特別是君臣之禮方面，如果不是韋玄成自己經歷過被貶，他也不會意識到其重要性，也就不會有對後代的訓誡，其家族也就可能不會五代享受封國。

在家學方面，一是經學，當時鄒魯地區有諺語「遺子黃金滿籯，不如一經」〔註185〕即是來自韋氏。可見，其家族重視子孫學習經書，韋賢精於《詩》，「兼通《禮》《尚書》」〔註186〕；其子韋玄成「少好學，修父業」〔註187〕，曾論道於石渠，並曾參與國家禮儀制定；其兄子韋賞「明《詩》」；韋彪「雅稱儒宗」；韋著「持《京氏易》《韓詩》」〔註188〕。在五經之中，韋氏世代家傳的首先是《詩》，「韋孟家傳魯國詩」〔註189〕，上有韋孟、下有韋賢、韋玄成、韋賞，並靠其兩代的丞相之位，「由是《魯詩》有韋氏學」〔註190〕，一直到東漢詩學不輟；其次是《禮》，上有韋孟，下有韋賢、韋玄成，「郊廟之制卒成於玄成」〔註191〕。二是作詩。韋孟曾作詩諷諫楚元王，韋賢曾作詩自劾、告誡子孫。他們在內容上都強調先祖的榮耀，如「肅肅我祖」「念其祖考」「赫矣我祖」，在形式上仿照《詩》，四言一句。可見，他們不僅述，而且作；不僅以先輩為榮，勉勵自己、告誡子孫，而且諷諫君王，治家與治國並重。

楊氏世代修歐陽《尚書》，從楊寶、楊震、楊秉、楊賜到楊彪，五代子傳父業，其中除楊寶外，四代位至三公，成為當時少有的世族。楊氏家族除了學業方面的傳承外，在德行方面也有傳承。一廉潔。楊震「性公廉，不受私謁」〔註192〕，不收賄賂、不給後代留財產，其子楊秉「餘祿不入私門」〔註193〕，曾言自己「有三不惑：酒，色，財」〔註194〕。二盡忠。楊震在位曾多

〔註185〕〔漢〕班固：《漢書》卷七十三《韋賢傳》，第3107頁。

〔註186〕〔漢〕班固：《漢書》卷七十三《韋賢傳》第3107頁。

〔註187〕〔漢〕班固：《漢書》卷七十三《韋賢傳》第3108頁。

〔註188〕〔南朝宋〕范曄：《後漢書》卷五十三《徐稚傳》引《謝承書》，第1747頁。

〔註189〕〔明〕于慎行：《穀城山館詩集·贈金陵張文學太初》（卷十三），四庫明人文集叢刊，上海：上海古籍出版社，1993年，第1291～126頁。

〔註190〕〔漢〕班固：《漢書》卷八十八《儒林列傳》第3609頁。

〔註191〕柳宗元：《裴瑾崇豐二陵集禮後序》，《全唐文新編》（第3部，第2冊），周紹良主編，長春：吉林文史出版社，2000年，第6591頁。

〔註192〕〔南朝宋〕范曄：《後漢書》卷五十四《楊震傳》，第1760頁。

〔註193〕〔南朝宋〕范曄：《後漢書》卷五十四《楊震傳》，第1769頁。

〔註194〕〔南朝宋〕范曄：《後漢書》卷五十四《楊震傳》，第1775頁。

次諍諫於君，臨終因感歎自己「疾姦臣狡猾而不能誅，惡嬖女傾亂而不能禁，何面目復見日月」〔註195〕而飲酒自絕；楊秉曾因當時宦官多任用子弟、貪污淫亂叢生而上書；楊賜曾上疏勸誡君要勤務政事，不能好遊。三重志節。他們雖然都有才學，但卻都有過隱居教授的經歷，不願出仕。楊寶「遁逃，不知所處」〔註196〕，楊震五十歲才仕，楊秉四十歲才仕。范曄有贊「楊氏載德，乃世柱國。震畏四知，秉去三惑。賜亦無諱，彪誠匡忒」〔註197〕。這可謂是父輩言傳身教、子輩積極傚仿的結果。如果楊震沒有給子孫留「清白」的思想，其子孫也不會有良好的德行修養。

　　韋氏家族與楊氏家族都是其時代的佼佼者，對子孫的教育也都重才學、重德行，子孫也都謹遵父教，位居高位、代代揚名，但在一些思想上已經有些變化。在對仕途的看法上，韋氏認為入仕是對祖先最大的孝，官職被貶是家族的恥辱；而楊氏本無意於入仕，有隱居教授的想法，但苦於朝廷屢次的徵召，又入職盡忠。與此相應，對於讀經，韋氏將其視為求道兼求職；而楊氏更多地將其視為求道。在忠道上，韋氏要求子孫在禮節上謹慎，既尊君又保己；楊氏要求子孫廉潔，不為己只為氣節。

　　這一點，通觀西漢與東漢所有的士人家訓都可以看到。西漢石奮、東方朔、韋玄成、疏廣、劉向的家訓都是關於仕途的，主旨在於入仕保名、保身；東漢馬援、祭肜、張霸、陳寔、楊震、張奐、酈炎、鄭玄、司馬徽的家訓都是關於德行修養的，主旨在於修善。這說明士人對於教育，在思想上更加理性、自覺，自我意識提高，更加注重個人的內在修養與發展。

　　當然，東漢也不是所有士人都是不願仕、廉潔、盡忠的，反之「凡學仕者，高則望宰相，下則希牧守」〔註198〕「令長守相不思立功，貪殘專恣」〔註199〕是常態。而這正說明楊氏家訓是逆當時世道而行，是對世風的一種矯正。

　　第三，以樊宏為代表的豪族

　　樊氏祖上非儒學世家，樊宏的父親樊重「世善農稼，好貨殖」〔註200〕，

〔註195〕〔南朝宋〕范曄：《後漢書》卷五十四《楊震傳》，第1766頁。

〔註196〕〔南朝宋〕范曄：《後漢書》卷五十四《楊震傳》，第1759頁。

〔註197〕〔南朝宋〕范曄：《後漢書》卷五十四《楊震傳》，第1791頁。

〔註198〕〔南朝宋〕范曄：《後漢書》卷四十五《袁安傳》，第1518頁。

〔註199〕〔漢〕王符著，〔清〕王繼培箋，彭鐸校正：《潛夫論箋校正・考績第七》，北京：中華書局，1985年，第68頁。

〔註200〕〔南朝宋〕范曄：《後漢書》卷三十二《樊宏傳》，第1119頁。

其家產「訾至鉅萬，而賑贍宗族，恩加鄉閭」〔註201〕，是南陽著姓。樊宏時，臨難能團結宗族，自建營壘，保護族人與鄉人。可見，樊氏是東漢的豪族。

這樣的家族有著獨立的經濟、強大的宗族勢力，其對於子孫的教育也是自有一套。樊重時「三世共財，子孫朝夕禮敬，常若公家」〔註202〕，可見其重視對子孫的孝悌禮儀廉恥等德行教育。樊宏時，自己以「謙柔畏慎，不求苟進」〔註203〕為行事原則，並常以此告誡其子孫，希望他們不要貪圖富貴。於是，保身全己成為宗族的處世之道。在這樣的言傳身教下，其子樊儵「謹約有父風」〔註204〕，其孫樊梵「重慎」「宗族染其化，未嘗犯法。」〔註205〕正是因這樣的行為方式，在劉輔招賓客謀亂的事情中，樊儵能得以潔身自保；其宗族能享有五侯〔註206〕。同樣，不遵守父教的子孫也招致了禍患。樊鮪，樊儵的弟弟，曾為其子求婚於楚王劉英的女兒。樊儵聽聞後，告誡他「貴寵過盛，即為禍患，故不為也」〔註207〕，但樊鮪不聽從。後來，劉英謀反的事情敗露，漢明帝念於樊儵曾經謹慎行事、勸誡其弟，才沒有罪及他的子孫，從而樊鮪得以免罪。

樊氏的這種孝悌謹約家訓西漢時期就有。如石奮對其子孫「皆馴行孝謹」，到石慶任丞相時，其子孫為官至二千石者有十三人，可見其家族之興盛。但在石慶死後，子孫對孝悌謹約的家訓不嚴格遵守，家族也隨之衰落。這說明孝悌、謹慎的家訓對維持家族發展、興盛有重要作用。

此外，樊氏開始教子孫修儒學。樊儵曾刪定《公羊嚴氏春秋》，世稱「樊侯學」。樊宏的族曾孫樊準也是「少勵志行，修儒術，以先父產業數百萬讓孤兄子」〔註208〕，曾因不滿社會上儒學的衰落而上疏鄧太后。這有賴於其父輩思想轉變，希望子弟多讀書。可見，樊氏逐漸從非儒學之家轉為儒學之家，從豪族轉為士族。

〔註201〕〔南朝宋〕范曄：《後漢書》卷三十二《樊宏傳》，第1119頁。
〔註202〕〔南朝宋〕范曄：《後漢書》卷三十二《樊宏傳》，第1119頁。
〔註203〕〔南朝宋〕范曄：《後漢書》卷三十二《樊宏傳》，第1121頁。
〔註204〕〔南朝宋〕范曄：《後漢書》卷三十二《樊宏傳》，第1122頁。
〔註205〕〔南朝宋〕范曄：《後漢書》卷三十二《樊宏傳》，第1121頁。
〔註206〕樊宏長羅侯，又封壽長侯，弟樊丹射陽侯，兄子樊尋玄鄉侯，族兄樊忠更父侯。見《後漢書·樊宏傳》卷三十二，注，第1124頁。
〔註207〕〔南朝宋〕范曄：《後漢書》卷三十二《樊宏傳》，第1123頁。
〔註208〕〔南朝宋〕范曄：《後漢書》卷三十二《樊宏傳》第1125頁。

第四，以鄭玄、范滂為代表的儒士

鄭玄、范滂都是生活於東漢中後期，經歷過黨錮之禍的士人。鄭玄一生不願出仕，遍注經緯等書，創立了「鄭學」，自稱一家，在世享有盛譽，「學該古今，儒生之所以集」〔註209〕；范滂被稱為「八顧」之一，意為「能以德行引人者」〔註210〕。二人都經歷了169年的黨錮事件，鄭玄因受杜密牽連被禁十六年，范滂因被視為黨人被殺。他們的這種人生經歷引發了他們對子孫訓誡思想的轉變。

鄭玄的《戒子益恩書》要求一勤儉治家、孝悌和睦族人；二立志修德為君子，如果能有聲名，則更好；三希望家學能有繼承人。他所謂的勤儉，不是富人之家要求不奢侈，而是要勤於農稼、勞作，順應四時，飲食、穿著要儉樸，自力更生；在聲名、仕途方面，希望子孫能有所成就，不願意讓其效法自己不仕。他將訓誡的重點轉向了修身與治家，仕途還是人生理想。

范滂臨終告誡其子「吾欲使汝為惡，則惡不可為；使汝為善，則我不為惡」〔註211〕，在現實中，為善、盡忠反而遭遇殺身之禍，為惡卻又違背了士人的道德原則，有損名節。這實際上引發了士人在政治、社會中為善與為惡、盡忠與保身該如何抉擇的思考與鬥爭。在此之後，士人對為政之道有了新的認識，在治家與治國、保身與治國之間進行權衡，將發展重點放在個體、家庭，以謀求生存之道。

總體而言，士人家訓的發展對家庭、社會的發展都有著積極的影響。家訓的盛行，其實是對國家推行禮樂教化的落實，是對太學等學校教育的補充。

這一時期的家訓維持了家庭和睦、家道興盛、家族成員團結。對於社會來說，這一方面具有安定的作用，為家庭建設樹立了良好的典範，既有經濟層面的內容，也有精神、倫理道德層面的內容，能穩定民心，使其致力於自身家庭事務、重視家庭精神層面建設；另一方面在家國同構的背景下，為治理國家提供了理論支持，要處理好與臣、民的關係，以禮相待，推行仁義，得民心。三是對社會風氣起到良好的矯正作用，特別是在國家衰落、社會混亂時期，體現的更加明顯。但這一時期士人家庭對子孫的德行教育內容已經不

〔註209〕〔晉〕陳壽：《三國志·魏書》卷十六《鄭渾傳》，裴注引張璠《漢紀》，第509頁。
〔註210〕〔南朝宋〕范曄：《後漢書》卷六十七《黨錮列傳》，第2187頁。
〔註211〕〔南朝宋〕范曄：《後漢書》卷六十七《黨錮列傳》，第2207頁。

同於先秦時期儒家倡導的德行，沒有了「朝聞道，夕死可以」〔註212〕的士人精神，沒有了「行己有恥」的道德理性，沒有了「君之視臣如手足，則臣視君如腹心；君之視臣如犬馬，則臣視君如國人；君之視臣如土芥，則臣視君如寇讎」〔註213〕的勇氣，而是在保身、安家的前提下修養君子之道。這是學術與政治相掛鉤、由皇權決定意識形態發展的必然結果。這也是士人理性發展必然經歷的過程，個體的獨立思想讓步於國家權力。即便如此，有識之士在此過程中起碼堅守住了底線，雖不為聖人，但不為害於國、於民。

小結

　　兩漢家訓是家訓發展史上重要的發展階段。訓誡者提高了自身的儒學修養，從而也提高了教育子孫的自覺意識。這一時期的家訓數量增多，家訓內容有一定的普遍意義。與先秦家訓相比，這一時期的家訓重視子孫的社會性發展，強調以德立身，學以入仕，依禮踐行；重視女子對男子的依附性教育；重視士人氣節。

　　這一時期的皇室家訓重視子孫的學習、孝悌禮儀修養和從政能力，重視喪禮，要求節葬。士人家訓重視子孫的德行與學業發展，要求讀《孝經》《論語》，修君子之道，繼承家學，獨立發展，反對依附父輩，反對求仙；重視君臣之禮，強調臣對君的尊重；重視喪禮、祭禮，強調要從儉、薄葬、短喪，並且盛行於士人階層；在為政之道上，有的強調盡忠，有的力求功遂身退。同時，這一時期很重視女訓，強調以四德修身。

　　這些家訓內容是對當時社會儒、道、法思想的一種反映，是對它們的一種實踐。反過來，這些家訓對於當時的社會發展也產生一定影響，一方面間接推動了學術的發展，如《史記》得以成書在一定程度上源於司馬談對司馬遷的臨終訓誡；另一方面有助於改良社會風氣，如漢文帝的儉葬、楊王孫的裸葬影響到當時社會人們的生死觀、喪葬思想，具有榜樣作用，推動了薄葬的盛行；另外重讀書、重德行、重禮制等內容推動了經典的傳承以及儒學、道家思想的普及，特別是儒學思想，同時也提高了人們的人文素養。

　　這一時期的家訓主要還是因事而誡，所以，形式上普遍比較簡短，以家

〔註212〕 〔宋〕朱熹：《四書章句集注·論語集注》，第71頁。
〔註213〕 〔宋〕朱熹：《四書章句集注·孟子集注》，第290頁。

書、遺訓為主。但在具體訓誡方法上，一是開創了訓誡者以親身經歷告誡子孫的方式，如東方朔、韋玄成、劉向等；二是開創了以品議當朝人物為子孫學習對象的方式，如馬援論龍伯高、杜季良；三是重視引用典籍以增強說服力，如孔臧戒子、鄭玄戒子。

這些家訓內容和形式，有的被奉為典型，被後代家訓效法。如在內容上，疏廣的功遂身退之戒、馬援戒兄子勿譏議、楊王孫裸葬〔註214〕等都是如此；在形式上，「其後以自敘手法戒子者，仕宦家族多承自韋玄成，如晉李秉、北魏楊椿者是；不樂仕宦者多承自鄭玄，如陶淵明者是」〔註215〕，馬援品議人物方式被王昶《家誡》所效法。

總體而言，這一時期的家訓在繼承先秦家訓的基礎上將其具體化、現實化，將訓誡的重點放在修身與為政方面，重視個體的生命及其價值，但家訓內容還有待於進一步綜合化、普遍化。

〔註214〕 此後士人對於楊王孫的裸葬有著不同的看法，基本分為兩種：一種認為違背了傳統禮制，另一種認為這是體認到生命的本真，以沐並為代表。但此後士人一般都採取折衷的辦法，儉葬但不裸葬。

〔註215〕 康世昌：《漢魏六朝「家訓」研究》（上），臺北：花木蘭文化出版社，2009年，第69～70頁。

第四章　魏晉南北朝家訓
——成型時期（一）

　　魏晉南北朝時期家訓文獻數量繁多，出現了家訓文獻的彙編；在家訓形式上既有傳統的家書、遺訓，也有專門以「家誡」「家訓」「家儀」命名的文獻，且篇幅較長，甚至以專著的形式出現。家訓內容涉及的方面更加廣泛，在繼承傳統內容的基礎上，更加重視教育，重視保身免禍、才藝學習，重視個人的獨立與自由，重視家族的發展。

　　這一時期的家訓文獻主要見於《三國志》《晉書》《宋書》《南齊書》《梁書》《陳書》《魏書》《北齊書》《周書》《南史》《北史》《世說新語》《弘明集》《金樓子》《先秦漢魏晉南北朝詩》《戒子通錄》等。它們既有來自漢族的，也有來自少數民族的，但前者是主要部分。按照時代的發展，可分為魏晉時期和南北朝時期。另外，這一時期顏氏家族的家訓文獻保存比較完善，內容上具有家族性、傳承性的特點，並且《顏氏家訓》是現存的中國歷史上第一部家訓專著，有著重要意義，所以將其作為一個獨立部分分析。

第一節　魏晉南北朝家訓發展的社會背景

　　公元 196 年，曹操迫漢獻帝遷都許昌，三國開始，先後建立了魏、蜀、吳政權。公元 265 年，司馬炎代魏稱帝，建都洛陽，西晉開始。西晉初期，社會相對安定，國家統一；之後皇室經歷了八王之亂、永嘉之亂，元氣大傷。公元 316 年，晉愍帝投降前趙劉曜，西晉滅亡。此後，中原分裂，司馬氏政

權東移，定都建康，東晉開始；北方則先後出現了五胡十六國。公元 420 年，劉裕廢晉帝自立，建立宋朝；北方則北魏政權逐漸強大，南北朝時代開始。南方經歷了齊、梁、陳政權更替，北方則先分裂為西魏、東魏，後又分別被北周、北齊更替。公元 581 年，楊堅奪取北周政權，統一北方，建立隋朝，並於 589 年滅陳，自此從西晉末開始分裂了 300 多年的南北再度統一。

這一時期政治鬥爭不斷，政權更替頻繁，南北長期分裂，國家不統一，中原與周圍的少數民族交流頻繁。

從政治上說，這一時期皇權勢力衰弱、士族勢力壯大，皇室需要依靠士族的智慧與力量來維持政權，特別是東晉時期，形成門閥政治，呈現「王與馬共天下」的局面，但其仍然是皇權政治，只不過後者是「皇權政治在特殊條件下出現的變態」〔註1〕。在這種情勢下，士族不論是選擇避世，還是與政權不合作的態度，對皇權政治仍然是承認的，所不認同的只是某個政權；並且，士族的發展仍然要依靠皇室的政權。

這一時期由於士人的不斷流動，漢代由宗族鄉黨評議而向中央推薦人才的制度無法繼續實施，政權中人才缺失嚴重。同時，由於各個政權勢力弱小，對世家大族的依附性更加迫切，因此選官制度需要改革。在曹操時代，他為了奪取土地，奠定基業，曾三下舉才令，要求「唯才是舉」，更加注重才能，品行成為次要的，但同時也重用世家名士，如荀彧、王朗、荀悅等。曹丕即位後，魏國處於鞏固統治的時代，開始實行九品中正制。這個制度的目的是「評次人才之高下」，由地方為中央提供用人參考。具體的方式是，在州郡縣由中央任命有聲望的人為大小中正，他們考察士人的背景，一是家世，即家人歷代的仕宦、爵位、經濟情況，二是行狀，即道德、才能情況，三是品，由前二者決定的品級〔註2〕，分為三類九等，一品基本為虛設，二品至三品為上品。這個制度後來逐漸推廣，成為了魏晉南北朝時期主要的選官制度。九品中正制度的設立是「統治階級內部的封建等級表現」〔註3〕，一鞏固了門閥政治，名門望族成為朝政的把持者，二士庶之間等級森嚴，差距越來越大，庶人翻身的機會很小。

〔註1〕田餘慶：《東晉門閥政治》，北京：北京大學出版社，2012 年，第 327 頁。
〔註2〕其最初主要是由行狀決定，家世只是作參考，發展到東晉時期家世、血統成
　　　　為主要的衡量標準。
〔註3〕唐長孺：《魏晉南北朝史論集》，北京：中華書局，2011 年，第 121 頁。

　　社會的激烈動盪，造成人口的大量遷移和死亡。在遷移中，既有中原外的少數民族湧入中原，也有北方的士人、平民遷到南方，不論是仕宦之家還是平民之家，都是如此。這對於個體、家庭和社會的發展都產生了影響。對於個體家庭、家族來說，這一方面使許多個體家庭殘缺不全，夫妻離散、父母與子女陰陽相隔，出現很多孤兒、老無所依者；另一方面使得家族成員更加團結，互相依靠，出現了很多累世同居的大家族。並且，隨著士族的強大，「地方宗族組織對家庭的控制明顯加強，這使得個體家庭被迫同時也需要在更大程度上依附於家族和宗族，無論在政治上還是經濟上，個體家庭的獨立性質較之兩漢時代均明顯減弱。」〔註4〕從個體與社會的角度來說，這一方面促進了南北方、胡漢之間的文化交流，互相影響，另一方面影響到個體的思想、情感、興趣的發展，更加注重言行與生命。

　　在這樣的社會背景下，對個體家庭、家族來說，維持家族的長遠發展、穩定家族的社會地位是第一要務。所以，這一時期的家訓仍然將入仕視為人生追求的目標，更加重視子孫的德行修養與才藝學習，重視家族的管理，強調家族成員的團結與互助。

第二節　魏晉南北朝家訓內容

　　魏晉南北朝時期對胎教思想非常關注，主要見於張華《博物志》〔註5〕、徐之才「逐月看胎法」〔註6〕。張華的《博物志》繼承了古代胎教思想，要求胎教要正，但由於深受讖緯思想影響有很多讖緯理論。他對胎教理論本身提出了質疑，「《異說》云：瞽叟夫婦凶頑而生舜。叔梁紇，淫夫也，徵在失行也，加又野合而生仲尼。其在有胎教也？」〔註7〕舜、孔子都是有德行的人，但其父母卻不是。那麼胎教是否有意義？這只能說明胎教有助於孩子未來的成長，但孩子的成長狀況不是胎教所能決定的。徐之才的「逐月看胎方」，從中醫學的角度，分析了女子懷胎十月中每個月胎兒的發育狀況，「妊娠一月始胚，二月始

〔註4〕王利華著：《中國家庭史》（第一卷），第437頁。
〔註5〕現存《博物志》不是張華的原著本，有很多闕佚，且斷亂不成章。現有范甯：《博物志校證》，北京：中華書局，1980年。
〔註6〕現存於孫思邈《備急千金要方》。見李景榮等校釋：《備急千金要方校釋》，北京：人民衛生出版社，1998年。
〔註7〕范甯：《博物志校證》，第109～110頁。

膏，三月始胞，四月形體成，五月能動，六月筋骨立，七月毛髮生，八月藏腑具，九月谷氣入胃，十月諸神備，日滿即產矣，宜服滑胎藥，入月即服」〔註8〕，及相應的女子妊娠期間的生理反應，並針對每個月的具體狀況制定了相應的飲食要求、行為限制、藥物調理。這是對馬王堆帛書中的《胎產書》理論的發展。

一、魏晉皇室和士人家訓內容

這一時期產生了很多家訓文獻，除了傳統的家書、遺訓外，出現了以「家誡」命名的文獻，並且篇幅都比較長，涉及方面也很廣，以王昶《家誡》、嵇康《家誡》為代表。皇室家訓主要在三國時期，都比較簡短；士人家訓是主要部分。由於二者在內容方面相似度比較高，所以將二者一併論述。

1. 修己守慎，保身免禍

第一，慎酒

這一時期的酒文化，一方面受道教思想影響，認為酒可以養生；另一方面在複雜的政治鬥爭下，飲酒是情感的一種發洩方式，如曹操曾言「何以解憂，唯有杜康」〔註9〕；此外，還是一種需要謹慎的禮儀文化。士人在告誡子孫時也都特別注意這一點，如王肅《家戒》，嵇康《家誡》，諸葛亮《誡子書》，李暠《手令誡諸子》都涉及到了，論述也都有理有據。

他們一方面肯定酒對於人的身體、精神的作用，允許子孫飲酒，如王肅「夫酒所以行禮，養性命，為歡樂也」〔註10〕，諸葛亮「夫酒之設，合禮致情，適體歸性。禮終而退，此和之至也」〔註11〕。另一方面訓誡子孫飲酒過量會招致禍患，需要謹慎而為。如王肅告誡家人「凡為主人，飲客使有酒色而已，無使至醉。若為人所強，必退席長跪，稱父戒以辭之。敬仲辭君，而況於人乎！為客又不得唱造酒史也，若為人所屬下坐行酒，隨其多少，犯令行罰，示有酒而已，無使多也」〔註12〕。嵇康告誡其子一是「自非知舊鄰比，庶幾已下，欲請呼者，當辭以他故勿往也」〔註13〕，二是「不須離摟，強勸

〔註8〕 李景榮等校釋：《備急千金要方校釋》，北京：人民衛生出版社，1998年，第31頁。
〔註9〕 〔三國〕曹操：《曹操集》，北京：中華書局，1974年，第8頁。
〔註10〕 〔唐〕歐陽詢撰，汪紹楹校：《藝文類聚》卷二十三，第419頁。
〔註11〕 〔蜀〕諸葛亮著，段熙仲，聞旭初編：《諸葛亮集》，北京：中華書局，1960年，第28頁。
〔註12〕 〔唐〕歐陽詢撰，汪紹楹校：《藝文類聚》卷二十三，第419頁。
〔註13〕 戴明揚：《嵇康集校注》，北京：中華書局，2014年，第546頁。

人酒，不飲自已。若人來勸己，輒當為持之，勿請勿逆也，見醉薰薰便止，慎不當至困醉，不能自裁也。」〔註14〕

　　第二，立志讀書

　　這一時期的家訓重視對子孫的立志教育，包括志向、意志兩個方面，並將其作為個體實踐活動的基礎，以諸葛亮《誡子書》、《誡外甥書》，嵇康《家誡》為代表，前者重在志向，後者重在意志。

　　諸葛亮告誡晚輩樹立志向一要高遠，不能止於眼前；二要堅定，不能屈服於俗世。具體來說，就是要求心存淡泊，以靜修身，戒淫亂、散漫、浮躁，「慕先賢，絕情慾，棄凝滯，使庶幾之志，揭然有所存，惻然有所感；忍屈伸，去細碎，廣諮問，除嫌吝」〔註15〕，以先賢為效法對象，抑制情感、欲望，拋棄疑慮，忍受榮辱，去除雜念，廣泛請教，戒除不滿與怨恨。三志向與學習、才華有密切關係。「非學無以廣才，非志無以成學」〔註16〕，志向是學習、讀書的動力，而學習才能有廣博的才華，有才華從而能投身於社會，有所作為。否則，人生就隨時間而流逝卻無所成就。

　　嵇康《家誡》全篇以「志」為主題，「人無志，非人也」〔註17〕，將意志看作人存在的根本。他認為，一「若志之所之，則口與心誓，守死無二，恥躬不逮，期於必濟」〔註18〕，人在決定了去做的事之後，在意識上不能有一絲鬆懈，這是基本原則。否則，人會被外物或內心的欲望所刺激，從而引起內心的鬥爭，這樣做事可能會半途而廢。二守志的最佳方法，「無心守之，安而體之，若自然也」〔註19〕。即抑制情慾，心無雜念，專於一事，像自己如此。這裡有著嵇康玄學思想的印跡。三效法意志堅強的賢人，如伯夷、叔齊、蘇武之守節，柳下惠之守信，申包胥之「哭秦庭」。他們雖然目的不同，但都是靠自己堅定的意志才實現自己的追求。四在行動上，秉志而為，不能任性，不能隨波逐流。如對待長官要恭敬，但不能與之交往親密；面對他人的批評，應該考察其所言之理是否充足，不充足則不予聽從，合理則要接受，不要因

〔註14〕戴明揚將缺字補為「被酒必大傷，志慮」。見戴明揚：《嵇康集校注》，北京：中華書局，2014年，第547頁。
〔註15〕〔蜀〕諸葛亮著，段熙仲，聞旭初編：《諸葛亮集》，第28頁。
〔註16〕〔蜀〕諸葛亮著，段熙仲，聞旭初編：《諸葛亮集》，第28頁。
〔註17〕戴明揚：《嵇康集校注》，第544頁。
〔註18〕戴明揚：《嵇康集校注》，第544頁。
〔註19〕戴明揚：《嵇康集校注》，第544頁。

覺得羞辱而非難對方。總之，做人要有獨立的意志，獨立思考，擇善而為，有目的、有計劃地行動，並且要為之堅持到底。

關於讀書，這一時期也不同於漢代只讀經書，而是經學、諸子典籍都有，既有禮法修身的，也有研究歷史、戰爭、法治的。劉備曾告誡其子「可讀《漢書》《禮記》，間暇歷觀諸子及《六韜》《商君書》，益人意智」〔註20〕，前者是為了修身、治國，後者是為了開闊人的視野，增益智慧。李暠告誡其子「古今成敗，不可不知，退朝之暇，念觀典籍，面牆而立，不成人也」〔註21〕。在讀書方法上，王昶引用《論語》中孔子弟子闕里的例子，告誡其子「大雅君子惡速成，戒闕黨也」〔註22〕，學習要循序漸進，不能急於求成。

此外，曹操也曾勉勵其子曹植，年輕要有所作為；李暠告誡其子在年輕時「若能克己纂修，比之古人，亦可以當事業矣」〔註23〕，否則到年老時一生都無所成；皇甫謐母親告誡他要勤於讀書、修道，這是立身之本。

從這些訓誡中可知，這一時期的家訓重視個體的人生意義與價值，並且有著實踐方法，但有一定的玄理性。

第三，謹慎言行

在這一時期複雜的政治形勢下，士族之間的權力鬥爭激烈，士人之間互相猜忌、告發，由此皇帝大開殺戒，造成「魏晉之際，天下多故，名士少有全者」〔註24〕的現象；而九品中正制度的實行，品鑒人物之風隨之興起，褒貶是非充斥，從而引起士人升降、禍福並存。在這種狀況下，士人繼承前代思想，訓誡子孫在言行方面保持高度警惕，避免被他人告發、嫉恨，但在具體內容上特別重視要謹慎品議他人以及他人的評議，以王昶《家誡》，稽康《家誡》為代表。

謹慎言行的基本原則一是「言思乃出，行詳乃動」〔註25〕，不能情感用事；二是「言則忠信，行則篤敬」〔註26〕，由內而外，由德而禮，二者是避

〔註20〕〔晉〕陳壽：《三國志·蜀書》卷三十二《先主傳》，北京：中華書局，第891頁。

〔註21〕〔唐〕房玄齡：《晉書》卷八十七《涼武昭王李玄盛傳》，第2262頁。

〔註22〕〔晉〕陳壽：《三國志·魏書》卷二十七《王昶傳》，第745頁。

〔註23〕〔唐〕房玄齡：《晉書》卷八十七《涼武昭王李玄盛傳》，第2262頁。

〔註24〕〔唐〕房玄齡：《晉書》卷四十九《阮籍傳》，北京：中華書局，1974年，第1360頁。

〔註25〕〔唐〕歐陽詢撰，汪紹楹校：《藝文類聚》卷二十三，第423頁。

〔註26〕〔唐〕歐陽詢撰，汪紹楹校：《藝文類聚》卷二十三，第423頁。

免是非、誹謗的要領。具體來說，就言而言，就是要謹慎毀譽他人、反思他人毀譽、不自誇、不掩人；就行而言，就是要恭敬、謙和、寬恕、能忍屈伸、戒驕奢、為善。

王昶訓誡子孫，品議他人是「愛惡之原而禍福之機也，是以聖人慎之」〔註27〕。具體來說，稱譽對方要有所依據，最好是有親身實踐，不能妄加言說；聽聞他人的不好之處，要謹記馬援之戒，不要隨處言說。如果他人對自己有議論、詆毀自己，則應該「退而求之於身」，將其作為一個反省自身的機會，有則改之；不要因此而反攻對方。另外，在他人面前，特別是在長輩、尊者面前，要以范丐被打、三郤被滅為借鑒，不要自誇，要謙讓對方，否則「掩人者人亦掩之，陵人者人亦陵之」〔註28〕，遲早會遭到他人的報復。總之，要慎言、謙卑，避免與人起爭執，貫徹道家「屈以為伸，讓以為得，弱以為強」〔註29〕的處世觀念，否則輕則會招來他人的流言蜚語，重則招致入刑、傷害性命。姚信、羊祜、李秉也曾這樣告誡子孫。

嵇康告誡其子「夫言語，君子之機。機動物應，則是非之形著矣，故不可不慎」〔註30〕。所以，一在言與不言之間要慎重選擇，因為言與意二者不是完全相合的。如果所用言辭無法完全、正確表達自己所想，可能就會有過失，則應該忍而不言。二是「非義不言，詳靜敬道」〔註31〕，所言要符合正道，符合君子風格。不參與無關於大是大非的討論，不隨便評議、附和他人是非，不言自己所避諱的事。如果他人強迫自己要知道，並且其所言「邪險」，則應該「以道義正之」。總之，如有所言，必定是經過獨立思考、合乎道義、可以明白表達自己思想的。

德行方面既有來自皇室的告誡，也有來自世家大族的士人告誡。一是恭敬有禮。如文德郭皇后、中山王曹袞都曾告誡子孫，雖身為皇親國戚，但不能為所欲為，反而應該遵守禮儀，戒驕奢，否則自身難保。殷褒告誡其子不要「彈射世俗」，為人處世要謙虛、恭順，「先人後己，恂恂如也」〔註32〕。陶淵明的《命子詩》告誡長子儼要以子思為榜樣，「溫恭朝夕」，時刻警惕自

〔註27〕〔晉〕陳壽：《三國志‧魏書》卷二十七《王昶傳》，第745頁。
〔註28〕〔晉〕陳壽：《三國志‧魏書》卷二十七《王昶傳》，第745頁。
〔註29〕〔晉〕陳壽：《三國志‧魏書》卷二十七《王昶傳》，第745頁。
〔註30〕戴明揚：《嵇康集校注》，第545頁。
〔註31〕戴明揚：《嵇康集校注》，第545頁。
〔註32〕〔唐〕歐陽詢撰，汪紹楹校：《藝文類聚》卷二十三，第424頁。

己的行為。二是為善去惡。如劉備臨終告誡其子為善去惡,「勿以惡小而為之,勿以善小而不為」〔註33〕,以賢德立身。王修告誡其子與人交往「務在恕之」,要寬以待人。嵇康告誡其子,在行動上不要拘泥於小義,要做大義、大謙、大讓之事,如「臨朝讓官,臨義讓生」〔註34〕,這樣才是君子之行。王祥告誡其子「推美引過,德之至也」〔註35〕,將美事給予他人、自己承擔過錯是大德,是個人立身的基礎之一。在《昆弟誥》中,夏侯湛、夏侯瞻等兄弟也都認為要以仁義修身,由內而外,並且要勤奮、努力踐行。三是克己去執。謝混在《誡族子詩》中針對家族兄弟的特點進行了專門的勸誡,要求謝靈運「加繩染功」,注重約束自己的行為;要謝晦「去方執」,善於採納他人的觀點;要謝曜「質勝誡無文」,注重自己的操守;要謝瞻「抑用解偏吝」,去除偏執。四是待人和氣。向郎告誡其子與人相處,不論是家人、族人、同僚,要「守和」,不要為利祿而爭執。總之,在德行方面,這一時期的家訓要求恭敬、和睦、行善去惡。

第四,師從賢人,守節全身

這一時期的家訓所要求效法的人,除了有才華外,在德行方面,選擇既能堅持自己的志節,又能與人相處和睦,不非議他人,可以全身免禍的,以王昶《家誡》、杜恕《家戒》為代表。

王昶在《家誡》中言「務學於師友」是先人歷代傳下的傳統。他要求子孫一不要學習伯夷、叔齊、介子推之類。雖然他們的行為有著抑制貪婪、糾正風俗的社會作用,對後世影響很大,但這是以犧牲生命為代價的,與儒家先人「身之髮膚,受之父母,不敢毀傷」〔註36〕的思想相違背的。二不要學習郭奕、劉楨之類,可能會招致禍患。他們雖然博學有才華,但心胸不寬廣。郭氏品鑒人物,褒貶過分,待人貴賤有別;劉氏性行不一,很少有所拘謹顧忌,這樣很容易招致別人的非議,從而危及到性命。三要學習徐幹、任嘏之類,於己有節,與人和氣,可以免禍保身。徐幹「不治名高,不求苟得,澹然自守,惟道是務。其有所是非,則託古人以見其意,當時無所褒貶」〔註37〕,任嘏「淳粹履道,內敏外恕,推遜恭讓,處不避洿,怯而義勇,在朝

〔註33〕〔晉〕陳壽:《三國志‧蜀書》卷三十二《先主傳》,第891頁。
〔註34〕戴明揚:《嵇康集校注》,第546頁。
〔註35〕〔唐〕房玄齡:《晉書》卷三十三《王祥傳》,第989頁。
〔註36〕《孝經正義‧開宗明義章》,第4頁。
〔註37〕〔晉〕陳壽:《三國志‧魏書》卷二十七《王昶傳》,第746頁。

忘身」〔註38〕，有操守，行正道，這樣不會被人抓住把柄。

杜恕在《家戒》中告誡其子要向張閣學習。他「視之似鄙樸人，然其心中不知天地間何者為美，何者為好，敦然似與陰陽合德者」〔註39〕，看著粗俗、質樸，才德平庸，沒有審美、辨別能力，但實際上這是由內而外、體悟到道境的人，抑制了自己的情慾，不爭名利，不評論人物是非，淡然應對。這樣雖然不可能大富大貴，以名顯世，但能免禍保身。

此外，如王修要求子孫「欲令見舉動之宜，效高人遠節」〔註40〕，諸葛亮要求子孫立志「慕先賢」，嵇康以「若夫申胥之長吟，夷齊之全潔，展季之執信，蘇武之守節」〔註41〕戒子守志，司馬越認為在修身習禮方面「學之所益者淺，體之所安者深」〔註42〕，要求其子在行為舉止方面效法王承〔註43〕，也都是如此。

這些家訓都是繼承自馬援家訓的行文風格，列舉具體人物為效法對象，並以此類推。不同的是，這些人物都是深受儒、玄思想影響，在行為處世上既實踐著儒家的禮教，又以道家的自然涵養自我。但具體到個別人物還是有些區別，如對伯夷、叔齊的行為，王昶與嵇康的態度是不同的，前者以保身為第一要務，後者更重視個人的獨立思想。

第五，戒朋黨，交賢人

這一時期政治不統一，很多諸侯王、士人想相互結交，借機謀反，奪取政權。對此，這一時期的家訓告誡子孫要戒朋黨，免彼此之患。

魏明帝曹叡在位時，各地諸侯王常常相互交結，明帝下詔書告誡他們要謹守「克己復禮」之道，做事要謹慎、恭敬，不要相互交結，要知錯就改。王修告誡其子要警惕周圍的人，「善否之要，在此際也。」〔註44〕劉廙告誡其弟不

〔註38〕〔晉〕陳壽：《三國志·魏書》卷二十七《王昶傳》，第746頁。
〔註39〕〔晉〕陳壽：《三國志·魏書》卷十一《邴原傳》，第354頁。
〔註40〕〔唐〕歐陽詢撰，汪紹楹校：《藝文類聚》卷二十三，第423頁。
〔註41〕戴明揚：《嵇康集校注》，第544頁。
〔註42〕〔唐〕房玄齡：《晉書》卷七十五《王承傳》，第1960頁。
〔註43〕王承，《晉書·列傳第四十五》記載其「字安期，清虛寡欲，無所修尚。理辯物，但明其指要而不飾文辭，有識者服其約而能通。弱冠知名。」「承少有重譽，而推誠接物，盡弘恕之理，故眾咸親愛焉。」《梁書·列傳第三十五》記載其「時膏腴貴遊，咸以文學相尚，罕以經術為業，惟承獨好之，發言吐論，造次儒者。在學訓諸生，述《禮》、《易》義。」
〔註44〕〔唐〕歐陽詢撰，汪紹楹校：《藝文類聚》卷二十三，第423頁。

要與魏諷交往，王昶告誡其子要注意識別魏諷、曹偉〔註45〕這種「虛偽之人」，因為他們「言不根道，行不顧言」〔註46〕「不修德行，而專以鳩合為務，華而不實，此直攬世沽名者也」〔註47〕，言行不符合君子之風，對君不忠，有言無信。潘濬責備其子不應與投降了的宿敵交往，提供糧餉，而是「當念恭順，親賢慕善」〔註48〕。辛毗曾因其子勸誡他與寵臣交往，而反教育其子「吾之立身，自有本末……焉有大丈夫欲為公而毀其高節者邪」〔註49〕，士人要有氣節。

第六，富貴名利，知止知足

這一時期一方面承繼東漢，奢侈之風盛行；另一方面九品中正制度的實行使得富貴掌握在世家大族的手中，依附權勢成為進入仕途、求取聲名的捷徑。這與傳統儒家的君子作風相違背，所以士人告誡子孫，富貴、名利是人所想追求的，但要知足、謹慎，取之有道。

王昶告誡子孫，富貴、聲名要取之有道，如果不合於道，則「得而不處」；並且要學習道家「知足之足，常足矣」〔註50〕的思想，抑制自己的情慾，不以多為善，否則「知進而不知退，知欲而不知足，故有困辱之累，悔吝之諮」〔註51〕，會遭遇困境和侮辱、禍患。將其應用於政途上，就是要求子孫以樂毅、張良等為榜樣，懂得功遂身退，退而不顯耀其功。陸景告誡其子，雖然「富貴，天下之至榮；位勢，人情之所趨」〔註52〕，但自古至今很多人因此失身，根本原因是「持之失德，守之背道」〔註53〕，過於貪心，不知處滿誡盈，適可而止，並以張良、范蠡、蕭何為例說明識時務者可保身全名。

2. 齊家有道，互幫互濟

關於治家，這一時期主要包括四個方面，一是以儒家所倡導的孝悌作為

〔註45〕《世說新語》記載：山陽曹偉，素有才名，聞吳王稱藩，以白衣與吳王交書求賂，欲以交結京師，帝聞而誅之。

〔註46〕〔晉〕陳壽：《三國志‧魏書》卷二十七《王昶傳》，第746頁。

〔註47〕〔晉〕陳壽：《三國志‧魏書》卷二十一《劉廙傳》，第616頁。建安二十四年，魏國發生了叛亂，魏諷、陳煒等人企圖聯合突襲鄴城，奪取曹魏政權，但因陳煒告發曹丕，事情敗露，牽連者數十名士被殺。這事對當時的士人影響很大。

〔註48〕〔晉〕陳壽：《三國志‧吳書》卷六十一《潘濬傳》，第1399頁。

〔註49〕〔晉〕陳壽：《三國志‧魏書》卷二十五《辛毗傳》，第698頁。

〔註50〕樓宇烈校釋：《老子道德經注校釋》，第21頁。

〔註51〕〔晉〕陳壽：《三國志‧魏書》卷二十七《王昶傳》，第745頁。

〔註52〕〔唐〕歐陽詢撰，汪紹楹校：《藝文類聚》卷二十三，第423頁。

〔註53〕〔唐〕歐陽詢撰，汪紹楹校：《藝文類聚》卷二十三，第423頁。

個人立身之本，特別是兄弟之情；二是持家要勤儉節約，不能奢侈；三是互幫互助，對族人、鄉黨要有義，不能吝嗇錢財，四是終制節葬短喪。

曹操將孝作為考察子孫德行與能力的重要方面，內容之一是「不違吾命」，要求諸子謹遵父令，不得擅自行動。曹袞告誡其子「事兄以敬，恤弟以慈；兄弟有不良之行，當造膝諫之。諫之不從，流涕喻之；喻之不改，乃白其母。若猶不改，當以奏聞，並辭國土」〔註54〕，可見其重視友悌，希望用情感與道理勉勵家人改過。他還要求由家人推及他人，對老者、長輩要以禮相待，不能自傲、奢侈。王昶訓誡子孫「夫人為子之道，莫大於寶身全行，以顯父母」〔註55〕，將全身、有德、有名視為子孫對父母盡孝。其中，孝悌仁義作為基本德目是立身、實踐的基礎，孝悌是限於宗族之內，仁義是從宗族推演到鄉黨，這樣內有德外有名。王祥告誡其子，孝的最高境界是「揚名顯親」，悌的最高境界是「兄弟怡怡，宗族欣欣」〔註56〕。

關於持家，曹操在《內戒令》中以身作則，為家人作表率，要求家人持家要節儉，所穿的衣服、所用的器具、香火等都要樸素，不能追求奢華。

關於家庭財產，這一時期的家訓倡導兄弟、宗族、鄰人之間要互相幫助、互相救濟。王昶戒子「積而不能散，則有鄙吝之累；積而好奢，則有驕上之罪」〔註57〕，有錢財太吝嗇卻不幫助族人、鄉黨，或生活過於奢侈，都會遭遇禍患，小者止於自身，大者則波及家人。嵇康告誡其子修養不能只止於自身，而是要對周圍環境有所觀察，「若見窮乏而有可以賑濟者，便見義而作」〔註58〕；如果他人對自己有所求，則需要權衡義利，義大於利，即可行，義小於利，則堅決拒絕，不能由情亂志。王祥將讓財作為個體立身之本之一。陶淵明在《與子儼等疏》中戒諸子，雖然是同父異母，但要效法古人，要有兄弟情誼，同居共財，互相幫助，保有操守。

另外，還提到教育問題。曹丕戒子「父母於子，雖肝腸腐爛，為其掩避，不欲使鄉黨士友聞其罪過。然行之不改，久矣人自知之。用此任官，不亦難乎？」〔註59〕反對父為子掩蓋罪過。潘岳作《家風詩》：

〔註54〕〔晉〕陳壽：《三國志・魏書》卷二十《中山恭王袞傳》，第584頁。
〔註55〕〔晉〕陳壽：《三國志・魏書》卷二十七《王昶傳》，第745頁。
〔註56〕〔唐〕房玄齡：《晉書》卷三十三《王祥傳》，第989頁。
〔註57〕〔唐〕歐陽詢撰，汪紹楹校：《藝文類聚》卷二十三，第419頁。
〔註58〕戴明揚：《嵇康集校注》，第545頁。
〔註59〕夏劍欽，王巽齋校點：《太平御覽》卷四百五十九（第四冊），第802頁。

縮髮縮髮，髮亦鬐止。日祗日祗，敬亦慎止。

靡專靡有，受之父母。鳴鶴匪和，析薪弗荷。

隱憂孔疚，我堂靡構。義方既訓，家道穎穎。

豈敢荒寧，一日三省。〔註60〕

這首詩勉勵潘氏子孫要謹遵祖輩的教訓，要愛惜身體、為官謹慎、娶妻有禮，傳承良好的家風，這樣家族才會興盛，家道不墜。

關於終制，這一時期仍然倡導節葬短喪，上至王室，下至士人，如三國時期曹操、曹丕、韓暨、裴潛、沐并、郝昭、王觀、譙周，兩晉時期晉明帝司馬紹、安平王司馬孚、王祥、石苞、庾峻、杜預、皇甫謐、杜夷，十六國慕容垂、張軌、張茂、石勒等。但在具體內容上，他們有其特點：一殯殮、棺材等力求儉樸，哭喪、飲食也都有節制，不能傷身，不能耽誤政事。如曹操、石勒要求埋葬後即可脫去喪服，官吏、守衛的士兵都各守其職，不要離職，司馬孚要求素棺、單槨，韓暨要求裝殮的衣服穿戴好即可埋葬，沐並要求事先挖好墓地，絕氣之後將屍體放入墓地即可，不允許哭泣、不允許婦女哭喪、不允許賓客弔祭、不讓設粟米祭奠。二葬即藏，要求墓處貧瘠之地，不封不樹，墓內以瓦器陪葬，不須用金銀珠寶等貴重東西，以防被挖掘，如曹操、曹丕、韓暨、裴潛、王觀、石苞等都是如此要求。曹丕還要求在墓地內不要設寢殿、園邑、神道，皇甫謐則要求以《孝經》陪葬，以示不忘孝道。三與妻妾不共葬，如曹丕要求皇后、貴人等人死後埋葬時，與其墓地相隔一澗。另外，還有一些涉及到因祖墓遙遠死後安葬的問題，如郝昭告誡其子，死後不一定要葬於祖墓，「東西南北，在汝而已」〔註61〕；譙周則要求死後要歸祖墓，但只用輕棺即可；對於死後君主的賞賜，如譙周要求處理完喪事後退還於君。

需要注意的是，沐並的終制是效法楊王孫的裸葬而作，他認為棺槨、衣服都是對屍體的纏繞、桎梏；皇甫謐本來想效法楊王孫裸葬，但囿於世俗人情，要求用蘧蒢裹屍親土。這一方面是因為當時政治不清明，社會教化衰落，厚葬之風盛行，盜墓現象頻發；另一方面是因為他們深受道家思想影響，認為生死是天地間的自然之理，死後歸土是生命返回其真實的狀態。

〔註60〕逯欽立輯校：《先秦漢魏晉南北朝詩·晉詩》，北京：中華書局，1983年，第627頁。

〔註61〕〔晉〕陳壽：《三國志·魏書》卷三《明帝紀》，第94頁。

3. 為政依理，公私分明

第一，為公忘私

在官場中，有的人將朝廷中未公布的事情告訴他人，以借機拉攏同僚、讓他人念自己的恩情，但有的士人則堅決反對這樣做。荀勗曾在朝廷中參與制定詔令之事，但他始終不與他人講，以免他人知道自己早已知道。他以此告誡其子「人臣不密則失身，樹私則背公，是大戒也」〔註62〕，做人臣要言密，不能隨便洩露朝廷之事，不能為了人情、私恩而違背朝廷之公，否則會引來失身之禍。陶侃為縣吏，監管魚梁時曾送給母親一罐醃魚，他母親因此責備他不應因私背公，將官物給予親人。虞譚在守衛吳興擊退蘇峻之亂時，母親告誡他要捨生取義，不要擔心無法對母親盡孝道。

第二，依理而行

這是皇室對子孫的要求。李暠在遷都酒泉之時作《手令誡諸子》告誡其子，身為人君，不能隨情而動，要善於知人、用人，做事要公平合理。具體來說，「喜怒必思，愛而知惡，憎而知善」〔註63〕，對人要有比較全面的瞭解；對於他人的言論，不能隨便相信，要善於調查、核實；要親近忠正之人，遠離阿諛之人；不要妄斷，要善於諮詢他人，從善去惡；對於朝廷的臣子要恭敬有禮。此外，要善待老人、孤寡之人，瞭解民間疾苦；賞罰要公平，不能漏親、疏遠；處理刑獄案件，要以理為準繩，善於傾聽他人的訴訟；告誡左右人不要仗勢作威作福；要計近慮遠。

總之，這一時期的家訓重視人的理性發展，要求以志立身，既要有人生志向，也要有堅定的意志，有行為原則，自己決定應該做的與不應該做的；要求抑制個人情慾，止於知足，謹慎言行，注重保身免禍。同時，他們也很重視家庭文化建設，要求行孝悌，勤儉持家，關心族人、鄰人；對於政途，則要求盡忠於君，公私分明。從形式上說，他們的論述有理有據，內含著對當時社會現象的深刻認識和對歷史的借鑒，有一定的玄理性，並將家人間的情感寄予其中。

二、南北朝皇室和士人家訓內容

這一時期皇室家訓和士人家訓都很豐富。文獻方面，一是出現了家訓文

〔註62〕　〔唐〕房玄齡：《晉書》卷三十九《荀勗傳》，第 1157 頁。
〔註63〕　〔唐〕房玄齡：《晉書》卷八十七《涼武昭王李玄盛傳》，第 2262 頁。

獻彙編，《金樓子》的《戒子篇》收集了從漢代東方朔到晉代的家訓文獻；二是出現了規範家庭禮儀的家訓文獻，如徐爰《家儀》。訓誡的內容也更加廣泛，重視個人的才藝學習，重視家庭的信仰。

1. 修德求學

這一時期主要關注生活、德行、讀書。其中，生活方面涉及到衣食住行，德行修養方面涉及到樹立志向、尊禮、謙卑、清約、戒驕戒奢，讀書方面涉及到經史諸子之學、詩歌創作。

第一，生活節制

這一時期的家訓有很多生活方面的告誡，涉及到衣食住行、享樂。飲食方面主要是要求節制飲酒。宋代在劉義康被廢後，劉義季長夜飲酒，宋文帝曾兩次下詔告誡他「此非唯傷事業，亦自損性命」〔註64〕，並以蘇徹、晉元帝聽勸誡酒為例，要求他自勉，節制飲酒，否則會喪命。

就穿著、住行方面，宋文帝在《誡江夏王義恭書》中告誡劉義恭每個月的花費不可超過三十萬，能節省則更好，所住的府舍、園池沒有必要翻修以求日新月異，左右的嬪侍沒有必要再納新人。在享樂方面，宋文帝告誡他「聲樂嬉遊，不宜令過；蒲酒漁獵，一切勿為。供用奉身，皆有節度，奇服異器，不宜興長」〔註65〕，音樂、歌唱、遊玩都要節制，賭博、飲酒、打漁、狩獵之事都不要做，不要追求奇裝異服、珠寶玩器。齊武帝蕭賾也曾責備蕭子卿違背制度，生活過度奢侈，做玳瑁、純銀乘具，用金箔裹箭尾，要求他「速壞去。凡諸服章，自今不啟吾知復專輒作者，後有所聞，當復得痛杖」〔註66〕。北周武帝宇文邕在遺詔中說，「朕平生居處，每存菲薄，非直以訓子孫，亦乃本心所好」〔註67〕，可見他平時要求子孫節儉。梁元帝《金樓子》曾引用向朗之言「酒酌之設，可樂而不可嗜；聲樂之會，可簡而不可違；淫華怪飾，奇服麗食，慎毋為也」〔註68〕戒子。

〔註64〕〔梁〕沈約：《宋書》卷六十一《衡陽文王義季傳》，第 1654 頁。

〔註65〕〔梁〕沈約：《宋書》卷六十一《江夏文獻王義恭傳》，第 1642 頁。

〔註66〕〔梁〕蕭子顯：《南齊書》卷四十《廬陵王子卿傳》，北京：中華書局，1972 年，第 703 頁。

〔註67〕〔唐〕令狐德棻：《周書》卷六《武帝紀下》，北京：中華書局，1971 年，第 107 頁。

〔註68〕〔梁〕蕭繹撰，許逸民校箋：《金樓子校箋》（上）（卷五），北京：中華書局，2011 年，第 494 頁。

第二，立志修德

這一時期，人們認識到「性之所滯，其欲必行；意所不在，從物回改」〔註69〕，性情凝滯、意志不堅定會縱容自己的欲望、隨著事物變更，從而不利於做好自己的本職工作，不利於成就事業。所以，他們要求子孫要立志，既要有志向，也要有意志；要修養德行，尊禮、有度、節制、清約，抑制暴躁、狹隘、驕奢的性情。

宋文帝認為劉義恭「性褊急」，要求他樹立保衛家國的志向，敢於擔當重任，以告慰先人；要以古人為鑒，在行為處事方面要心胸開闊，以禮待人，戒驕奢，「禮賢下士，聖人垂訓；驕侈矜尚，先哲所去。豁達大度，漢祖之德；猜忌褊急，魏武之累……西門、安於，矯性齊美；關羽、張飛，任偏同弊。」〔註70〕

梁朝蕭嶷對其子也有這樣的告誡，要求他以漢代皇室諸侯王子孫因驕傲放縱招致殺身滅族為鑒，不要仗著身為皇室家族的子孫而驕縱、奢侈，不懂得節儉；要求他們各自進修才華，「勤學行，守基業，治閨庭，尚閒素」〔註71〕，勤於學習、實踐，保守祖宗家業，崇尚悠閒清靜。

北魏孝文帝告誡拓跋干身為皇室之人要自勵，「當聿修厥德，光崇有魏，深思遠圖，如深履薄」〔註72〕，修養德行，謹慎行事，有長遠考慮，肩負起治理國家重任。他在拓跋恂二十歲行冠禮時告誡他，「夫冠禮表之百代，所以正容體，齊顏色，順辭令。容體正，顏色齊，辭令順。故能正君臣，親父子，和長幼」〔註73〕，冠禮意味著成人，穿著、容貌、言行舉止都要有規範，合乎禮制，這樣才能處理好與家人、君臣的關係；並且用「元道」為其字，希望他時時謹誡自身，追尋人道。他還告誡拓跋楨身為皇室之人，在行為舉止方面要謹慎，「一者恃親驕矜，違禮僭度；二者傲慢貪奢，不恤政事；三者飲酒遊逸，不擇交友」〔註74〕，不能仗著皇親驕縱，違背禮儀、僭越法度，不能貪婪、奢侈，而不顧政事，不能嗜好飲酒、遊樂、安逸，交友要有所選擇，這樣才能免除禍患。

這些訓誡都是出自皇室家族。此外，這些內容在一般的士人大家族中也存在，如王僧虔、徐勉、源賀、楊椿、魏收、崔㧑對子孫也都有這樣的訓誡。

〔註69〕〔梁〕沈約：《宋書》卷六十一《江夏文獻王義恭傳》，第1641頁。

〔註70〕〔梁〕沈約：《宋書》卷六十一《江夏文獻王義恭傳》，第1641頁。

〔註71〕〔梁〕蕭子顯：《南齊書》卷二十二《豫章文獻王傳》，第417頁。

〔註72〕〔北齊〕魏收：《魏書》卷二十一上《趙郡王幹傳》，第542頁。

〔註73〕〔北齊〕魏收：《魏書》卷二十二《廢太子恂傳》，第587頁。

〔註74〕〔唐〕李延壽：《北史》卷十八《南安王楨傳》，第667頁。

　　王僧虔戒子，雖然王氏家族在朝享有高位，但仍應「各自努力」。徐勉在《為書誡子崧》中告誡徐崧，個人的名譽是大事，要「自勖，見賢思齊」〔註75〕，珍惜時間；身為長子要「中外諧緝，人無間言，先物後己」〔註76〕，和諧人際關係，先人後己。源賀在《遺令誡諸子》中告誡其子「汝其毋傲吝，毋荒怠，毋嫉妒；疑思問，言思審，行思恭，服思度；遏惡揚善，親賢遠佞；目觀必真，耳屬必正；誠勤以事君，清約以行己」〔註77〕，要清靜自守，在性情上不要驕傲、吝嗇、懈怠、嫉妒；在言行舉止上，要勤於思考、穿著適度、恭敬有禮、所見所聞都是正道，要從善去惡；在交友方面要近賢人、遠佞人。楊椿在《誡子孫》中告誡諸子「汝等若能存禮節，不為奢淫驕慢，假不勝人，足免尤誚，足成名家」〔註78〕，有禮有節，謙虛、有度，就能免於誹言，取得官職，富貴有名。魏收在《枕中篇》中引用管子的言論，告誡其子、姪「任之重者莫如身，途之畏者莫如口，期之遠者莫如年，以重任行畏途，至遠期，惟君子為能及矣」〔註79〕，修身、慎言、命長是人生命中最重要的三方面，如果人陷入貪欲，被名利牽引，就會行為驕奢，招致危亡；而賢人、君子「怨惡莫之前。勳名共山河同久，志業與金石比堅」〔註80〕，謙讓有禮，先人後己，不為喜怒、榮辱動情，不卑躬屈節追求名利；言語慎密，行為端正，公而無私，知止知足；慎終若始，知己慮微，虛懷若谷。崔岡臨終告誡其子「恭儉福之興，傲侈禍之機」〔註81〕，恭敬、節儉則有福，驕傲、奢侈則招禍。

　　除了這些外，這一時期也有效法賢人以修德的訓誡，如梁武帝蕭衍告誡蕭綱，「孔休源人倫儀表，汝年尚幼，當每事師之」〔註82〕；告誡蕭繹遇事要

〔註75〕〔唐〕姚思廉：《梁書》卷二十五《徐勉傳》，北京：中華書局，1973年，第385頁。

〔註76〕〔唐〕姚思廉：《梁書》卷二十五《徐勉傳》，第385頁。

〔註77〕〔唐〕李延壽：《北史》（卷二十八），北京：中華書局，1974年，第1026頁。

〔註78〕〔北齊〕魏收：《魏書》卷五十八《楊椿傳》，第1291頁。

〔註79〕〔唐〕李百藥：《北齊書》卷三十七《魏收傳》，北京：中華書局，1972年，第492頁。

〔註80〕〔唐〕李百藥：《北齊書》卷三十七《魏收傳》，第493頁。

〔註81〕〔唐〕李延壽：《北史》卷二十四《崔岡傳》，第870頁。

〔註82〕〔唐〕姚思廉：《梁書》卷三十六《孔休源傳》，第520頁。孔休源（469年～532年），字慶緒，會稽山陰人也。少孤，立志操，風範強正，明練治體。持身儉約，學窮文藝，當官理務，不憚強禦，常以天下為己任。對於歷代禮儀，徐勉曾稱讚他「識具清通，諳練故實，自晉、宋《起居注》誦略上口。」《梁書·列傳第三十》

經常拜訪到溉〔註 83〕。北魏孝文帝拓跋宏要求拓跋干在風度上學習穆亮〔註
84〕，在學業上請教盧淵〔註 85〕。徐陵告誡其子儉「姚學士德學無前，汝可師
之也」〔註 86〕，要求向姚察學習。這些賢人都是深受儒道思想影響，在學術
方面都很有造詣，在德行方面既尊禮、有度，又謙遜、儉約，在社會上都很有
名望，為當時的士人樹立了良好的榜樣。

第三，讀書治學

這一時期皇室、士人都很重視子孫的讀書、學習，涉及的方面也比較廣
泛，既有方法的教導，也有詩歌創作、典籍研究等，希望他們在學術上有所
成就，在德行修養方面有所進步。

在典籍閱讀方面，梁元帝蕭繹在《金樓子》中告誡其子「凡讀書必以五經
為本，所謂非聖人之書勿讀。讀之百遍，其義自見。此外眾書，自可泛觀耳。
正史既見得失成敗，此經國之所急。五經之外宜以正史為先，譜牒所以別貴賤，
明是非，尤宜留意。或復中表親疏，或復通塞升降，百世衣冠，不可不悉」〔註
87〕，一是五經，因為是聖人之書；二是正史，記載著歷代的治國理政的經驗；
三是譜牒，記載了家族發展的歷史，其中可見其族人的貴賤等級，這是最重要
的，所記族人親疏遠近關係、官職升降、名門世家淵源也需要注意。重視經史
之書在前代家訓中也都有，主要是為了修身、治國，希望後人遵從先人之教，
借鑒歷朝的從政經驗，提高德行修養，不要重蹈前代滅國的覆轍；重視譜牒，
是這一時期門閥政治突出的產物，因為家族間上品與下品有著嚴格的界限。

〔註 83〕到溉（477 年～548 年），字茂灌，彭城武原人。少孤貧，與弟洽俱聰敏有才
　　　　學，早為任昉所知，由是聲名益廣。起家王國左常侍，轉後軍法曹行參軍，
　　　　歷殿中郎。出為建安內史，遷中書郎，兼吏部，太子中庶子。性又率儉，不
　　　　好聲色。《梁書·列傳第三十四》
〔註 84〕穆亮（451 年～502 年）：字幼輔，早有風度。《北史·列傳第八》
〔註 85〕盧淵（454 年～501 年）：字伯源。性溫雅寡欲，有祖父之風，敦尚學業，閨
　　　　門和睦。研習家傳書法。《魏書·列傳三十五》
〔註 86〕姚察（533～606），字伯審，吳興武康人也。察性至孝，有人倫鑒識。沖虛謙
　　　　遜，不以所長矜人。終日恬靜，唯以書記為樂，於墳籍無所不睹。每有制述，
　　　　多用新奇，人所未見，咸重富博。且專志著書，白首不倦，手自抄撰，無時
　　　　蹔輟。尤好研核古今，誤正文字，精彩流贍，雖老不衰。兼諳識內典，所撰
　　　　寺塔及眾僧文章，特為綺密，在位多所稱引，一善可錄，無不賞薦。若非分
　　　　相干，咸以理遣。盡心事上，知無不為。侍奉機密，未嘗淹漏。且任遇已隆，
　　　　衣冠攸屬，深懷退靜，避於聲勢。清潔自處，貲產每虛，或有勸營生計，笑
　　　　而不答。篤於親屬，篤於舊故，所得祿賜，咸充周恤。《陳書·列傳第二十一》
〔註 87〕〔梁〕蕭繹撰，許逸民校箋：《金樓子校箋》（上）（卷五），第 499 頁。

　　在典籍研究方面，由於這一時期一方面玄學興盛，另一方面儒、道、佛三種學術思想相互融合，這使得士人對子孫的讀書要求也發生了變化，以王僧虔的《誡子書》，王襃的《幼訓》為代表。

　　王僧虔曾因其子讀書不認真，時而讀《三國志》，時而讀《老子》，又不深入研究，以致沒有什麼學識，而作《誡子書》予以告誡。他論述到，讀書學習應該自行勉勵，言行一致，並且要勤奮，這樣才能有所成就，在社會上有聲名、處尊位。就研究玄學而言，他告誡其子不讀注疏就無處可談。「汝開《老子》卷頭五尺許，未知輔嗣何所道，平叔何所說，馬、鄭何所異，《指例》何所明，而便盛於塵尾，自呼談士，此最險事」〔註88〕，讀《老子》必須研讀王弼、何晏的著作，研究他們的觀點，思考馬融、鄭玄詮釋思想的不同之處。推而廣之，研究《周易》《莊子》也是如此，要認真研讀不同的注疏。另外，他還告誡其子應該研究《八帙》、才性四本、聲無哀樂〔註89〕等思想，因為這些都是玄學家談論的主要命題。王襃在《幼訓》中告誡其子做文士要珍惜光陰，勤於讀書，這樣才能有學識，能作文，提高自己的修養。在讀書內容上，他希望諸子能儒釋道兼修，「既崇周、孔之教，兼循老、釋之談。」〔註90〕此外，如魏收在《枕中篇》中要求其子要效法君子，學習經書、文史之書，這樣才能「筆有奇鋒，談有勝理」〔註91〕，作文有奇筆，談吐有玄理。

　　在詩歌寫作方面，這一時期既有形式方面的訓誡，或效法賢人，或自我創新；也有內容方面的訓誡，或尊古守禮制，或重個體情感、欲望的表達。齊朝蕭曄曾仿謝靈運詩體作短句，上呈於齊高帝蕭道成。蕭道成看後，告誡他「但康樂放蕩，作體不辭有首尾，安仁、士衡，深可宗尚，顏延之抑其次也」〔註92〕，謝靈運的詩體過於放蕩，應該向潘岳、陸機學習，其次是顏延之。

〔註88〕〔梁〕蕭子顯：《南齊書》卷三十三《王僧虔傳》，北京：中華書局，1972年，第598頁。

〔註89〕《八帙》是三國時期的荊州學派所彙編的不同家學的經學注疏。才性四本，是三國魏末玄學家清談的命題之一，討論才能與德性的關係，可分為才性同、才性異、才性合、才性離四種。聲無哀樂，也是玄學命題之一，重在討論聲音與情感的關係，具體來說聲音本身是否包涵有哀樂。

〔註90〕〔唐〕姚思廉：《梁書》卷四十一《王襃傳》，第584頁。

〔註91〕〔唐〕李百藥：《北齊書》卷三十七《魏收傳》，第493頁。

〔註92〕〔梁〕蕭子顯：《南齊書》卷三十五《武陵昭王傳》，第624頁。謝靈運的詩「儷采百字之偶，爭價一句之奇；情必極貌以寫物，辭必窮力而追新」；潘岳、陸機、顏延之則「或析文以為妙，或流靡以自妍」，重視文章立意、用詞。

梁簡文帝蕭綱在《誡當陽公大心書》中告誡其子，一年少時要讀書學習，因為學習是唯一「可久可大」的，可使人終身受益、為人廣博，否則就只是徒有外表，而無識見；二修德行與做文章的重點不同，「立身先須謹重，文章且須放蕩」〔註93〕，即前者要遵循禮儀制度，行為謹慎；後者要敢於在文章內容上突破禮法限制，表達個人情感、欲望。張融曾作《門律自序》告誡子、侄作文之法，「可師耳以心，不可使耳為心師也。夫文豈有常體，但以有體為常，政當使常有其體」〔註94〕，做文章不應該因循守舊，固守舊體，也不必有固定的體例，而是應該敢於表達自己內心的想法，在詩體上敢於創新，有自己的風格；並在臨終時告誡晚輩要讀他的文章，體會用意。

2. 以禮治家，信仰多元

這一時期的家訓繼承了傳統的家庭倫理規範，重視家庭禮儀、家庭信仰，在終制方面仍然實行節葬。

第一，持守家禮，信仰兼容

這一時期出現了一些關於家庭禮儀的訓誡典籍，見於記載的有崔浩《家祭法》〔註95〕，李穆叔《趙李家儀》〔註96〕，徐爰《家儀》，但前兩者現在都已經遺失，後者也只在《太平御覽》中存留了簡短的幾句話。

> 蠟本施祭，故不賀。其明日為小歲，賀稱初歲福始，慶無不宜。正旦賀稱元正首慶，百物維新。小歲之賀，既非大慶，禮止門內。〔註97〕

> 婚迎車前用銅，香爐二枚。〔註98〕

這兩則一是關於家庭賀禮的，一是關於婚禮的。由於材料有限，我們無法確切考察這一時期家儀的具體內容，但它們主要是圍繞家庭的日常生活而定。

〔註93〕〔唐〕歐陽詢撰，汪紹楹校：《藝文類聚》卷二十三，第424頁。

〔註94〕〔梁〕蕭子顯：《南齊書》卷四十一《張融傳》，第729頁。

〔註95〕《魏書》卷三五《崔浩傳》記載「作《家祭法》，次序五宗，蒸嘗之禮，豐儉之節，義理可觀」。

〔註96〕李公緒，字穆叔。性聰敏，博通經傳。(《北齊書》卷二十九)《隋書·經籍志》記載有此書。另，谷川道雄認為此書「也許就是參照趙郡李氏的禮儀規章匯總而成。」張國剛主編：《家庭史發展的新視野》，三聯書店，2004年，第42頁。

〔註97〕夏劍欽，王巽齋校點：《太平御覽》（第一冊），石家莊：河北教育出版社，1994年，第288頁。

〔註98〕夏劍欽，王巽齋校點：《太平御覽》（第六冊），第515頁。

這些家禮的盛行是士族對自身的一種標榜,「目的是使每個家庭成員都能具備不愧為該家門一員的人格。」〔註99〕

在家庭信仰方面,張融家族世代信佛,但其舅世代信道。他告誡其子「汝可專尊於佛跡,而無侮於道本」〔註100〕,佛道可以兼修。這一時期還出現了關於供養佛像的告誡。齊武帝蕭賾在遺詔中要求子孫繼續供養諸玉佛像,並且可以在其中舉辦功德之事;但不允許子孫出家為道士,不允許再建立塔寺,或將住宅之地改為精舍。豫章王蕭嶷也是臨終要求在後堂樓供養佛像。

在家庭倫理方面,這一時期的家訓重視家族成員的和睦共處。齊朝蕭嶷臨終告誡諸子,「當共相勉厲,篤睦為善。才有優劣,位有通塞,運有富貧,此自然之理,無足以相凌侮」〔註101〕,要求兄弟之間互相勉勵,和睦相處,各修其身,各盡其才,各任其職,而不要相互欺侮。

第二,終制節葬

這一時期在終制方面,從皇室到士人臨終都告誡家人仍然實行節葬,裝殮、棺材、祭祀、哭禮、陪葬等都從儉,如宋蕭皇后、齊武帝蕭賾、豫章王蕭嶷、梁元帝、陳文帝陳蒨、陳宣帝陳頊、陳武宣章後、北齊文宣帝高洋、孝昭帝高演、北周武帝宇文邕、王微、張融、孫謙、顧憲之、周弘直、袁泌、謝貞、源賀、程俊、李彥、雷紹、薛琡、韋夐等。

在具體內容上,這一時期深受佛教等思想影響有其自身的特點。一靈前、祭祀不用牲,而代之以素食、清水。如齊武帝蕭賾要求「靈上慎勿以牲為祭,唯設餅、茶飲、乾飯、酒脯而已。天下貴賤,咸同此制」〔註102〕,豫章王蕭嶷、梁元帝蕭繹、陳武宣章後、王秀之、沈麟士、顧憲之、崔孝直、雷紹、韋夐也都與此相似。姚察要求「瞑目之後,不須設靈,置一小床,每日設清水,六齋日設齋食,果菜任家有無,不須別經營也」〔註103〕,純粹按照佛家飲食實行。二陪葬的物品沒有金銀等貴重器具,而是身前的隨身兵器、或儒、或道、或佛的典籍。如齊武帝蕭賾、豫章王蕭嶷要求將鐵環刀

〔註99〕〔日〕谷川道雄:《中國中世社會與共同體》,馬彪譯,上海:上海古籍出版社,2013年,第301頁。
〔註100〕釋僧祐撰:《弘明集校箋》,第325頁。
〔註101〕〔梁〕蕭子顯:《南齊書》卷二十二《豫章文獻王傳》,第417頁。
〔註102〕〔梁〕蕭子顯:《南齊書》卷三《武帝紀》,第61頁。
〔註103〕〔唐〕姚思廉:《陳書》卷二十七《姚察傳》,北京:中華書局,1972年,第352頁。

隨葬，梁元帝蕭繹要求將「《曲禮》一卷，《孝經》一帙，《孝子傳》並陶華陽劍一口以自隨。此外珠玉不入，銅錢勿藏也」〔註104〕，張融要求「左手執《孝經》《老子》，右手執小品《法華經》」〔註105〕，沈麟士要求「依士安用《孝經》」〔註106〕。

3. 為政慎決訟，言行嚴保密

皇室家訓突出一是慎決訟，二是言行的保密與審察；士人家訓注重言語的保密與功遂身退。

在《誡江夏王義恭書》中，宋文帝告誡劉義恭處理政務所應注意的方面，一為政要勤，「常宜早起，接對賓侶，勿使留滯。判急務訖，然後可入問訊，既睹顏色，審起居，便應即出，不須久停，以廢庶事也」〔註107〕，要多接待僚屬，以密切彼此的關係，深入瞭解當地情況。二謹慎決獄，要事前與賢人劉湛等人審議訊錄，以免當場出現差錯，「慎無以喜怒加人。能擇善者而從之，美自歸己。不可專意自決，以矜獨斷之明也」〔註108〕，要理性、謙遜，善於參考他人意見。三慎言行，注意保密，注意審察，「人有至誠，所陳不可漏泄，以負忠信之款也」〔註109〕，不能隨便洩漏臣的意見，也不能隨便告訴周圍人自己所做的事，並且對於下屬也是如此要求。對於大臣間互相詆毀的言論，不要輕易相信，而應該親自核實。四賞罰慎重，「不可妄以假人」。北魏孝文帝拓跋宏對其子拓跋雍也有類似的為政告誡，「其身正，不令而行，故便是易；其身不正，雖令不從，故便是難。又當愛賢士，存信約，無用人言而輕與奪也。」〔註110〕

士人也是要注意言行。楊椿在《誡子孫》中以自身的官場經歷告誡他們，「汝等脫若萬一蒙時主知遇，宜深慎言語，不可輕論人惡也……無貴無賤，待之以禮」〔註111〕，為人臣言語要注意保密，不要挑撥離間，不要隨意談論他人的缺點、過錯；待人要有禮有節，不要因勢待人，既不要怠慢貧賤者，也

〔註104〕〔梁〕蕭繹撰，許逸民校箋：《金樓子校箋》（卷四）（上），第443頁。
〔註105〕〔梁〕蕭子顯：《南齊書》卷四十一《張融傳》，第729頁。
〔註106〕〔唐〕李延壽：《南史》卷七十六《沈麟士傳》，第1892頁。
〔註107〕〔梁〕沈約：《宋書》卷六十一《江夏文獻王義恭傳》，第1642頁。
〔註108〕〔梁〕沈約：《宋書》卷六十一《江夏文獻王義恭傳》，第1642頁。
〔註109〕〔梁〕沈約：《宋書》卷六十一《江夏文獻王義恭傳》，第1642頁。
〔註110〕〔北齊〕魏收：《魏書》卷二十一上《高陽王雍傳》，第552頁。
〔註111〕〔北齊〕魏收：《魏書》卷五十八《楊椿傳》，第1290頁。

不要厚待富貴者。另外，他還以自身年老求退之行告誡其子為政要知足而退，這是「一門法」，希望子孫能效法並將其傳承下去。

另外，這一時期也有盡忠思想。崔光的子孫因受其蔭蔽而得到名位，崔光在臨終告誡他們要自勉，「以死報國」。

總之，這一時期從皇室到士人都很重視家訓，並且北方少數民族政權也深受儒學文化影響重視教育子孫；家訓內容在繼承傳統基礎上，關注個人的日常生活，強調節制；重視個體的精神修養，既有德行方面，也有才學方面，重視經史典籍的學習，重視融合不同思想；重視家庭的禮儀建設和信仰建設；在政治上重視盡忠與保身。

第三節　顏氏家訓內容

琅邪顏氏家族在漢魏之際是一個小族〔註112〕，從兩晉之際的顏含開始逐漸發跡、位居朝廷要職。他們深受傳統文化薰陶，特別是儒家文化，都很重視對子孫的教育，並且有良好的家教傳統，顏之推曾言「吾家風教，素為整密」〔註113〕。在家訓文獻方面，見於記載的，顏含有「靖侯成規」，顏延之有《庭誥》、「通人之規」、「田家節政」、「燕居畢義」，顏之推著有《顏氏家訓》。

其中，顏延之的家訓除《庭誥》現存外，其餘三者只是在《庭誥》中被提到，現存典籍也沒有記載其具體內容。「通人之規」是關於「立履之方，規鑒之明」〔註114〕，訓誡如何立身；「田家節政」是關於「贍身之經」，訓誡如何治生、養家；「燕居畢義」是講「奉終之紀」，訓誡其喪葬事宜；《庭誥》所寫「咸其素蓄，本乎性靈，而致之心用」〔註115〕，都出自他自己的人生閱歷與體悟，希望子孫能有所借鑒。此外，《弘明集・庭誥二章》記載了顏延之的佛教與道教各有所長、「終致可一」思想；梁吳均《續齊諧記》有「顏公《庭誥》

〔註112〕小族，是相對於大族而言，其特點是在政治上沒有位居高位，子孫仕宦往往不顯達，但有著很深的儒學文化修養。參考孫豔慶：《中古琅邪顏氏家族學術文化研究》，濟南：齊魯書社，2013年，第9～11頁。
〔註113〕王利器撰：《顏氏家訓集解》（增補本），北京：中華書局，1993年，第4頁。
〔註114〕〔梁〕沈約：《宋書》卷七十三《顏延之傳》，北京：中華書局，1974年，第1894頁。
〔註115〕〔梁〕沈約：《宋書》卷七十三《顏延之傳》，第1894頁。

云，徐景山之畫獺是也」〔註116〕。可見，他對繪畫、佛道思想也都有研究。

　　《顏氏家訓》的成書年代，王利器認為應該在隋文帝平陳以後、隋煬帝即位之前，即六世紀末期，也就是其晚年所作〔註117〕。這部家訓整體上自成系統，全書共二十篇，二十個主題，以序開頭，以終制結尾，中間教子、兄弟、後娶、治家都是屬於齊家事宜，風操、慕賢是屬於德行修養方面，勉學、文章是屬於家學方面，名實、涉務、省事是屬於處世方面，止足、誡兵、養生、歸心是屬於保養身心方面，書證、音辭是屬於學術方面，雜藝是屬於調節身心的方面。

一、靖侯成規與《庭誥》

　　顏含家訓見於《顏氏家訓》的《治家》《止足》篇，「婚姻素對，靖侯成規。」〔註118〕他要求子孫「汝家書生門戶，世無富貴；自今仕宦不可過二千石，婚姻勿貪勢家」〔註119〕，一是要求子孫在朝廷任職以二千石俸祿為界限，不要貪圖富貴、顯職；二是不與比自己權勢、地位高的家族聯姻。

　　顏延之的《庭誥》以「懷道從理」為主旨，主要從修身與齊家兩個方面展開。

1. 修身

第一，生活節制，富貴貧賤由命

　　顏延之要求在生活方面，酒可飲以為樂但不可嗜；聲樂可從簡但不可遠離；浮華的飾品、奇麗的衣服、奢侈的飲食都應該棄絕。面對這些誘惑的時候，「可以遠識奪，難用近欲從」〔註120〕，要用理性克制自己，不能順從一時的欲望。

　　他相信數相之說，認為人生遭遇到的順與不順都是不可改變的，富貴、

〔註116〕這句話源自唐代張彥遠《歷代名畫記‧徐邈》（卷四）：顏光祿云：魏元陽之射，徐侍中之畫是也。魏明帝遊洛水，見白獺，愛之，不可得。邈曰：獺嗜鯔魚，乃不避死。遂畫板作鯔魚，懸岸，群獺競來，一時執得。帝歎曰：卿畫何其神也？答曰：臣未嘗執筆。人所作者，自可庶幾。

〔註117〕朱明勳認為此書非成於一時，而是歷經幾朝而逐漸撰定的，有作於北齊的，有作於齊亡不久的，有作於隋的。參考朱明勳：《〈顏氏家訓〉成書年代論析》，《社會科學研究》2003 年，第 4 期。

〔註118〕王利器撰：《顏氏家訓集解》（增補本），第 53 頁。

〔註119〕王利器撰：《顏氏家訓集解》（增補本），第 343 頁。

〔註120〕〔梁〕沈約：《宋書》卷七十三《顏延之傳》，第 1898 頁。

貧賤也不是人自身可以決定的。所以，他告誡子孫不要貪慕富貴，即便處在高位，也要恭敬守禮，不要傲慢自大，「恭敬撙節，福之基也。驕佷傲慢，禍之始也」〔註121〕；特別是處於貧賤之時，不要心神沮喪，而是應該「懷古之志，當自同古人，見通則憂淺，意遠則怨浮」〔註122〕，效法古人，堅持自己的志向，見識通達，意志高遠，這樣就少憂愁、少怨恨，自得其樂。

第二，居德靜默，不為人先

顏延之在《庭誥》中將士人分為上士、中士、下士三個等級，上士是「內居德本，外夷民譽，言高一世，處之逾默，器重一時，體之滋沖，不以所能幹眾，不以所長議物，淵泰入道，與天為人者」〔註123〕，有德行、才華但以虛靜、謙和、不爭處世；中士是「若不能遺聲，欲人出己，知柄在虛求，不可校得，敬慕謙通，畏避矜踞，思廣監擇，從其遠猷，文理精出，而言稱未達，論問宣茂，而不以居身」〔註124〕，重視聲名，但取之有道，為人恭敬謙虛，不矜誇自傲，能文能論，才華溢美，但不自傲；下士是「若乃聞實之為貴，以辯畫所克，見聲之取榮，謂爭奪可獲，言不出於戶牖，自以為道義久立，才未信於僕妾，而曰我有以過人，於是感苟銳之志，馳傾觖之望」〔註125〕，無德無才卻又自以為是，不靠加強自我修養而靠奉承他人、與他人爭奪謀取聲名。他希望子孫所追求的上士，不願子孫為下士。

第三，謹慎自守，以理勝情

顏延之認為「習之所變亦大矣，豈惟蒸性染身，乃將移智易慮」〔註126〕，周圍環境對人的修身養性有很大影響，會改變人的思想和意志。所以，他告誡其子為人處世要「能以懷道為念，必存從理之心」〔註127〕，堅持大道，順從事理，探求自身之樂。具體來說，子孫要堅持自我，不隨從世俗；不以自身所想，為他人謀劃；恭敬待人，戒抃射、壺博等聚眾遊戲和詼諧嬉言的言說方式，以學藝相會，存大德去小怨；謹慎懷疑他人；不因他人的富貴、貧賤而

〔註121〕〔唐〕李延壽：《南史》卷三十三《顏延之傳》，北京：中華書局，1975年，第881頁。
〔註122〕〔梁〕沈約：《宋書》卷七十三《顏延之傳》，第1899頁。
〔註123〕王利器撰：《顏氏家訓集解》（增補本），第1894頁。
〔註124〕〔梁〕沈約：《宋書》卷七十三《顏延之傳》，第1898頁。
〔註125〕〔梁〕沈約：《宋書》卷七十三《顏延之傳》，第1898頁。
〔註126〕〔梁〕沈約：《宋書》卷七十三《顏延之傳》，第1900頁。
〔註127〕〔梁〕沈約：《宋書》卷七十三《顏延之傳》，第1900頁。

改變對其的態度，以恒心處世。子孫要「以恬漠為體，寬愉為器」〔註128〕，在遭遇人生劇變時，不怨恨他人、誹謗他人，反而「反思安順」，坦然自若；對於他人的怨恨、誹謗也不存於心，並借機反省自我，有則改之，無則加勉，「寬默以居，潔靜以期，神道必在。」〔註129〕

第四，作文有法，不囿於一家

文章是考察士人才能的一個重要方面，「若不練之庶士，校之群言，通才所歸，前流所與，焉得以成名乎？」〔註130〕所作文章要請諸位士人評論，與諸家著述比較；如果得到博學之人的承認、前輩名流的賞識，才是好文章，才能在社會上有名譽。否則，只囿於自家之內，自認為好，而在聚眾會文的時候卻被大家鄙棄，反而會遭到羞辱。

2. 治家

第一，慈孝友悌

父慈子孝，兄友弟悌是儒家基本的家庭倫理要求，但是「身行不足，遺之後人」〔註131〕，顏延之強調父母在德行方面的表率作用。即父不慈會導致子不孝，兄不友會導致弟不悌，當然這只是可能性而不是必然性，孝悌並不是必然需要慈友，但父慈兄友有重要的示範作用，會培養子孝弟悌。

第二，治生有道

顏延之深受儒道思想影響，要求寬以待人，嚴於律己，強調個人獨立，重視家庭的和睦與名譽。飲食、衣物是人基本的生活需求，他告誡子孫，如果自己忙於公務，難以勞作，則請僕役代為，但要善待他們，「當施其情願，庇其衣食，定其當治，遞其優劇，出之休饗，後之捶責，雖有勸恤之勤，而無沾曝之苦」〔註132〕，將情與理統一。如果自己成為普通百姓，自己養活自己，就與妻子、兒女共同耕作、紡織。這樣，不論處於富或貧，都不會受辱，不會祈求他人。另外，「務前公稅，以遠吏讓」〔註133〕，子孫要及時繳納賦稅，避免官吏指責；要節儉持家，不要滋生額外費用，以免流言非議；要視時濟人，

〔註128〕〔梁〕沈約：《宋書》卷七十三《顏延之傳》，第1900頁。
〔註129〕〔梁〕沈約：《宋書》卷七十三《顏延之傳》，第1899頁。
〔註130〕〔梁〕沈約：《宋書》卷七十三《顏延之傳》，第1896頁。
〔註131〕〔梁〕沈約：《宋書》卷七十三《顏延之傳》，第1894頁。
〔註132〕〔梁〕沈約：《宋書》卷七十三《顏延之傳》，第1896頁。
〔註133〕〔梁〕沈約：《宋書》卷七十三《顏延之傳》，第1896頁。

「贍人之急，雖乏必先」〔註134〕，救人要救急，不需要得到有積蓄才救濟。

二、《顏氏家訓》

《顏氏家訓》是顏之推為「整齊門內，提撕子孫」〔註135〕而作。他認為在教子育人方面，雖然有古代典籍「教人誠孝，慎言檢跡，立身揚名」〔註136〕，有老師、朋友訓誡，但父母的教育更有效用，「同言而信，信其所親；同命而行，行其所服」〔註137〕，父母與子女有共同的血緣、共同生活，二者的關係是最親近的，父母對子女是最瞭解，也是關愛最深、寄予厚望的；子女對父母也是最敬慕的。並且，父母所教都是鑒於自身的人生經歷，而古書的訓誡只是「經目過耳」，雖然是同樣的話，但他們更願意聽從父母的。這是其寫作緣由。其內容可分為以下幾個方面。

1. 修身

第一，養生護體，用藥謹慎

顏之推告誡其子不要花精力於養生成仙之事，但是可以學習調護身體方面的知識，「若其愛養神明，調護氣息，慎節起臥，均適寒暄，禁忌飲食，將餌藥物，隨其所稟，不為夭折者，吾無間矣」〔註138〕，注意飲食、穿著、作息等，適時用藥。需注意的是，一養生的前提是保有生命，避免禍患，不要因禍而失生，否則養生就沒有了意義。二養生但不違背忠孝仁義之德。如果二者發生矛盾，所行忠孝之事威脅到個人、家人性命，要勇於「捨身取義」，而不貪圖安危。三用藥要謹慎，不可濫用，否則會適得其反。

第二，德禮兼修，名實相符

對於名實問題，顏之推認為「德藝周厚，則名必善焉」〔註139〕；如果有實無名，有德藝無祿位，則應該「信由天命」，不要妄為。所以，顏之推要求子孫不要為慕虛名而不務實、不行正道，「厚貌深姦」，而是應該誠心待人，「守道崇德」「以仁義為節文」、為善去惡，必要時捨生取義。子孫也不要做有損於人的事，不要做墨子游俠、楊朱為己之徒，而是應以「體道合德」之忘

〔註134〕〔梁〕沈約：《宋書》卷七十三《顏延之傳》，第1897頁。
〔註135〕王利器撰：《顏氏家訓集解》（增補本），第1頁。
〔註136〕王利器撰：《顏氏家訓集解》（增補本），第1頁。
〔註137〕王利器撰：《顏氏家訓集解》（增補本），第1頁。
〔註138〕王利器撰：《顏氏家訓集解》（增補本），第356頁。
〔註139〕王利器撰：《顏氏家訓集解》（增補本），第303頁。

名為精神追求境界，如親人有為難時，要盡自己的財力幫助，不要吝嗇；不要心生詭計，得不義之財。

針對這一時期《禮》書殘缺不全、禮制又隨時代發生變化，以及社會上也很少能見到有風度操守的士人，顏之推專門作《風操》篇告誡其子在禮制方面所需要注意的。他的基本原則一孝敬父母，尊敬先人；二入鄉隨俗，順禮之變。具體來說，一是關於避諱。雖然《禮》有「見似目瞿，聞名心瞿」〔註140〕，見到或聽到與已故父母有關的，都會心生哀情，但在與人交往、處世過程中，不能因情廢事，耽誤公務，也不能不有所避，如被問及家世，儘量避談，容色要變莊重，稱呼也要變等。二是關於稱呼。稱呼家人、宗親、取名要尊敬先人，合乎今禮。如稱呼祖輩、父母不再稱「家某」，稱呼對方父母等要加「尊」字等。三關於喪禮、弔唁。南北方有不同的禮俗，要因地而宜；不要相信旁門書籍「死有鬼煞」的觀點。

第三，勉學書藝，擇賢交友

顏之推有感於當時出生於大家族的士人「恥涉農商，羞務工伎，射則不能穿札，筆則纔記姓名，飽食醉酒，忽忽無事，以此銷日，以此終年」〔註141〕，告誡子孫要自勉讀書、學藝。這既是為了修養德行，利於踐行，勉勵風俗，擴大視界，神明通達，也是為了自己求生，免於恥辱。

讀書方面，顏之推希望他們勤而問，博而專，既「明六經之旨，涉百家之書」〔註142〕，如六經注疏、老莊注疏、玄學典籍、佛典、兵書、地理書、譜牒、史書、醫學書、小學著作等，又專於一家。這樣視野才能開闊，學識才會通達，踐行才會濟世。具體來說，六經之書蘊含著仁義孝悌之道，對人的修養德行、建功立業、積極入世有重要指導；道家老莊之書旨在「全真養性，不肯以物累己」〔註143〕，雖然當世的何晏、王弼等玄學家在踐行中與其旨趣有差距，但他們「清談雅論，剖玄析微，賓主往復，娛心悅耳」〔註144〕，摒棄名利，玄談名理，自娛自樂，勝過追求名利之徒。佛教的「四塵五蔭，剖析形有；六舟三駕，運載群生；萬行歸空，千門入善」〔註145〕思想，分析了人

〔註140〕王利器撰：《顏氏家訓集解》（增補本），第 61 頁。
〔註141〕王利器撰：《顏氏家訓集解》（增補本），第 143 頁。
〔註142〕王利器撰：《顏氏家訓集解》（增補本），第 157 頁。
〔註143〕王利器撰：《顏氏家訓集解》（增補本），第 186 頁。
〔註144〕王利器撰：《顏氏家訓集解》（增補本），第 187 頁。
〔註145〕王利器撰：《顏氏家訓集解》（增補本），第 368 頁。

認識世界、修養自身的方式，是儒學所不可企及的。它提出的過去、現在、未來三世因果學說，是現實可證的；所謂的不殺、不盜、不淫、不欺、不飲五戒與儒學的仁義禮智信是相對應的，兩種學術「本為一體，漸積為異，深淺不同」〔註146〕。所以，諸子不能「歸周禮而背釋宗」，應該儒佛兼修，加強自身的佛學修養，誦讀佛學著作，以備來世濟度眾生。另外，兵書也是士人必修的典籍。「入帷幄之中，參廟堂之上，不能為主盡規以謀社稷，君子所恥也」〔註147〕，為君謀劃，保國爭勝是文士的職責所在；但是不要想通過學習兵器的用法，妄圖以戰功揚名，這樣可能遭受傷亡，或受辱。

小學涉及到文字、音韻、訓詁，是閱讀、注疏典籍的基本工具。顏之推意識到典籍經過歷代的流傳而在文字、音辭方面發生了變化，但當時的士人限於偏見，在訓詁的時候，「不通古今，必依小篆，是正書記」〔註148〕，導致出現了很多錯誤。所以，他告誡子孫要勤於小學，參考《爾雅》《三蒼》《說文解字》，博通古今，瞭解南北文化差異，「考校是非，特須消息」〔註149〕，不能妄下斷論；對於古今字體差異，著文要學會通變，「若文章著述，猶擇微相影響者行之，官曹文書，世間尺牘，幸不違俗也。」〔註150〕

勉學是向古人學習，而慕賢是向今人學習。顏之推告誡其子要慎重選擇交往的人，「千載一聖，猶旦暮也；五百年一賢，猶比髆也」〔註151〕，標準在於他的德行、才華，而不在於官位高低、世間名聲。所以，子孫在擇友時要貴目賤耳，就近去遠，善於觀察，擇善而從。

第四，作文有法，藝不求精

作文章也是士人的基本修養之一，顏之推就作文方法、用辭等方面予以告誡。在作文方法上，他要求「當以理致為心腎，氣調為筋骨，事義為皮膚，華麗為冠冕」〔註152〕，以事理意致為本，氣韻格調、用典合義、言辭華麗都是為理服務的，不能舍本逐末，要二者並存，理本辭末。文章寫好，要「先謀親友，得其評裁，知可施行，然後出手」〔註153〕，以免被他人取笑。另外，

〔註146〕王利器撰：《顏氏家訓集解》（增補本），第368頁。
〔註147〕王利器撰：《顏氏家訓集解》（增補本），第354頁。
〔註148〕王利器撰：《顏氏家訓集解》（增補本），第515頁。
〔註149〕王利器撰：《顏氏家訓集解》（增補本），第515頁。
〔註150〕王利器撰：《顏氏家訓集解》（增補本），第516頁。
〔註151〕王利器撰：《顏氏家訓集解》（增補本），第127～128頁。
〔註152〕王利器撰：《顏氏家訓集解》（增補本），第267頁。
〔註153〕王利器撰：《顏氏家訓集解》（增補本），第257頁。

需要注意的是，一不要因為易國而菲薄原君，用辭不佳，「君子之交無惡聲，一旦屈膝而事人，豈以存亡而改慮」〔註154〕；二在涉及到用典、地理位置的時候，用語要恰當，不要善惡同篇，注重考證，注意避諱；三由於南北文化差異，北方沒有幫他人修改文章的習俗，所以不要輕易議論；四不要替他人作「哀傷兄禍之辭」〔註155〕，因為這些哀辭涉及到父母家人；五以古為鑒，「文章之體，標舉興會，發引性靈，使人矜伐」〔註156〕，文章容易觸發人的情性，使人自大，而忘記抑制。所以，作文要深思、防範，以勉遭禍。

在技藝方面，顏之推在書法、繪畫、射擊、卜筮、算術、醫藥、琴瑟、博弈、投壺、彈棋等方面都有告誡。他希望子孫在書法、繪畫、琴瑟、算術方面能有所成，因為這是士人修養的一部分，但「不須過精」，有美譽，否則「巧者勞而智者尤，常為人所役使，更覺為累」〔註157〕，會被官方利用，耽誤自身事業發展。另外，射擊既能顯德，也能保身，可以學習，但「要輕禽，截狡獸，不願汝輩為之」〔註158〕，儘量不要殺生；占卜之業雖有可信之處，但「去聖既遠，世傳術書，皆出流俗，言辭鄙淺，驗少妄多」〔註159〕，現世流傳的典籍都已經不是先人的著作，言辭粗俗，被證實的很少，所以子孫也不要從事；醫藥之術「取妙極難」，所以不要專精於此，只需研讀陶弘景《大清方》，稍微瞭解藥的性質和配方，能居家救急即可；博弈、投壺、彈棋等娛樂活動可當作調節生活的方式，但不可沉溺於此。

第五，經世應務，知足免危

這一時期由於朝廷依附於世家大族，所以很多在朝士人是靠祖宗的蔭蔽而取得祿位的。他們在其位而無其才，「多迂誕浮華，不涉世務」〔註160〕。顏之推有感於此，告誡其子士人在世要有所作為，佔據朝廷一職，要為國盡職分憂，不要只是高談虛論，而不務實際；同時，也要「思不出其位」，如任諫諍之職，則對於人君之得失，「必在得言之地，當盡匡贊之規，不容苟免偷安，垂頭塞耳。」〔註161〕

〔註154〕王利器撰：《顏氏家訓集解》（增補本），第258頁。
〔註155〕王利器撰：《顏氏家訓集解》（增補本），第280頁。
〔註156〕王利器撰：《顏氏家訓集解》（增補本），第253頁。
〔註157〕王利器撰：《顏氏家訓集解》（增補本），第567頁。
〔註158〕王利器撰：《顏氏家訓集解》（增補本），第581頁。
〔註159〕王利器撰：《顏氏家訓集解》（增補本），第583頁。
〔註160〕王利器撰：《顏氏家訓集解》（增補本），第318頁。
〔註161〕王利器撰：《顏氏家訓集解》（增補本），第333頁。

另外，顏之推告誡子孫，在世要學會抑欲知足，不要貪圖驕奢，否則易遭禍患。如在朝任職，「不過處在中品，前望五十人，後顧五十人」〔註162〕，這樣既不會遭遇危險，也不會致家道衰落，有辱先人。

2. 齊家

第一，慈孝友悌，待人平等

顏之推繼承顏延之的思想，認為上行下效，父慈則子孝、兄友則弟恭、夫義則婦順。如果父慈而子不孝、兄友而弟不恭、夫義而婦不順，則這些人都是「天之凶民，乃刑戮之所攝，非訓導之所移也」〔註163〕。所以，在家庭倫理建設上，父母、兄長要起到模範作用。

在夫婦、父子、兄弟三種基本家庭關係中，顏之推特別強調兄弟關係的和睦。因為兄弟是「分形連氣之人也」〔註164〕，有共同的血緣，共同生活。二者的關係容易受姒娣關係的影響，從而會進一步影響叔姪關係、家族兄弟關係，以及家內僮僕關係；對外則影響到家族的聲譽。所以，在家庭中，一是姒娣之間要和睦，學會「恕己而行，換子而撫」〔註165〕，為公行義，不要為私爭利；二是兄與弟要提高自身德行修養，友悌之情至深，則不易被妻子、僕妾破壞和睦。

另外，顏之推認識到「婦人之性，率寵子壻而虐兒婦」〔註166〕，這導致兒子生怨、女兒進讒言，兄與妹、媳婦與小姑相處不和睦。所以，他要求家人在這方面要引以為戒，為人婦要待人平等，家人之間要相互寬容，相處和睦。

第二，婚姻素對，後娶謹慎

關於婚姻事宜，顏之推謹遵靖侯成規，要求男婚女嫁都不攀勢家，而是選擇與自己家世、地位相當，或差不多的。

另外，這一時期由於戰亂造成很多家庭離散，所以男子再娶事宜也很常見。顏之推告誡子孫，再娶之事要慎重考慮。因為再娶之後出現了後母與生子、後父與繼子、生子與繼子的關係，他們彼此之間沒有血緣關係，但涉及到慈孝、友悌等倫理關係、財產關係以及教育關係。而世間這樣的家庭暴露

〔註162〕王利器撰：《顏氏家訓集解》（增補本），第 347 頁。
〔註163〕王利器撰：《顏氏家訓集解》（增補本），第 41 頁。
〔註164〕王利器撰：《顏氏家訓集解》（增補本），第 23 頁。
〔註165〕王利器撰：《顏氏家訓集解》（增補本），第 28 頁。
〔註166〕王利器撰：《顏氏家訓集解》（增補本），第 52 頁。

出的問題，一父母待子不均，「後夫多寵前夫之孤，後妻必虐前妻之子」〔註167〕，進而導致生父與生子、兄與弟之間不親；二後妻與繼子、兄與弟之間因貴賤、士庶而相互爭執、謾罵，「辭訟盈公門，謗辱彰道路」〔註168〕，長此以往，則不再有孝子。

第三，婦主中饋，寬猛持家

關於持家事宜，顏之推繼承傳統思想，認為為人婦要「主中饋，惟事酒食衣服之禮耳，國不可使預政，家不可使干蠱；如有聰明才智，識達古今，正當輔佐君子，助其不足，必無牝雞晨鳴，以致禍也」〔註169〕，主管家中的飲食、穿著事宜，不要參與政事。如果她們有才華，則在政事上予以輔佐丈夫，不要主導政事，以免遇禍。為人夫、為人子要「以傳業揚名為務」〔註170〕，修養自己的德行，發揮自己的才能，入世應職，經世務實，弘揚家道。並且，「子當以養為心，父當以學為教」〔註171〕，為人父的重要職責之一是教育子孫，使他們「務先王之道，紹家世之業」〔註172〕，而不是使子孫棄學業，求生計，為錢財；為人子的重要職責是接受教育，讀書勉學，繼承家業。

在生育問題上，雖然從周代開始就有「女之為累」的思想，但顏之推認為「天生烝民，先人傳體」〔註173〕，她們也都是先人的後代，有著血緣之親。所以，即便生女也不要拋棄或殺害。

在治生問題上，顏之推告誡子孫要講究「寬猛」之道，既要於己儉約而不奢侈，也要於人救急而不吝嗇。就其家庭來說，顏之推要求「常以二十口家，奴婢盛多，不可出二十人，良田十頃，堂室纔蔽風雨，車馬僅代杖策，蓄才數萬，以擬吉凶急速，不齎此者，以義散之；不至此者，勿非道求之」〔註174〕，奴婢、房屋、車馬都用之有度，不貪驕奢，錢財則以數萬為限，多則散，少則以道求之。他還要求子孫「勿為妖妄之費」〔註175〕，不要在請巫師、設道場祈禱方面破費。

〔註167〕　王利器撰：《顏氏家訓集解》（增補本），第37頁。
〔註168〕　王利器撰：《顏氏家訓集解》（增補本），第34頁。
〔註169〕　王利器撰：《顏氏家訓集解》（增補本），第47頁。
〔註170〕　王利器撰：《顏氏家訓集解》（增補本），第608頁。
〔註171〕　王利器撰：《顏氏家訓集解》（增補本），第204頁。
〔註172〕　王利器撰：《顏氏家訓集解》（增補本），第204頁。
〔註173〕　王利器撰：《顏氏家訓集解》（增補本），第51頁。
〔註174〕　王利器撰：《顏氏家訓集解》（增補本），第345頁。
〔註175〕　王利器撰：《顏氏家訓集解》（增補本），第57頁。

第四，教子正道，教法有方

在家庭教育方面，顏之推一方面意識到當時的家庭由於對子女小時候「無教而有愛」，過於寵愛，縱其嗜欲，不予教導，導致他們長大後驕慢無禮，缺乏德行修養，遭遇禍患；另一方面他有感於自身經歷，年少時因「遇家難」沒有受到父母很好的教育，導致「頗為凡人所薰染，肆欲輕言，不修邊幅」〔註176〕，長大後想改卻已「習若自然」，很難改正。所以，他告誡子孫教育對於一個人的成長有重要作用。

在教育內容上，他反對父母只教子孫一些學藝的皮毛知識，以迎合高官，謀取祿位；認為應該教子以正道，名副其實。

在具體的教育方法上，他要求一教子要從小時候就開始。「人生小幼，精神專利，長成以後，思慮散逸，固須早教，勿失機也」〔註177〕，年少的時候，人的精神狀態最好，考慮的事情少，不會分心；長大之後，反而會顧慮很多。所以，年少時是學習、受教的最好時機。二教育要嚴而有愛，情理兼顧，教法並行。「父子之嚴，不可以狎；骨肉之愛，不可以簡。簡則慈孝不接，狎則怠慢生焉」〔註178〕，重情失理則會滋生子孫不重倫理秩序、不遵守禮儀制度的不良習性。「笞怒廢於家，則豎子之過立見」〔註179〕，家法是對循循善誘的補充。三教育在於「能均」。「賢俊者自可賞愛，頑魯者亦當矜憐，有偏寵者，雖欲以厚之，更所以禍之」〔註180〕，雖然每個人賢愚有別，但應該都有所關愛，否則被偏愛者會因過於受寵而不重視自身修養，有過錯而不予以改正，結果反而會遭禍。

第五，終制簡樸，力行節儉

顏之推認為「死者，人之常分，不可免也」〔註181〕，死亡是自然之理，是人所不可避免的，所以終制事宜也都要求一切從簡、從儉。具體來說，他要求氣絕便埋，隨地安葬，殮用常衣，棺材從薄，陪葬品僅有衣帽，墓不起墳，祭品從素，「唯下白粥清水乾棗，不得有酒肉餅果之祭」〔註182〕，謝絕友

〔註176〕 王利器撰：《顏氏家訓集解》（增補本），第 4 頁。
〔註177〕 王利器撰：《顏氏家訓集解》（增補本），第 172 頁。
〔註178〕 王利器撰：《顏氏家訓集解》（增補本），第 15 頁。
〔註179〕 王利器撰：《顏氏家訓集解》（增補本），第 41 頁。
〔註180〕 王利器撰：《顏氏家訓集解》（增補本），第 19 頁。
〔註181〕 王利器撰：《顏氏家訓集解》（增補本），第 597 頁。
〔註182〕 王利器撰：《顏氏家訓集解》（增補本），第 602 頁。

人祭奠。另外，他要求「其內典功德，隨力所至，勿剝竭生資，使凍餒也」〔註183〕，死後實行的佛教念佛、誦經等道場之事要量力而行；還可以在每年七月十五日佛教舉行的盂蘭盆會上供奉齋食，以示孝道。

從形式上說，《顏氏家訓》開創了家訓創作的新形式，每篇都確立一個主題，並且在論述每一主題時，都會指出討論這個主題的意義何在，當時社會存在哪些問題，應該如何實踐、注意哪些方面，並結合當時社會的一些例證予以說明。如關於教子，他首先論述了古代的教育，兼有聖人之教與庶人之教，引用孔子的「少成若天性，習慣如自然」〔註184〕說明教育的重要；之後他指出了當時家庭普遍存在的「無教而有愛」現象以及這樣可能導致的進一步結果、產生的原因；提出了父母應該如何教育子女，如何把握尺度。這其中列舉到王僧辯的母親如何教育其子，北齊武成帝的兒子高儼因缺乏良好的教育而導致殺身之禍。這樣的論述方式有理有據，既有說服力，又能明白易懂，且能切中問題原因所在。這種著述方式在唐代備受效法，如《帝範》《女論語》《女範捷錄》每篇都有主題，有序言或統論，從社會各方面的問題切入，將理論與例證結合。

由此可見，《顏氏家訓》自成體系，涉及的方面之廣，既是對顏氏家訓的傳承與發展，也是對古代傳統家訓的繼承與發展。他重視家族的傳承與發展，重視個人的才學與德行培養，重視個人的生命，也重視氣節，並試圖兼顧二者。

顏氏家訓經歷了三代傳承，從簡短的訓誡發展到專著形式的訓誡。雖然他們在不同時期指導思想不同，但都深受儒學思想薰陶，重視家庭教育，重視父輩對子輩的表率作用，重視家庭的倫理建設與治生之道，要求處於中道，保身，有氣節。

第四節　魏晉南北朝女訓

這一時期訓誡女子的著作主要有程曉《女典篇》，張華《女史箴》，裴頠《女史箴》，王廙《婦德箴》，徐湛之《婦人訓誡集》十一卷，馮少胄《娣姒訓》一卷，崔浩《女儀》，賈充妻李氏《女訓》、《典誡》八篇，無名氏《貞順志》一卷、《女鑒》一卷、《女篇》一卷、《雜文》十六卷〔註185〕、《女訓》十

〔註183〕王利器撰：《顏氏家訓集解》（增補本），第 602 頁。
〔註184〕王利器撰：《顏氏家訓集解》（增補本），第 8 頁。
〔註185〕《隋書·經籍志四》卷三十五，原注「為婦人作」，第 1082 頁。

六卷〔註186〕。其中，除了前四篇現存外，其餘都已遺失。另外，《世說新語·賢媛》《晉書·列女傳》《魏書·列女傳》《北史·列女傳》《顏氏家訓》以及其他史籍中也有一些記載。就這些材料來說，家庭直接訓誡女子的記載很少，而張華、裴頠的《女史箴》都是針對朝廷後宮的，是出於「懼後族之盛」而作。即便如此，我們還是可以從她們的言行中反觀到她們所接受的教育。

這一時期，「其婦女，莊櫛織紝皆取成於婢僕，未嘗知女工絲枲之業，中饋酒食之事業。先時而婚，任情而動，故皆不恥淫逸之過，不拘妒忌之惡。有逆於舅姑，有反易剛柔，有殺戮妾勝，有黷亂上下，父兄弗之罪也，天下莫之非也。又況責之聞四教於古，修貞順於今，以輔佐君子者哉」〔註187〕，喜歡「修周旋之好。更相從詣，之適親戚，承星舉火，不已於行。多將侍從，暐曄盈路，婢使吏卒，錯雜如市，尋道褻謔」〔註188〕。婦女不修婦德，不習女工，注重妝容，好妒忌、好任情、好安逸、好奢華，不關心治家，樂於外交。即便如此，一些士族家庭還是比較重視對女子的教育，在內容上，他們除了傳統的四教之外，還注重培養才學。她們繼承了良好的家風、家學，不僅有德行，而且有才華。

第一，重四教

這一時期社會對女子的基本要求仍然是傳統的婦德、婦言、婦容、婦功四教。如程曉《女典篇》提出「婦人四教，以備為成。婦德闕則仁義廢矣，婦言虧則辭令慢矣，婦工簡則織紝荒矣……若夫麗色妖容，高才美辭，貌足傾城，言以亂國，此乃蘭形棘心，玉曜凡質，在邦必危，在家必亡」〔註189〕。其中，針對當時社會「人咸知飾其容，而莫知飾其性」〔註190〕現狀，這一時期的女訓特別強調內在修養勝過容貌美麗。

婦德方面主要包括孝悌父母、公婆，主中饋，重視貞節，勤儉持家，守禮慎行。張華《女史箴》「婦德尚柔，含章貞吉，婉嫕淑慎，正位居室。施衿結褵，虔恭中饋，肅慎爾儀，式瞻清懿」〔註191〕，王廙《婦德箴》有「淑女鑒之，戰戰乾乾」〔註192〕，都是要求女子柔順、賢淑、孝敬公婆、操持家務、

〔註186〕《隋書·經籍志四》卷三十五，第1086頁，原注為梁代著作。
〔註187〕〔唐〕房玄齡：《晉書》卷五《孝愍帝紀》，第136頁。
〔註188〕楊明照撰：《抱朴子外篇校箋》，北京：中華書局，1991年，第616頁。
〔註189〕〔唐〕歐陽詢撰，汪紹楹校：《藝文類聚》卷二十三，第419頁。
〔註190〕〔唐〕歐陽詢撰，汪紹楹校：《藝文類聚》卷十五，第282頁。
〔註191〕〔唐〕歐陽詢撰，汪紹楹校：《藝文類聚》卷十五，第281頁。
〔註192〕〔唐〕歐陽詢撰，汪紹楹校：《藝文類聚》卷四十，第724頁。

注重儀表、謹慎行事。東晉庾袞在其侄女出嫁時，送給她用荊條和葦子編成簸箕和掃帚，並告誡她「今汝適人，將事舅姑，灑掃庭內，婦之道也，故賜汝此。匪器之為美，欲溫恭朝夕，雖休勿休也」〔註193〕，要求她為人婦之後待公婆要溫順恭敬，處理好家內事務，即便自己做得好，也不要自以為美。虞譚妻趙氏的女兒臨出嫁時，趙母告誡她「慎勿為好」，更不能為惡。這旨在告誡女兒不要為了善名而行事以免招人言語，但行為還是要從善不從惡。

夫婦之禮發生了改變，在禮儀中注入了情感。《世說新語》記載王戎的妻子常以「卿」稱呼王戎。王戎曰：「婦人卿婿，於禮為不敬，後勿復爾。」〔註194〕其妻曰：「親卿愛卿，是以卿卿。我不卿卿，誰當卿卿！」〔註195〕於是，二人以後一直都這樣稱呼。「卿」相當於現在的「你」，趙翼《陔餘叢考》認為「六朝以來，大抵以卿為敵以下之稱」〔註196〕，即一般用於稱呼比自己地位、輩分低的人；但這裡卻用於婦稱夫，說明夫婦之間的尊卑等級觀念弱化，親情觀念凸顯。另外，還有一則記載荀粲「與婦至篤，冬月婦病熱，乃出中庭自取冷，還以身熨之。婦亡，奉倩後少時亦卒」〔註197〕，這說明夫婦之間情感之深。雖然這些行為在當時備受譏諷，男尊女卑、男主女順觀念還比較深，但他們的行為本身就證明了不論男女，人們的思想在發生著變化，對禮儀、夫婦關係的認識在改變。

這一時期的婦德還關注娣姒關係。顏之推《顏氏家訓》在論述兄弟關係時，指出「娣姒之比兄弟，則疏薄矣；今使疏薄之人，而節量親厚之恩，猶方底而圓蓋，必不合矣」〔註198〕「娣姒者，多爭之地也」〔註199〕，娣姒之間親情淡薄、有利益之爭。二者關係和睦與否會直接關係到兄弟之間、兩個家庭之間以及整個大家庭和睦與否。王湛妻郝氏是郝普的女兒，出身寒門；王渾妻鍾氏是鍾繇的曾孫，出身於高門士族，「鍾、郝為娣姒，雅相親重：鍾不以貴陵郝，郝亦不以賤下鍾。東海家內則郝夫人之法，京陵家內範鍾夫

〔註193〕〔唐〕房玄齡：《晉書》卷八十八《庾袞傳》，第2281頁。

〔註194〕徐震堮著：《世說新語校箋》，北京：中華書局，1984年，第492頁。

〔註195〕徐震堮著：《世說新語校箋》，第492頁。

〔註196〕〔清〕趙翼著，欒保群、呂宗力校點：《陔餘叢考》，石家莊：河北人民出版社，1990年，第751頁。

〔註197〕徐震堮著：《世說新語校箋》，第489頁。

〔註198〕王利器撰：《顏氏家訓集解》（增補本），第23頁。

〔註199〕王利器撰：《顏氏家訓集解》（增補本），第28頁。

人之禮」〔註200〕，二人相處友好，不以貴賤相輕，這種情況在當時是少見的。而這種和睦源於她們倆從小受到良好的家庭教育，都「有令資淑德」。這說明女性通過受教育，理性能力在逐漸提高，對人的認識更加深入，不迷戀於外在的社會身份、形式化的禮儀，而是關注人與人之間的寬容、理解與情感。

另外，這一時期的婦德還關注到女性作為母親，特別是作為繼母，在與子女相處時的修養。顏之推《顏氏家訓》考察到當時社會「婦人之性，率寵子婿而虐兒婦」〔註201〕「後妻必虐前妻之子」〔註202〕，母親對女婿、媳婦、繼子、親子待遇不一樣，有厚有薄。這其中固然有自然親情差異的緣由，但根本上還是沒有意識到彼此是共同生活於一個大家庭，是一個共同體。

女子不僅有婦德，而且做婦功，這是勤儉治家的一個重要方面，關係到家庭的發展。王元姬，王肅的女兒，「事舅姑盡婦道，謙沖接下，嬪御有序……雖處尊位，不忘素業，躬織紡績，器服無文，御浣濯之衣，食不參味。而敦睦九族，垂心萬物，言必典禮，浸潤不行」〔註203〕，對長輩、晚輩都舉動得禮，親自做女工，勤儉治家。這根源於王肅對從小教她學習典籍，特別是禮制。她在八歲時就能「誦《詩》《論》，尤善喪服；苟有文義，目所一見，必貫於心」〔註204〕。

就婦德與婦容來說，二者孰輕孰重？苟粲言「婦人德不足稱，當以色為主」〔註205〕，裴頠反駁「此乃是興到之事，非盛德言，冀後人未昧此語」〔註206〕。許允的妻子阮氏，阮共的女兒，出身禮儀之家，有婦德、婦言、婦功，唯獨沒有婦容，「奇醜」。許允對此有些無法接受，「交禮竟，允無復入理。」〔註207〕阮氏以士人「百行以德為首，君好色不好德」〔註208〕反問他，最後二人「相敬重」。晉武帝在為太子納妻時，言到「衛家種賢而多子，美而長白；賈家種妒而少子，醜而短黑」〔註209〕。諸葛亮「少有逸群之才，英霸之器，身長八

〔註200〕徐震堮著：《世說新語校箋》，第 372 頁。
〔註201〕王利器撰：《顏氏家訓集解》（增補本），第 52 頁。
〔註202〕王利器撰：《顏氏家訓集解》（增補本），第 37 頁。
〔註203〕〔唐〕房玄齡：《晉書》卷三十一《后妃上》，第 950 頁。
〔註204〕〔唐〕房玄齡：《晉書》卷三十一《后妃上》，第 950 頁。
〔註205〕徐震堮著：《世說新語校箋》（下），第 490 頁。
〔註206〕徐震堮著：《世說新語校箋》，第 490 頁。
〔註207〕徐震堮著：《世說新語校箋》，第 365 頁。
〔註208〕徐震堮著：《世說新語校箋》，第 491 頁。
〔註209〕〔唐〕房玄齡：《晉書》卷三十一《惠賈皇后傳》，第 963 頁。

尺，容貌甚偉」〔註210〕，而他的妻子黃氏是「醜女，黃頭黑色」，但有才華。

男子娶妻、女子出嫁都是為了家族的傳承與發展，所以在家庭中，婦女能處理好相互間的關係、能輔佐對方事業發展、能教育好子孫才是最重要的。婦容嬌美固然能讓人賞心悅目，而有婦德才能維持家庭的和睦與發展。

第二，重才學

這一時期的女子，由於父輩祖輩有著深厚的文化底蘊，除了接受四教外，還傳承家學，受到了良好的學業教育，學成之後傳授子孫、開設學堂或在朝為官。

經史子學方面，如十六國時期韋逞外祖父「家世以儒學稱」〔註211〕，因其下無子，在女宋氏稍長一些後，告誡她「吾家世學《周官》，傳業相繼，此又周以所制，經紀典誥，百官品物，備於此矣。吾今無男可傳，汝可受之，勿令經世」〔註212〕，要求其繼承祖傳的《周官音義》之學。宋氏謹遵父親教誨，「諷誦不輟」，學有所成。後來，她應符堅之詔在家設立講堂，招收生員，教授《周官》學，為經學的傳承起到重要作用。三國吳地虞韙妻趙姬「才敏多覽」，著有《列女傳》七卷，有賦數十萬言，後被孫權詔入宮省。晉朝劉聰妻劉氏，其父劉殷「博通經史，綜覈群言，文章詩賦靡不該覽」〔註213〕，曾向五子各傳授一經，是當時北方學術最興盛的家族。劉氏「每與諸兄論經義，理趣超遠，諸兄深以歎伏」〔註214〕，其姐劉英「聰敏涉學，而文辭機辯，曉達政事」〔註215〕。北魏清河崔覽妻封氏，祖父封弈「章奏符檄，則粲然可觀」〔註216〕。封氏「有才識，聰辯強記，多所究知，於時婦人莫能及」〔註217〕。清河房愛親妻崔氏，崔元孫之女，出生於儒學大族，有好學經史典籍的文化傳統，「歷覽書傳，多所聞知」〔註218〕，親自教授其子《九經》。

佛學方面也有所成就。如梁朝丁令光，梁武帝的妃子，對於梁武帝所立

〔註210〕〔晉〕陳壽：《三國志・蜀書》卷三十五《諸葛亮傳》，第 930 頁。
〔註211〕〔唐〕房玄齡：《晉書》卷九十六《列女傳》，第 2521 頁。
〔註212〕〔唐〕房玄齡：《晉書》卷九十六《列女傳》，第 2521 頁。
〔註213〕〔唐〕房玄齡：《晉書》卷八十八《劉殷傳》，第 2288 頁。
〔註214〕〔唐〕房玄齡：《晉書》卷九十六《列女傳》，第 2519 頁。
〔註215〕〔唐〕房玄齡：《晉書》卷九十六《列女傳》，第 2520 頁。
〔註216〕〔唐〕李延壽：《北史》卷八十三《文苑傳》，第 2778 頁。
〔註217〕〔北齊〕魏收：《魏書》卷九十二《列女傳》，北京：中華書局，1974 年，第 1978 頁。
〔註218〕〔北齊〕魏收：《魏書》卷九十二《列女傳》，第 1980 頁。

的佛經經義,「皆得其指歸,尤精於《淨名經》。」〔註219〕她父親丁仲遷在她生了第三個兒子後,曾言「莫道豬狗子」,可見丁氏並不是出生於士人之家,她對佛經的精通應該源於梁武帝對她的影響。

文學方面,如東晉時期謝道韞,陳郡謝奕之女,「聰識有才辯」「所著詩賦誄頌並傳於世」〔註220〕。其叔父謝安曾指導其作文,讓她描繪下雪的場景,她以「未若柳絮因風起」〔註221〕應對,謝安大悅。王渾妻鍾氏,鍾繇曾孫,其父鍾會「有才數技藝,而博學精練名利」。〔註222〕。她「有文才」,著有《鍾夫人集》,其女「亦有才淑」。左芬,「家世儒學」,其兄左思所作賦「豪貴之家競相傳寫,洛陽為之紙貴」〔註223〕。她「少好學,善綴文,名亞於思」〔註224〕,曾作《離思賦》,有《左九嬪集》。劉臻妻陳氏「聰辯能屬文」,曾作《椒花頌》,有《陳氏集》五卷。南朝宋韓蘭英「有文辭」,曾作《中興賦》,後來被宋武帝詔為博士,「教六宮書學」。

技藝方面,如段豐妻慕容氏「善書史,能鼓琴」〔註225〕;郗徽,梁武帝蕭衍皇后,「善隸書,讀史傳」〔註226〕;章要兒,陳武帝陳霸先皇后,「善書計,能誦《詩》及《楚辭》」〔註227〕;沈婺華,陳後主陳叔寶皇后,「涉略經史,工書翰。」〔註228〕

總之,這一時期的女訓繼承了傳統訓誡,重視四德,強調女子對於家庭的作用,重視家人之間情感;也發展出新的特點,重視女子的才學,傳承良好的家風、家學。

小結

魏晉南北朝家訓是中國家訓發展史上的成型階段。訓誡者的自覺意識提

〔註219〕〔唐〕李延壽:《南史》卷十二《武丁貴嬪傳》,第340頁。
〔註220〕〔唐〕房玄齡:《晉書》卷九十六《列女傳》,第2517頁。
〔註221〕徐震堮著:《世說新語校箋》,第72頁。
〔註222〕〔晉〕陳壽:《三國志》卷二十八《鍾會傳》,第784頁。
〔註223〕〔唐〕房玄齡:《晉書》卷九十二《文苑傳》,第2377頁。
〔註224〕〔唐〕房玄齡:《晉書》卷三十一《左貴嬪傳》,第957頁。
〔註225〕〔唐〕房玄齡:《晉書》卷九十六《列女傳》,第2525頁。
〔註226〕〔唐〕李延壽:《南史》卷十二《后妃下》,第338頁。
〔註227〕〔唐〕李延壽:《南史》卷十二《后妃下》,第343頁。
〔註228〕〔唐〕李延壽:《南史》卷十二《后妃下》,第346頁。

高，很多是為家訓而撰寫家訓；訓誡內容在繼承傳統的基礎上，具有綜合性、普遍性、細緻性特點。這一時期的家訓要求子孫儒道佛玄兼修，讀書入仕，孝悌於家，遵守家禮，謹慎言行，保身免禍；重視女子的四德教育，兼修才藝。他們重視子孫的理性與性情發展；重視家風與家教的傳承與發展，重視家族的信仰與家人的情感。在形式上，這一時期的家訓重視以理說人、以身為教，繼承了前代以名為戒、品議人物、以己為戒的訓誡方法。

這種具有普遍意義的家訓，其影響已經超出家庭的範圍而具有社會意義。如《顏氏家訓》雖然是在批判當時社會風氣的背景下而作，初衷在於「整齊門內，提撕子孫」〔註229〕，但其實際上已具有一定的普適性，具有一定的社會作用，有助於士人的家庭建設。

〔註229〕王利器撰：《顏氏家訓集解》（增補本），第 1 頁。

第五章　魏晉南北朝家訓
——成型時期（二）

　　魏晉南北朝家訓的發展與當時的學術思想有著密切的關係。這一時期主要的學術派別有儒學、道教、佛教、玄學。這些不同的思想對家訓的影響不同，其中儒學仍然是家訓的主導思想。玄學的發展推進了家訓對個體自由發展的關注。在社會階層上，這一時期出現了很多世家大族，他們的社會身份不同，家風不同，自然家訓內容也有差異，具體可分為高門士族內部的差異、士族與寒族的差異。

第一節　魏晉南北朝家訓與學術思想

　　東漢末年儒學衰落，佛教、道教得到發展。魏晉南北朝時期基本延續了這一狀況。儒學思想不受重視，經學不再被推崇，沒有系統的理論建設，但仍然有士人研習經典，注重禮法，如三國時期有荊州學派，晉朝有杜預、傅玄等大儒；同時，北朝少數民族政權吸收中原文化，也重視儒家的禮教文化。佛教經典被大量的傳入、翻譯、注釋，但到南北朝時期，「佛教教義才正式以宗教哲學的獨立姿態出現」〔註1〕，並且成為統治階層的人生信仰。道教思想進一步發展，逐漸融合儒、道、佛思想，理論建設更加完善，作為信仰深入上層。另外，這一時期產生了新型的玄學。它融合儒道，以有與無的關係為根

〔註 1〕何茲全主編：《中國通史·中古時代·三國兩晉南北朝時期》（上）（第 5 卷），
　　　　白壽彝總主編，上海：上海人民出版社，2004 年，第 439 頁。

本，以名教與自然的關係為主題，將傳統禮教思想形而上學化。

在學理上，這些不同的思想流派相互批判、相互融合，共同發展。這些學術思想為家訓的發展提供了思想指導，同時家訓的發展也為傳統文化的傳承起到重要作用，但二者的發展並不完全一致。這一時期，儒學思想仍然是家訓的主導思想，但也有其時代的特點；玄學、佛教、道教思想的發展也促進了家訓內容的豐富與完善。

一、魏晉南北朝家訓與儒學思想

這一時期的家訓，在修身、治家、為政、處世方面仍然是以儒學思想為主導，起著加強個人修養、規範人倫秩序、協調社會關係的作用。這與這一時期玄學、佛學的興起，儒學的式微形成反差。

一方面是因為這一時期以家族為本位的家庭建設與儒學的基本理論相契合，而這是玄、佛等學術思想所替代不了的。

這一時期，隨著門閥制度的興起與發展，士族逐漸成為統治階層中的重要力量，到東晉時期達到頂峰，發展為門閥政治。對於士族階層來說，他們的重心在於家族的發展，一是傳承家族文化，不使家道墜落；二是爭取發展家族在政治上的勢力，保障家族的仕宦之途，不辱先人。對於個體家庭來說，也就是要維護好傳統的家庭倫理秩序、重視個體的德行修養與事業發展等。這些內容，特別是齊家部分，重在維持血緣親情，卻是玄學、佛學所不重視的，玄學重在談理，佛學重在出世。從儒學來說，其根本理論就是「內聖外王」，對內重視人的自我修養，對外重視人的社會性發展，以修身、齊家、治國、平天下為己任，以孝悌、仁義、禮智為核心內容。所以，儒學思想與家庭建設二者在內容上是相契合的，如顏延之作《庭誥》的目的在於「樹德立義，收族長家」，以倫理道德修養自身，和睦宗族，家道昌盛。

另一方面，是因為政治上皇帝仍然將儒學作為鞏固政權的基本指導思想。這一時期雖然君權相對衰弱，談玄論道、信佛建寺之風興盛，研讀經學之風衰落，但從整體上說，皇室仍然將振興、發展儒學作為其政策的一部分，「振興皇權與振興儒學相輔相行」〔註2〕。如曹操雖然崇尚名、法，但在北方局勢穩定後，下《修學令》「後生者不見仁義禮讓之風，吾甚傷之。其令郡國各修

〔註2〕田餘慶：《東晉門閥政治》，北京：北京大學出版社，2012年，第259頁。

文學」〔註3〕；西晉政權建立之初，皇帝要求修訂禮儀，選拔「好學篤道，孝悌忠信，清白異行」〔註4〕的人才；東晉時期，司馬睿採用王導等人的建議，「夫風化之本，在於正人倫。人倫之正，存乎設庠序。庠序設，五教明，德禮洽通，彝倫攸敘，而有恥且格」〔註5〕，建立太學。朝廷重視儒學是為了整頓社會風紀，抑制人的浮華行為，這在一定程度上影響到士族對子孫的教育觀。

但這一時期家訓在具體內容上，有其時代性、歷史性特點。具體表現在：

第一，在儒學的內聖外王的根本目標上，內聖止於保身，外王止於保家。

這一時期的家訓強調追求人生的意義，要求立志、有業，但卻沒有向內致力於求道，向外致力於治國、平天下的目標，如王昶《家誡》的目的就是「寶身全行，以顯父母」〔註6〕。全篇重在告誡子孫在立身處世上如何謹慎免禍，又能揚名，沒有關於在仕途上如何盡職的訓導，並且也不希望子孫學習伯夷、叔齊之類。羊祜要求子孫「恭為德首，慎為行基」〔註7〕；顏之推《顏氏家訓》要求子孫任職要處在中品，這樣既不會危及自身性命，同時也保住了家族仕宦的傳統，還要求子孫不要為兵，這樣可能「或陷於危亡，或遭受恥辱」〔註8〕。這與古人所追求的「在明明德，在親民，在止於至善」〔註9〕、士志於「仁義而已」不同，後者以仁與義為根本追求，由己及人，目的是濟世化民，天下「老者安之，朋友信之，少者懷之」〔註10〕；而對於前者來說，一切訓誡都是圍繞著個體的性命存亡與家族的榮耀而展開的。當然這一時期家訓也有關於踐行仁義的訓誡，如嵇康告誡子孫要「當大謙裕」「當全大讓」「臨朝讓官，臨義讓生」〔註11〕，顏之推告誡子孫「生不可不惜，不可苟惜」〔註12〕，但畢竟他們考慮得更複雜一些，認為個體的生命、家庭的完整、家道的興盛更重要，遇事會先權衡利弊。

第二，在德業修養方面，偏重以家庭倫理秩序建設為核心的道德修養。

〔註3〕〔晉〕陳壽：《三國志・魏書》卷一《武帝紀》，第24頁。
〔註4〕〔唐〕房玄齡：《晉書》卷三《世祖武帝紀》，第57頁。
〔註5〕〔唐〕房玄齡：《晉書》卷六十五《王導傳》，第1747頁。
〔註6〕〔晉〕陳壽：《三國志・魏書》卷二十七《王昶傳》，第744頁。
〔註7〕〔唐〕歐陽詢撰，汪紹楹校：《藝文類聚》卷二十三，第423頁。
〔註8〕王利器撰：《顏氏家訓集解》（增補本），第348頁。
〔註9〕〔宋〕朱熹：《四書章句集注・大學章句》，第3頁。
〔註10〕〔宋〕朱熹：《四書章句集注・論語集注》，第82頁。
〔註11〕戴明揚：《嵇康集校注》，第546頁。
〔註12〕王利器撰：《顏氏家訓集解》（增補本），第362頁。

在樹立德業上，這一時期雖然要求慈孝、友悌、仁義、有禮、盡忠、守慎、有業，但慈友先於孝悌，孝先於忠，儀先於敬，恕人先於盡己，言行慎之又慎，德與藝兼修。

在德行方面，慈孝友悌等仍然是這一時期家庭倫理的基本要求，但長輩表率的作用更重要，如顏延之《庭誥》「欲求子孝必先慈，將責弟悌務為友。雖孝不待慈，而慈固植孝；悌非期友，而友亦立悌」〔註13〕，顏之推《顏氏家訓》「夫風化者，自上而行於下者也，自先而施予後者也。是以父不慈則子不孝，兄不友則弟不恭，夫不義則婦不順矣」〔註14〕。這種父母為子孫作榜樣、以身立教的教育方式，進一步延伸就是父母以自己的經歷訓誡子孫，如楊椿在《誡子孫》中講述了他們兄弟三人在朝為官時因謹慎言語而被提拔，希望子孫做官後也要謹慎言行。這與先秦兩漢時期偏重孝的觀點不同，這說明這一時期家庭中父母與子女的關係是情與理的統一，子女的孝悌之道也會是出自內心的、理性的要求，而不會是虛偽的表露。這樣，家庭才會更和睦。

在孝與忠方面，孝是家庭倫理，忠是政治倫理，這一時期孝重於忠。這從家訓的內容中就可以看出，他們很少強調對國盡忠，在政治上強調不要結朋黨、對政事要保密，以避免「朋黨之累」，防止落他人口實，反遭難。這不同於兩漢時期由孝及忠的思想。

在忠與恕、盡己與寬人之間，後者更重要，如嵇康《家誡》「凡人自有公私，慎勿強知人知」〔註15〕，顏延之《庭誥》「從事於人者，無一人我之心，不以己之所善謀人，為有明矣」〔註16〕，都是要求儘量不要干涉他人的事，否則可能會適得其反，本來是為他人考慮，結果卻讓自己遭禍。這與儒家倡導的推己及人的精神相悖。如果他人冒犯自己，則要儘量寬恕，不要生怨，踐行「救寒莫如重裘，止謗莫如自修」〔註17〕「苟能反悔在我，而無責於人」〔註18〕的思想；而自己就更不能詆毀他人，要「聞人之惡，當如聞父母之名。耳可得而聞，口不可得而言也」〔註19〕。這雖然有儒家「己所不欲勿施於人」

〔註13〕〔梁〕沈約：《宋書》卷七十三《顏延之傳》，第1894頁。
〔註14〕王利器撰：《顏氏家訓集解》（增補本），第59頁。
〔註15〕戴明揚：《嵇康集校注》，第546頁。
〔註16〕〔梁〕沈約：《宋書》卷七十三《顏延之傳》，第1898頁。
〔註17〕〔晉〕陳壽：《三國志·魏書》卷二十七《王昶傳》，第746頁。
〔註18〕〔梁〕沈約：《宋書》卷七十三《顏延之傳》，第1899頁。
〔註19〕〔晉〕陳壽：《三國志·魏書》卷二十七《王昶傳》，第746頁。

的精神，但這種恕道已經延伸到儘量不與他人衝突，更多地要求反省自身。

在禮儀方面，儀式重於內涵，如顏之推《顏氏家訓》中講到很多稱呼、取名、言談方面的避諱，喪禮中哭聲、表情的要求。徐爰《家儀》的出現更說明這一時期禮儀有很大發展，以至於有專門的家庭禮儀規範要求。而另一方面，顏之推還提出「禮緣人情，恩由義斷」〔註20〕的理念，這既說明了禮的內涵在於符合人情，又佐證了當時的禮過於形式化，而不顧及人情，違背了古禮的內涵。

在言行謹慎方面，雖然儒家一直重視「敏於事而慎於言」「三思而後行」，但這一時期突出強調言行。以嵇康《家誡》為典型，他要求子孫一言一行都要經過自己的思慮，不能有疏忽；特別是言語方面，論述特別細緻，要考慮言是否能盡意、在宴會上該如何應對、面對爭訟該如何處理等；在行為方面，涉及到如何與上級交往、如何應對他人的邀請、如何處理他人送的財物等。這種高度的強調主要目的就是保身免禍，以免遭到不義的殺生之禍。

在德業方面，要求二者兼修，這裡的業既包括仕宦、功業，也包括藝，如曹操告誡其子既要慈孝也要能建功業，守得住郡邑；簡文帝告誡其子「立身先須謹重，文章且須放蕩」〔註21〕；顏之推告誡其子不僅要勉學修德，而且要在文章、繪畫、書法方面有所成就。這與古代以內聖推外王的思想不盡相同，技藝成為修身的一部分，也成為謀生的一種手段，「以一藝自資」。

第三，在提升個人修養的方式上，偏重實踐性學習。

關於提升自己的方式，這一時期的家訓提出了讀書、效賢、受訓、交友等，但士人認為「學之所益者淺，體之所安者深。閒習禮度，不如式瞻儀型；諷味遺言，不若親承音旨」〔註22〕，效法他人勝過獨自讀書體會，父母的訓誡勝過古人的遺教。所以，效法今人、銘記父母訓誡、與賢人交往成為更主要的方式。

在讀書方面，這一時期傳統五經地位下降，不再是必讀的書目，而是將範圍延伸為諸子學術；其目的也不只是修德，「開心明目，利於行耳」〔註23〕，而是要求學有所用，能解決現實問題，如劉備要求其子讀《漢書》、梁元帝要

〔註20〕王利器撰：《顏氏家訓集解》（增補本），第104頁。
〔註21〕〔唐〕歐陽詢撰，汪紹楹校：《藝文類聚》卷二十三，第424頁。
〔註22〕〔唐〕房玄齡：《晉書》卷七十五《王承傳》，第1960頁。
〔註23〕王利器撰：《顏氏家訓集解》（增補本），第166頁。

求其子五經之外讀正史，用以治國；王僧虔指導其子讀老莊注疏，明白玄學家所談論的議題，是為了融入士族階層。效法賢人是對儒家「見賢思齊」的實踐，但這一時期重視效法今人，而不倡導效法古人，如司馬越提到了王安期，王昶列舉了徐幹、任嘏，顏之推列舉了羊侃、楊遵嚴等，這些被列舉的都是當世有大德、博才之人。關於父母的訓誡，他們都希望子孫能「思乃父言，纂乃父教，各諷誦之」〔註24〕。這一方面說明先秦聖人的行為方式與當世的家族要求有錯位，介子推之類的賢人不是這一時期家族所要求的，古代的禮儀也不契合時代要求；另一方面說明聖人在當時士人的視野中地位下降；而今世賢人、父母訓誡由於有著切實的經歷、見證，有更強的說服力與指導性，並且也更適合當時士族子孫不喜讀書的境況。

從這些變化中，我們可以看到這一時期的家訓在整體上圍繞著個體的生存與家庭、家族的發展而展開；當然，也有一些家訓仍然會要求踐行捨生取義的士人氣節，但在現實中已經不是主流。他們對傳統儒學理論做了一些改變以適應時代的需要與自身的利益。這一時期家訓的特點也是對魏晉南北朝儒學發展特點的一個注腳，余英時說「魏晉南北朝則尤為家族為本位之儒學之光大時代，蓋應門第社會之實際需要而然耳」〔註25〕。而這些家訓對儒學的延續與繼續發展也有著重要作用，如唐代顏師古對校讎訓詁之學特別有研究，在唐初被任命校定《五經》、參與修撰《五經正義》，為唐代經學的發展奠定了重要基礎，這完全得益於顏氏家族的經學家風，特別是顏之推在《顏氏家訓》中對小學、訓詁之學的強調。

二、魏晉南北朝家訓與玄學思想

魏晉南北朝的家訓，除了受儒學思想指導外，還受到玄學思潮的影響。由於玄學重在談理論道，其運用的思維方式、倡導的生活方式及處世態度等都很獨特，總體來說它重視理性，注重個體獨立與自由，不注重經世教化。這種思想在這一時期個人的修養、處世、家訓的言說方式等方面都有體現。

〔註24〕〔唐〕歐陽詢撰，汪紹楹校：《藝文類聚》卷二十三，第 423 頁。

〔註25〕余英時：《士與中國文化》，上海：上海人民出版社，2013 年，第 341 頁。田餘慶在《東晉門閥政治》中，認為余氏「儒學之光大時代」的論斷需要斟酌，但肯定「余氏所論在玄風競扇之中，儒學猶得不絕，齊家之學更有發展，確是事實。」參考田餘慶：《東晉門閥政治》，北京：北京大學出版社，2012 年，第 341 頁。

第一，玄學以致用，內以修身，外以仕宦

玄學是這一時期學術的主流，也是士族之間談論的主要內容和主要交流方式。它的興起一方面使士人行為處世的方式發生改變，如嵇康告誡其子說話要注意言意關係，如果覺得言不盡意，就應該忍而不言，以免閃失，這是對玄學言意之辯的現實應用。另一方面士人晉升為勢族的有效途徑也發生變化。這以王僧虔《誡子書》為代表，他雖然認為玄學「志為之逸，腸為之抽」〔註26〕，但他全篇就在教其子如何研讀玄學，掌握玄學家談論的議題，以備其子能以玄交友，保證王氏家族的仕宦之途不墜。

第二，重視人的理性自覺與意志自由

這一時期的家訓特別重視追求人生意義，重視人的意志自由，強調為人做事要獨立，敢於堅持己見，能抑制欲望，不要隨波逐流。如嵇康《家誡》全篇以「志」為主題，強調在世要守志，既是自己對自己的要求，也是自己與他人交往的要求，並且其最高境界是「以無心守之，安而體之，若自然也」〔註27〕，出於自然本性的堅持，不是為了滿足欲望與利祿，有意為之，「心不存乎矜尚」「情不繫於所欲」〔註28〕。而這種自我意志的堅持是以理性自覺為基礎的，意識到自己是一個獨立個體，有獨立的認識、判斷與行為能力，是生命的主體，是實踐的主體。還有，如顏延之《庭誥》告誡其子要「懷道從理」，要求將富貴與貧賤相齊，追求自身內在的樂處，這是一種不追求外在利祿，注重個體精神追求的境界。顏之推《顏氏家訓》提出「禮緣人情，恩由義斷，親以噎死，亦當不可絕食也」〔註29〕，反對禮制過分抑制人的情感，不能因親亡故而影響到自己的日常生活，而是應該禮因人情而定，適可而止，這是基於理性對傳統思想的批判，強調人的現實存在意義。

這些都是深受到玄學思維影響的。玄學圍繞名教與自然的關係展開論題，雖然有不同的發展階段，但他們在追求「自然」上是共同的。就郭象的「名教即自然」而言，其獨化論的觀點認為事物在本性上就是自生自為的，自己以自己為存在根據，而不依賴於他物。這落實到人，就是「承認作為個性的自我的存在，它第一次將人作為與自然並存的獨立的個體來加以考慮，主體的

〔註26〕〔梁〕蕭子顯：《南齊書》卷三十三《王僧虔傳》，第598頁。
〔註27〕戴明揚：《嵇康集校注》，第544頁。
〔註28〕戴明揚：《嵇康集校注》，第402頁。
〔註29〕王利器撰：《顏氏家訓集解》（增補本），第104頁。

人在玄學中獲得了第一要義，人的個性意識和自然意識得到了確立」〔註30〕。
這意味著人的一切行為都是圍繞人的自然與精神需要而展開，將人的自我發
展作為重要目的，以理性、意志主導自己的生活。

第三，家訓論說詳細，思維嚴密

從整體上說，這一時期家訓的訓誡內容很詳細，論說時很注重事理。如
嵇康《家誡》對言語問題的分析：

> 夫言語，君子之機。機動物應，則是非之形著矣，故不可不慎。
> 若於意不善了，而本意欲言，則當懼有不了之失，且權忍之。後視
> 向不言此事，無他不可，則向言或有不可。然則能不言，全得其可
> 矣。且俗人傳吉遞、傳凶疾，又好議人之過闕，此常人之議也。坐
> 中所言，自非高議，但是動靜消息，小小異同，但當高視，不足和
> 答也。非義不言，詳靜敬道，豈非寡悔之謂？人有相與變爭，未知
> 得失所在，慎勿豫也。且默以觀之，其是非行自可見。或有小是不
> 足是，小非不足非，至竟可不言，以待之。就有人問者，猶當辭以
> 不解，近論議亦然。若會酒坐，見人爭語，其形勢似欲轉盛，便當
> 亟捨去之，此將鬥之兆也。坐視必見曲直，黨不能不有言，有言必
> 是在一人；其不是者方自謂為直，則謂曲我者有私於彼，便怨惡之
> 情生矣！或便獲悖辱之言，正坐視之，大見是非而爭不了，則仁而
> 無武，於義無可，當遠之也。然大都爭訟者，小人耳，正復有是非，
> 共濟汙漫，雖勝，可足稱哉？就不得遠取醉為佳。若意中偶有所諱，
> 而彼必欲知者，共守大不已，或欲以鄙情，不可憚此小輩而為所撓
> 引，以盡其言，今正堅語，不知不識，方為有志耳。〔註31〕

全文用 459 個字分析如何說話要如何謹慎，分析了言語對於人的重要性、為
什麼要謹慎，在如何謹慎方面，涉及到言意關係、俗人的嗜好、言語的原則、
如何應對他人的問題。這完全不同於漢代「無湎於酒」「言多令事敗」的簡單
訓誡。他們之所以能論述這麼詳細、嚴密，原因之一就是他們對社會有深刻
的認識，有理性思維，邏輯嚴謹。這些都與玄學注重邏輯思維有密切關係，
因為玄學是從名理學發展而來，而後者由於「採用名辯之術，所以著論很重

〔註30〕孫立群：《論魏晉士人的「覺醒」》，《聊城師範學院學報》（哲學社會科學版），
2001 年第 1 期，第 58 頁。
〔註31〕戴明揚：《嵇康集校注》，第 545 頁。

視邏輯關係，而且重視論難」〔註32〕。

三、魏晉南北朝家訓與道家、道教思想

　　雖然道家思想在先秦之後沒有得到階段性的發展，但它的思想一直影響著之後人們的行為方式。特別是在魏晉南北朝時期，《老子》《莊子》成為三玄之二，備受士人重視。雖然它們無助於齊家、治國，但對於個體修養來說，還是有益處的。這一時期的家訓對老莊思想也有所借鑒。

　　第一，倡導虛靜修身，屏欲知足

　　這是道家老莊都比較重視的，強調向內探求心靈的虛靜。如王昶將其兄子、子的字分別命為處靜、處道、玄衝、道沖，希望他們能謹記名戒，以虛靜之道修身，不要積極冒進，以爭處世；諸葛亮戒子「非淡泊無以明志，非寧靜無以致遠」〔註33〕，也是要求心靜少欲。但具體方面還是有區別，王昶的告誡不是希望子孫真能習得玄學精髓，對名利淡泊，而只是將道家之學作為一種術，「能屈以為伸，讓以為得，弱以為強，鮮不遂矣」〔註34〕，希望以此保身免禍，又能「顯父母」；而諸葛亮的淡泊、寧靜是一種內在修養，其目的是樹立人生志向，而不是避世隱居。還有如王昶、楊椿告誡其子孫在仕途上要功遂身退，這是作為一種「門法」，如果不知足而止，則可能無法保全身家性命、永全福祿。

　　第二，堅持窮理盡性的生死觀

　　士人很重視終制事宜，而儒家一直重生，很少論及死亡，所以士人的生死觀深受道家思想影響。這一時期比較突出的是沐並和皇甫謐。沐並認為儒家的喪禮制度「未是夫窮理盡性，陶冶變化之實論也」〔註35〕；而道家「以天地為一區，萬物芻狗，該覽玄通，求形影之同宗，同福禍之素，一死生之命」〔註36〕，將天地萬物、生與死、福與禍視為相齊的觀點是真正探求到了自然的本質。皇甫謐認為生死是天地必然之理，人死後靈魂與屍體相隔天地，入土安葬是「反真之理」。這說明隨著理性思維的發展，人對於自我的認識更加深刻，道家思想因對自然、人性的獨特認識而被肯定，並被運用於實踐，

〔註32〕唐長孺：《魏晉南北朝論叢》，北京：中華書局，2011年，第309頁。
〔註33〕〔蜀〕諸葛亮著，段熙仲，聞旭初編：《諸葛亮集》，第28頁。
〔註34〕〔晉〕陳壽：《三國志‧魏書》卷二十七《王昶傳》，第745頁。
〔註35〕〔晉〕陳壽：《三國志‧魏書》卷二十三《常林傳》，第663頁。
〔註36〕〔晉〕陳壽：《三國志‧魏書》卷二十三《常林傳》，第663頁。

在這方面是超越儒學的。

關於道教思想，這一時期主要朝兩個方向發展，一是傳統的注重齋祀符籙，如南朝宋陸修靜制定了道教齋戒儀式，創立了上清派；二是注重個體的形神修煉，服食藥物，修性安心，以延長壽命，稱之為「神仙道教」，如葛洪《抱朴子內篇》建立了以「玄」、「道」為核心的本體論思想，詮釋養生、長生理論。這些在這一時期的家訓中都有所反應，以顏之推《顏氏家訓》為代表，他專門告誡其子「吾家巫覡禱請，絕於言議；符書章醮亦無祈焉」〔註37〕，反對請道士設壇用符祈禱，認為這是「妖妄之費」。這說明道教這一派在士人階層是不被接受的。而對於成仙之事，顏之推也反對，認為它遠離了世務，並且現實中修煉成功的「成如麟角」，不希望他們做專門研究，但可以學習道教養身方面的知識，「若其愛養神明，調護氣息，慎節起臥，均適寒暄，禁忌食飲，將餌藥物，遂其所稟，不為夭折者，吾無間矣」〔註38〕。這說明道教思想被理性地吸收，既未完全否定，也沒有完全肯定，只是就適合於身心方面修養的加以借鑒，養好形神，以備更好地做好現實世務。

四、魏晉南北朝家訓與佛教思想

這一時期佛教思想得到了進一步發展，特別是東晉之後，玄學衰落，佛學興盛，統治階層對此深感興趣，表現之一就是信仰佛教。在思想上，佛教作為一種外來文化，與中國傳統的儒學、道學思想發生碰撞，甚至有相悖之處，三者之間的爭論在東晉之後比較突出。這一時期的家訓對此也都有反映。

就信仰方面來說，如齊武帝臨終要求家中繼續供養佛像、辦功德事，但不允許建塔寺、將住宅改為精舍；顏之推因為「家世歸心」，所以要求子孫對佛教信仰不能「輕慢」，需要「兼修戒行，留心誦讀」〔註39〕，但不需要出家。就佛教與其他學術的爭論方面而言，這是屬義理方面，如顏延之《庭誥》〔註40〕中

〔註37〕王利器撰：《顏氏家訓集解》（增補本），第 57 頁。
〔註38〕王利器撰：《顏氏家訓集解》（增補本），第 356 頁。
〔註39〕王利器撰：《顏氏家訓集解》（增補本），第 396 頁。
〔註40〕由於《宋書》中的《庭誥》是被沈約所刪減過的，關於佛道關係的討論是保存在《弘明集》中。所以，對於顏延之對其子孫信仰的具體要求沒有確切資料。黃水雲推論顏延之「實主儒佛並存說，並兼取道教煉形之法……延之對於佛道二教，可謂信佛而不廢道……如欲觀其階差，則道係從屬於佛」，這樣顏延之的信仰次序是儒、佛、道。黃水雲：《顏延之及其詩文研究》，臺灣：文史哲出版社，1989 年，第 105～106 頁。

論佛道關係，認為二者的重點不同，「為道者，蓋流出於仙法，故以練形為上。崇佛者，本在於神教，故以治心為先」〔註41〕，也都各有優劣，但佛道二教對人各有所用，「天之賦道，非差胡華；人之稟靈，豈限外內」〔註42〕，所以「終致可一」，二者是可並存的。張融的《門律》也認為「道也與佛，逗極無二，寂然不動，致本則同」〔註43〕，並要求他們「可專尊於佛跡，而無侮於道本」〔註44〕。顏之推《顏氏家訓》專列《歸心》篇討論了一些佛教義理及其社會效應；在儒佛關係上，認為二者「本為一體，漸積為異，深淺不同」〔註45〕，並借儒學思想證明佛教的合理，有佛教思想勝過儒學的傾向。

　　家訓中探討儒佛道的關係是因為當時社會對於三教關係有爭論，在義理方面有待深入闡釋，特別是佛教思想有待深入研究；而在信仰層面，社會上各派都有勢力，大家族也都有各自的信仰。在這種情況下，對於子孫來說，他們有多種選擇，同樣也意味著對信仰有困惑，家訓通過闡釋三教的義理關係，以理服人，這樣子孫才能更信服地傳承家族信仰傳統。他們不是要求獨尊一教一派，而是三教可以並存，並且有意地突出佛教。因為從個人修養角度講，三家各有長處，是互補的，於己都有益處，如佛教的因果報應、三世說會勉勵人行善，道教理論會教人養生，儒學會教人齊家之道。這種三教兼修的思想在這一時期基本定型，王褒《幼訓》明確提出「吾始乎幼學，及於知命，既崇周、孔之教，兼循老、釋之談，江左以來，斯業不墜，汝能修之，吾之志也」〔註46〕。

第二節　魏晉南北朝家族與家訓

一、家訓是家族興盛的必要條件

　　縱觀這一時期的家訓，他們都是出自有儒學修養的大族或小族，如三國時期陸氏是江東大族，琅邪諸葛氏是寒族，兩晉南朝時期的琅邪王氏、陳郡謝氏、夏侯氏都是高門士族，琅邪顏氏是屬於次等士族。他們雖然家庭出身、

〔註41〕釋僧祐撰：《弘明集校箋》，上海：上海古籍出版社，2013年，第732頁。
〔註42〕釋僧祐撰：《弘明集校箋》，第732頁。
〔註43〕釋僧祐撰：《弘明集校箋》，第325頁。
〔註44〕釋僧祐撰：《弘明集校箋》，第325頁。
〔註45〕王利器撰：《顏氏家訓集解》（增補本），第368頁。
〔註46〕〔唐〕姚思廉：《梁書》卷四十一《王褒傳》，第584頁。

社會地位有區別，但都重視子孫的教育，並且將這種家風代代傳承下去。

從士族自身發展來說，這一時期士人家族化的發展雖然有制度保障，「漢末大姓、名士是魏晉士族的基礎，而士族的形成在魏晉時期，九品中正制保證士族在政治上的世襲特權，實質就是保證當朝顯貴的世襲特權，因而魏晉顯貴家族最有資格成為士族。」〔註47〕但如果只靠政治、經濟上的蔭蔽，而不重視家族文化的傳承，是不會出現家族幾代人都仕宦顯貴，其社會地位也不會長久被尊重，「反之，讀書人出自寒微者，卻由於入仕而得以逐步發展家族勢力，以至於躋身士流，為世望族。」〔註48〕錢穆先生也曾指出：「所屬士族者，其初並不專用其先代之高官厚祿為其唯一之表徵，而實以家學及禮法等標異於其他諸姓」〔註49〕，「當時門第傳統共同理想，所希望於門第中人，上自賢父兄，下至佳子弟，不外兩大要目：一則希望其能具孝友之內行，一則希望其能有經籍文史學業之修養。此兩者希望，並合成為當時共同之家教。」〔註50〕這主要是從道德和學業方面來考慮，前者是為了和睦家庭，使家族成員團結互助，後者既是為了修身，也是為了在社會立足。此外，還有關於個人言行的謹誡，這是為了保身免禍。

如琅邪王氏是從漢代起就開始顯貴，但其真正興盛是從魏晉時期王祥開始。王筠曾言「史傳稱安平崔氏及汝南應氏，並累世有文才，所以范蔚宗云崔氏『世擅雕龍』。然不過父子兩三世耳。非有七葉之中，名德重光，爵位相繼，人人有集，如吾門世者也」〔註51〕，可見王氏家族子弟都是德業雙修，代代仕宦。陳郡謝氏是寒門出身，仕宦不顯，但隨著子弟儒玄兼修，兼重事功，在西晉時期發展起來，到南朝時子孫在政治上都很有勢力，成為與琅邪王氏相齊的高門士族。清人李慈銘曾指出「王、謝子弟，浮華矜燥，服用奢淫，而能仍世顯貴者，蓋其門風孝友，有過他氏，馬糞烏衣，自相師友，家庭之際，雍睦可親」〔註52〕。吳興沈氏「家世為將」，且「家世富殖，財產累千

〔註47〕唐長孺：《魏晉南北朝史論拾遺》，北京：中華書局，1983年，第53～54頁。

〔註48〕田餘慶：《東晉門閥政治》，第338頁。

〔註49〕陳寅恪：《唐代政治史述論稿》，上海：上海古籍出版社，1982年，第71頁。

〔註50〕錢穆：《中國學術思想史論叢》（二），臺北：聯經出版事業公司，1998年，第272頁。

〔註51〕〔唐〕姚思廉：《梁書》卷三十三《王筠傳》，第486頁。

〔註52〕〔清〕李慈銘撰，由雲龍輯：《越縵堂讀書筆記》，北京：中華書局，1963年，第262頁。

金」〔註53〕，但並沒有陸氏門第高，晉宋以後重視文化教育，逐漸「士族化」，到齊梁時成為文化大族，社會地位提高。

就皇室來說也是如此，是否重視子孫教育關係到家族的政治前途。如南朝宋武帝劉裕，出身貧賤，「家本寒微，住在京口，恒以賣履為業。意氣楚剌，僅識文字，樗蒲傾產，為時淺薄」〔註54〕，東晉後期以武力崛起，在奪取政權建立宋朝之後，由於自身文化教養的侷限，對子孫的教育並不重視，「宋武起自鄉豪，以詐力得天下，其於家庭之教，固未暇及也，是以宮闈之亂，無復倫理」〔註55〕，導致家庭人倫破敗。其子孫骨肉相殘的現象也很嚴重，「宋武九子，四十餘孫，六七十曾孫，死於非命者十之七八，且無一有後於世者……孝武、明帝又繼以凶忍慘毒，誅夷骨肉，惟恐不盡。兄弟子姓悉草薙而禽獮之，皆諸帝之自為屠戮，非假手於他族也。卒至宗支盡，而己之子孫轉為他族所屠。」〔註56〕這種家難可謂是前所未有，其中雖不排除政治因素，但家庭教育的缺乏是一個重要原因。前廢帝子業曾夢到其母告誡他「汝不孝不仁，本無人君之相。子尚愚悖，亦非運祚所及。孝武險虐滅道，怨結神人，兒子雖多，並無天命」〔註57〕。不修孝悌仁義之道，不重視讀書學習，自然親情之道淡薄，家族觀念不存。

就宋一朝來說，宋文帝劉義隆比較重視對子弟的教育，但其效果也備受指責。「太祖負扆南面，實有君人之懿焉，經國之義雖弘，而隆家之道不足。彭城王照不窺古，本無卓爾之資，徒見昆弟之義，未識君臣之禮，冀以此家情，行之國道，主猜而猶犯，恩薄而未悟，致以呵訓之微行，遂成滅親之大禍。開端樹隙，垂之後人」〔註58〕，他對子孫孝悌、恭敬之道方面的教育沒有給予足夠重視，並且對子孫不夠信任，多猜忌，以致造成親親相殺的大禍。

二、家族門第影響家訓風格

魏晉南北朝時期社會等級嚴重，家族門第間有著社會身份高低之別、地

〔註53〕〔梁〕沈約：《宋書》卷一百《自序》，第 2445 頁。

〔註54〕〔北齊〕魏收：《魏書》卷九十七《島夷劉裕傳》，第 2129 頁。

〔註55〕〔清〕趙翼著，王樹明點校：《廿二史箚記》（卷十一），北京：中華書局，2013年，第 251 頁。

〔註56〕〔清〕趙翼著，王樹明點校：《廿二史箚記》（卷十一），第 253～255 頁。

〔註57〕〔梁〕沈約：《宋書》卷七《前廢帝紀》，第 147 頁。

〔註58〕〔梁〕沈約：《宋書》卷八《明帝紀》，第 171 頁。

域之別、新舊門戶之別，而這些區別產生的最根本原因是文化的差異。家族文化不同對子孫的教育也就不同，其所起到的效果自然也不同。即便是同一家族，隨著社會環境的變化、個人所受教育、經歷的不同，對子孫的教育也就不同。

1. 出身寒族的家族之家訓同異之處

就魏晉南朝的所有政權來說，除了兩晉外，三國魏國曹氏、蜀國劉氏、吳國孫氏，南朝劉氏、蕭氏、陳氏都出生寒族。曹操出自宦官之家，「祖父騰饕餮放橫，父嵩乞丐攜養，操贅閹遺醜」〔註59〕；劉備「先主祖雄，父弘，世仕州郡。雄舉孝廉，官至東郡範令。先主少孤，與母販履織席為業」〔註60〕；孫堅的父親孫鍾「少時家貧，與母居，至孝篤信，種瓜為業」〔註61〕。而南朝的統治者「是皆與東晉皇室同時南渡之北人也。劉陳二族，出自寒微，以武功特起。二蕭氏之起家，雖較勝於宋陳帝室，然本為將家，亦非文化顯族，自可以善戰之社會階級視之」〔註62〕。相對於出身於儒學大族的兩晉司馬氏來說，他們出身貧賤，儒學修養沒有那麼深，是屬於非儒家之寒門，其對子孫的教育有其自身的特點。

陳寅恪在《書〈世說新語〉文學類鍾會撰四本論始畢條後》中論述到：

> 東漢中晚之世，其統治階層可分為兩類人群。一為內廷之閹宦。一為外廷之士大夫。閹宦之出身大抵為非儒家之寒族，所謂『乞丐攜養』之類……主要之士大夫，其出身則大抵為地方豪族，或間以小族，然絕大多數則為儒家之信徒也。職是之故，其為學也，則從師受經，或遊學京師，受業於太學之博士。其為人也，則以孝友禮法見稱於宗族鄉里。然後州郡牧守京師公卿加以徵辟，終致通顯。故其學為儒家之學，其行必合儒家之道德標準，即仁孝廉讓等是……士大夫宗經義，而閹宦則尚文辭。士大夫貴仁孝，而閹宦則重智術。〔註63〕

這雖然是指東漢末期，但實際上也適用於魏晉時期寒族與士族之別。這是從宏觀上說，家族出身不同自然所關注的方面不同，相應地所實行的教育不同。

〔註59〕〔南朝宋〕范曄：《後漢書》卷七十《荀彧傳》，第2285頁。
〔註60〕〔晉〕陳壽：《三國志・蜀書》卷三十二《先主傳》，第871頁。
〔註61〕夏劍欽，王巽齋校點：《太平御覽》卷五五九（第五冊），第415頁。
〔註62〕陳寅恪：《金明館叢稿初編》，北京：三聯書店，2015年，第107頁。
〔註63〕陳寅恪：《金明館叢稿初編》，北京：三聯書店，2015年，第48頁。

事實上，即便是出身寒族也重視孝悌仁義，如曹操在《諸兒令》中選擇能慈孝的人擔任要職，宋文帝在《誡江夏王義恭書》中要求劉義恭「進德修業」，能「禮賢下士」「豁達大度」等。但與儒學大族相比，他們的教育呈現出如下特點。

第一，生活尚節儉

在《內戒令》中，曹操要求家人在生活方面力行樸素。

> 昔天下初定，吾便禁家內不得薰香。後諸女配國家，為其香，因此得燒香。吾不好燒香，恨不遂所禁。今復禁，不得燒香！其以香所藏衣著身，亦不得！〔註64〕

> 吏民多制文繡之服，履絲不得過絳紫金黃絲織履，前於江陵得雜綵絲履，以與家約：「當著盡此履。不得效作也。」〔註65〕

> 吾衣皆十歲也。歲歲解浣補納之耳。〔註66〕

宋武帝劉裕也是如此，《南史》記載「帝性儉，諸子飲食不過五盞盤。義恭求需果食，日中無算，得未嘗啖，悉以與傍人。諸王未嘗敢求，求亦不得」〔註67〕。齊武帝蕭賾面對盧陵王子卿過度奢侈、違背禮制的行為給予警告，「凡諸服章，自今不啟吾知復專輒作者，後有所聞，當復得痛杖。」〔註68〕

他們對子孫的節儉要求小到基本的飲食、生活用品，而這種節儉是不會見於儒學大族的。因為對於後者來說，他們從小生活富裕，又重視禮制，在衣食住行方面都依禮而行，過度的節儉就會與禮相背。所以，雖然他們也強調節儉，但不會嚴格到連吃飯都限制，合禮的生活品質是他們社會身份的象徵。而對於前者來說，他們從小生活貧困，儒學修養沒有那麼深，也就不太受禮制的束縛，相對來說更務實。

第二，作文尚自然

這在曹氏和蕭氏家族特別突出，明代張溥曾言「帝王之家，文章瑰偉，前有曹魏，後有蕭梁」〔註69〕。曹氏家族以曹操、曹丕、曹植為代表，是建

〔註64〕夏劍欽，王巽齋校點：《太平御覽》卷九百八十一（第八冊），第856頁。

〔註65〕夏劍欽，王巽齋校點：《太平御覽》卷六百九十七（第六冊），第465頁。

〔註66〕夏劍欽，王巽齋校點：《太平御覽》卷八百一十九（第七冊），第621頁。

〔註67〕〔唐〕李延壽：《南史》卷十三《江夏文獻王義恭傳》，第370頁。

〔註68〕〔梁〕蕭子顯：《南齊書》卷四十《盧陵王子卿傳》，第703頁。

〔註69〕〔明〕張溥著，殷孟倫注：《漢魏六朝百三家集題辭注·魏武帝集題辭》，第64頁。

安文學的重要創建者，父子間有著文化的傳承，「自獻帝播遷，文學蓬轉，建安之末，區宇方輯。魏武以相王之尊，雅愛詩章；文帝以副君之重，妙善辭賦；陳思以公子之豪，下筆琳琅；並體貌英逸，故俊才雲蒸。」〔註70〕曹丕、曹植的詩文具有「並憐風月，狎池苑，述恩榮，敘酣宴，慷慨以任氣，磊落以使才；造懷指事，不求纖密之巧；驅辭逐貌，唯取昭晰之能」〔註71〕的特點，重在抒發個人的志氣、才情，寫作重視敘事清楚，不重視辭藻、技巧，這得益於曹操從小教育他們「人少好學則思專」〔註72〕。南朝梁武帝蕭衍、簡文帝蕭綱、梁元帝蕭繹、昭明太子蕭統在文學方面都很有建樹，特別是蕭綱、蕭繹是宮體詩的創建者，善於描寫自然景物、歌詠女性、抒發日常生活中的情感，而這得益於「文章且須放蕩」的訓誡。

曹氏和梁氏詩文的共同點是重視個人的情感表達、重視個人生活，關注自然，不重視文以致用。這種風格的文學，錢穆稱之為「純文學」，「論其淵源，當上溯之於道家言」〔註73〕，其產生的根本原因在於個體的自覺。反觀深受禮法思想薰陶的司馬氏家族，在兩晉時期卻沒有產生有影響的文學人物與文學作品，也就沒有什麼訓誡。這原因之一就是出身寒門的人起點低，相對來說，在思想上比較寬容，不太會侷限於一家，更易兼學諸家，有「放蕩」的特點。

第三，事業尚功績

曹操從小要求諸子文武雙修，要讀諸子百家，學習一些武將的技能。曹丕在《典論》中記載「余時年五歲，上以世方擾亂，教余學射，六歲而知正射，又教余騎馬，八歲而能騎射矣。以時多難故，每征，余常從……余是以少誦詩、論，及長而備歷《五經》、四部，《史》《漢》諸子百家之言，靡不畢覽」〔註74〕，並且曹操要求他們能獨自管理一方，如要求曹植留守鄴地有所作為，建立功業。劉備臨終要求其子除了讀《禮記》外，還要讀《漢書》《六韜》《商君書》等諸子書。對此，王夫之曾言「先主習於申韓而以教子，其操術也，與操同，其宅心也，亦彷彿焉」〔註75〕。南朝宋文帝曾多次勉勵子弟敢於應戰，

〔註70〕〔南朝梁〕劉勰：《文心雕龍·時序》，第 92 頁。

〔註71〕〔南朝梁〕劉勰：《文心雕龍·明詩》，第 11～12 頁。

〔註72〕魏宏仙校注：《曹丕集校注》，合肥：安徽大學出版社，2009 年，第 302 頁。

〔註73〕錢穆：《讀文選》，《中國學術思想史論叢》（二），第 170 頁。

〔註74〕魏宏仙校注：《曹丕集校注》，第 301 頁。

〔註75〕〔明〕王夫之著，《船山全書》編輯委員會編校：《船山全書》（第 16 冊），長沙：嶽麓書社，1996 年，第 906 頁。

如元嘉二十七年，北方南侵，劉義宣不積極應戰，「欲奔北明」，文帝下詔要求「善修民務，不須營潛逃計也」〔註76〕。齊梁蕭氏的子孫也都多擔任將軍一職，鎮守一方。這都源於他們尚武的家族傳統。這種思想不會見於司馬氏家族，也不會見於儒學士族，如顏之推要求子孫誡兵，不要靠戰功謀生。

當然隨著歷史的發展，寒族與士族的文化也在相互影響，曹氏、劉氏、蕭氏等在掌握政權後也在逐漸地「士族化」，加強儒學修養、玄學修養、藝術修養等。但文化的積累是長期的，不是可以短暫習得的，所以即便他們不斷地學習，其寒族的特質還是在思想、言行中有所體現。

從縱向來看，三國與南朝的家訓也有區別。三國是承漢末而來，雖然當時儒學式微，但這些士人是出身於儒學世家，有著較好的儒學修養，如曹操「晝則講武策，夜則思經傳，登高必賦」〔註77〕，劉備年少時曾師從盧植學習儒學，孫權也曾學習《詩》《書》《禮記》等；同時，玄學的發展推進了學術研究重視探究義理。所以，三國時期寒族出身的曹氏等在思想上重視個人的人生意義與價值，重視倫理修養，強調志向，同時也有著由道家思想發展出的「放蕩」特點，重視個人的情感。

而南朝是從兩晉時期的門閥政治過渡而來，士族與寒族之間等級嚴重，文化差異突出，談玄成為士族身份的標誌，寒族主要靠任武職、戰功提升自己的地位。所以，南朝劉氏、蕭氏等靠武力發家，儒學修養不足，享有政權後都積極地接近士族，談玄重禮，重視教育子孫，通過士族化以改變家風，提高自身的品味，但其效果並不盡如人意。

南朝宋劉氏、齊梁蕭氏都發生了子孫內訌、互相殘害，其程度可謂嚴重，加速了政權的滅亡。其原因之一就是文化修養不足，長輩對子孫的教育不夠重視，子孫言行出現問題不能及時糾正，反而是因愛而縱容、袒護，沒有認識到親情倫理的價值、個體存在的意義。錢穆曾言，「南朝的王室，在富貴家庭里長養起來，（但是並非門第，無文化的承襲。）他們只稍微薰陶到一些名士派放情肆志的風尚，而沒有浸沉到名士們的家教與門風，又沒有領略得名士們所研討的玄言與遠致。在他們面前的路子，只有放情胡鬧……魏晉名士，一面談自然，一面還遵禮教，故曰名教與自然『將毋同』。南朝的王室，既乏禮教之薰習，（因其非世家。）又不能投入自然之樸素。（因其為帝

〔註76〕〔梁〕沈約：《宋書》卷六十八《南郡王義宣傳》，第1799頁。
〔註77〕〔晉〕陳壽：《三國志‧魏書》卷一《武帝紀》，第55頁。

王，處在富貴不自然之環境中。）蔑棄世務的，（大抵幼年皇帝為多。）則縱蕩不返；注意實際的，（大抵中年皇帝居多。）則殘酷無情，循環篡殺，勢無底止。」〔註78〕

就士人階層來說，士族與寒族的家訓也是有區別的。如王僧虔與陳顯達都生活於南朝宋、齊時代〔註79〕。王僧虔是琅邪王氏的後代，王導的玄孫，屬於高門士族；陳顯達是出身寒門，靠戰功位居朝廷要職。王僧虔在宋朝時曾作《誡子書》告誡其子如何談玄，應該讀什麼書、掌握哪些議題，將來才能靠自己的才華經世，擁有好聲名。而陳顯達雖有軍事才華，但他認為「人微位重，每遷官常有愧懼之色」〔註80〕。其子陳休在齊朝曾擔任郢州主薄，上任之前路過九江向其告別。陳顯達見其行裝，告誡他「凡奢侈者鮮有不敗，麈尾蠅拂是王、謝家物，汝不須捉此自隨」〔註81〕，不允許他攜帶代表士族身份的東西。由此可以進一步推測，他對於談玄應該也是不同意的，因為他認為自身與王謝家族不是同等級的。雖然二篇訓誡不是作於同一時代但也相距不遠，可以看出在南朝，士人所處的社會等級不同，倡導的文化也就不同，談玄仍然是一個重要的身份標誌。

2. 高門士族新舊門戶之家訓同異之處

琅邪王氏與陳郡謝氏是東晉南朝的高門士族，但前者屬於舊門戶，而後者屬於新出門戶。王氏祖先從漢代王吉時就開始發跡，曹魏時王祥靠平定叛軍有功，「遂以顯達，開魏晉琅邪王氏門戶興盛之端」〔註82〕。東晉時王導、王敦等成為晉元帝司馬睿的重要輔政者，與其共享天下，成為社會的高門士族，南朝宋之後其子孫也都位居朝廷要職，積極參與制度建設。謝氏祖先，現可追溯到的是，曹魏時謝纘任典農中郎將，其「很可能是起自寒微，不為世人所重」〔註83〕，其子謝衡「以儒素顯」〔註84〕仕於晉武帝、晉惠帝，但「不會為時所重，為士流所傾心」〔註85〕。東晉時謝安任將相併在淝水之戰

〔註78〕錢穆：《國史大綱》，上海：商務印書館，1996 年，第 271～272 頁。
〔註79〕王僧虔生活於 426 年～485 年；陳顯達生活於 427 年～499 年。
〔註80〕〔唐〕李延壽：《南史》卷四十五《陳顯達傳》，第 1134 頁。
〔註81〕〔唐〕李延壽：《南史》卷四十五《陳顯達傳》，第 1134 頁。
〔註82〕田餘慶：《東晉門閥政治》，北京：北京大學出版社，2012 年，第 317 頁。
〔註83〕田餘慶：《東晉門閥政治》，191 頁。
〔註84〕〔唐〕房玄齡：《晉書》卷四十九《謝鯤傳》，第 1377 頁。
〔註85〕田餘慶：《東晉門閥政治》，第 191 頁。

中獲得戰功，躍入了高門士族，此後其家族子弟在朝廷也都很有威望，「穩定在一個極限水平上，一直延伸至南朝之末為止。」〔註86〕雖然他們都是高門士族，但在社會上對新舊門戶的待遇還是不一樣，舊門戶比新門戶要多一層家族文化的優勢，新門戶因少一層仍然會受到「新出門戶，篤而無禮」〔註87〕的指責。

就王氏而言，王祥臨終告誡子孫以孝、悌、信、德、讓五者作為立身之本，其中孝悌是治家之道，信、德、讓是處世之道，旨在和睦族人，光耀家族，維持王氏家族門第在朝廷地位。其立足點在於家，不要求「忠」道。對於這樣的教育，其子孫「皆奉而行之」，有仁愛之心，有通達之度。此後，雖然王祥的支系沒有發展壯大，主要是其同父異母的弟弟王覽支系代代揚名，但他們都出自同門，並且都是以「孝友恭恪」揚名，可見王祥的家訓對於王覽的子弟也是有效的，重視孝悌倫理之道。如王悅、王恬是王覽曾孫、王導之子，王悅「事親色養」，王恬「少好武」，王導「見悅輒喜，見恬便有怒色」〔註88〕，由此可見王氏之重德輕武。後來，王氏子孫王弘、王曇首、王僧綽、王儉等對禮制都很有研究，有「王太保家法」之稱譽，成為朝廷禮制的重要制定者，這都有賴於其家族對儒學思想的重視，對子孫禮法教育的重視。這是從治家的角度而言。

從處世的角度來說，王氏一方面談玄入名士，一方面不求忠道，「與時推遷」。王祥談話「理致清遠，將非以德掩其言乎」〔註89〕，之後王戎、王衍、王導等都曾談玄。王戎是竹林七賢之一，王衍是西晉時期的中朝名士、清談領袖，王澄是元康放達派，王導是東晉中興名士，宋之後王僧虔曾教其子談玄。可見王氏家族有著談玄的傳統，並以此維持他們家族的士族地位。對於「忠」道，這是王氏從王祥開始就不要求的，王祥曾游離於曹魏與司馬氏之間，被批「浮沉固位」；王戎在八王之亂時「與時舒卷，無蹇諤之節……與時浮沉」〔註90〕；王衍在朝「志在苟免，無忠蹇之操」〔註91〕，當中原被侵凌時，為已經營「三窟」；王澄任職「日夜縱酒，不親庶事，雖寇戎急務，亦不

〔註86〕田餘慶：《東晉門閥政治》，第 192 頁。
〔註87〕徐震堮著：《世說新語校箋・簡傲》，第 414 頁。
〔註88〕〔唐〕房玄齡：《晉書》卷六十五《王導傳》，第 1755 頁。
〔註89〕〔唐〕房玄齡：《晉書》卷三十三《王祥傳》，第 990 頁。
〔註90〕〔唐〕房玄齡：《晉書》卷四十三《王戎傳》，第 1234 頁。
〔註91〕〔唐〕房玄齡：《晉書》卷四十三《王衍傳》，第 1234 頁。

以在懷」〔註92〕；王導、王敦等曾與司馬氏起用劉隗、刁協等制約王氏的舉動相對抗，被斥責為「庸鄙懷奸」；王珣曾游離於有篡晉之心的桓氏與司馬氏之間；王謐曾游離於桓氏與南朝劉裕之間，幫宋朝傳送國璽；王弘、王曇首則幫宋朝建國立制。

從這些可以看出，王氏家族的子弟在朝廷混亂、朝代更替之際，總能隨機應變，保護家族免於禍患。趙翼曾指出「所謂高門大族者，不過雍容令僕，裙屐相高，求如王導、謝安，柱石國家者，不一二數也。次則如王弘、王曇首、褚淵、王儉，與時推遷，為興朝佐命，以自保其家世，雖朝市革易，而我之門第如故，以是為世家大族，迥異於庶姓而已。此江左風會習尚之極敝也。」〔註93〕

就謝氏而言，「自晉以降，雅道相傳」〔註94〕，這體現在一方面重視家庭孝悌倫理建設，另一方面重視人的意志、情感。前者源自儒家思想，後者源自道家、玄學思想。

謝氏出身寒微，西晉時謝衡「以儒素顯」，由此可推知他對子孫的教育應該也是儒學之道。但相對於儒學大族來說，謝氏儒學傳統不深，對禮制教育也就沒有那麼重視，子孫的個性發展也就比較自由。

謝氏家族勉勵子孫成為優秀人才，「譬如芝蘭玉樹，欲使其生於庭階耳」〔註95〕。在德行培養方面，謝混曾作《誡族子詩》勉勵同族兄弟，希望謝靈運能加以約束脩飾、謝晦能去除固執之病，謝曜能文質兼修、謝瞻能戒除一意孤行之性，各自克服自身的弱點，發揮自身的長處，這樣才能有所作為，弘揚家族盛名。在治家方面，謝安「常以儀範訓子弟」〔註96〕，所以謝氏子孫「景恒、景仁以德業傳美，景懋、景先以節義流譽。方明行己之度，玄暉藻繢之奇，各擅一時，可謂德門者矣」〔註97〕。在為政方面，謝氏家族一方面要求在任「自勉，為國為家」〔註98〕，一方面「以素退為業」，反對權傾朝野，以免禍患，「若處貴而能遺權，斯則是非不得而生，傾危無因而至。君子以明

〔註92〕〔唐〕房玄齡：《晉書》卷四十三《王澄傳》，第1240頁。
〔註93〕〔清〕趙翼著，王樹明點校：：《廿二史箚記》（卷十二），第268頁。
〔註94〕〔唐〕李延壽：《南史》卷十九《謝靈運傳》，第546頁。
〔註95〕〔唐〕房玄齡：《晉書》卷七十九《謝玄傳》，第2080頁。
〔註96〕〔唐〕房玄齡：《晉書》卷七十九《謝安傳》，第2073頁。
〔註97〕〔唐〕李延壽：《南史》卷十九《謝靈運傳》，第546頁。
〔註98〕〔梁〕沈約：《宋書》卷五十六《謝瞻傳》，第1588頁。

哲保身，其在此乎。」〔註99〕

　　另外，謝氏深受道家、玄學思想影響，比較重視子孫性情自由，這可以從謝氏家族喜歡創作山水文學中窺見。謝安「出則漁弋山水，入則言詠屬文」〔註100〕；謝混是東晉玄言詩向山水詩轉變的重要革新者與開創者，作文於「閒情，並解散辭體，縹緲浮音，雖滔滔風流，而大澆文意」〔註101〕，重在描寫自然景物，抒發個人感情；謝靈運「出守既不得志，遂肆意遊遨，遍歷諸縣，動逾旬朔」〔註102〕，創作了山水詩「泄為山水詩，遺韻諧奇趣。大必籠天海，細不遺草芥。豈惟玩景物，亦欲攄心素。往往即事中，未能忘興論」〔註103〕「山水閒適，時遇理趣。匠心獨運，少規往則」〔註104〕，並成為時人效法的對象，「宿昔之間，士庶皆遍，遠近欽慕，名動京師。」〔註105〕從此，寄情於自然景物的山水詩成為詩歌的一個重要門類。謝瞻、謝惠連也都深喜作山水詩；謝朓的山水詩，與謝靈運相媲美，被時人稱為「大小謝」，是永明體詩歌的創建者之一，李白言「蓬萊文章建安骨，中間小謝又情發。俱懷逸興壯思飛，欲上青天攬明月。」〔註106〕由此可見，謝氏子弟鍾情於山水、自然景物，是山水文學的重要奠基者與革新者，山水詩的創作將人的情感與自然相融，體現了個人追求心靈自由、追求自我的思想。

　　從琅邪王氏與陳郡謝氏的家訓特點中，可以看出二者都重視對子孫儒學思想的教育，重視孝悌倫理、修身立業，重視家族的傳承與發展，但相比較而言，王氏更重務實，更重智慧，總能「與時推遷」；謝氏要內斂，更重視德行與性情自由。

三、尚玄學的士族重儒學訓誡

　　魏晉時期玄學是思想主流，很多士人都談玄論辯，並且行為放誕，但他

〔註99〕〔唐〕李延壽：《南史》卷十九《謝靈運傳》，第 526 頁。

〔註100〕〔唐〕房玄齡：《晉書》卷七十九《謝安傳》，第 2072 頁。

〔註101〕〔南朝梁〕劉勰：《文心雕龍‧才略》，第 98 頁。

〔註102〕〔唐〕李延壽：《南史》卷十九《謝靈運傳》，第 538 頁。

〔註103〕〔唐〕白居易：《讀謝靈運詩》，《白居易集》，北京：中華書局，1979 年，第 131 頁。

〔註104〕〔清〕沈德潛：《古詩源》卷十，北京：中華書局，1963 年，第 232 頁。

〔註105〕〔梁〕沈約：《宋書》卷六十七《謝靈運傳》，第 1754 頁。

〔註106〕〔唐〕李白著，瞿蛻園，朱金城校注：《李白集校注‧宣州謝朓樓餞別校書叔雲》，上海：上海古籍出版社，1980 年，第 1077 頁。

們對子孫的教育仍然是儒學的孝悌忠義，反對他們傚仿自己。這在嵇康、阮籍的家訓中尤其突出。

二人是竹林七賢的代表人物，喜歡飲酒、彈琴詠詩、登臨山水、博覽群書、好談老莊，行為不遵循禮法。但在教子方面，嵇康臨終作《家誡》要求其子有志、守志，言行要謹慎、合乎大義、大節，「非義不言，詳靜敬道」〔註107〕「若其言邪險，則當正色以道義正之，何者？君子不容偽薄之言故也」〔註108〕「不須作小小卑恭，當大謙裕；不須作小小廉恥，當全大讓。若臨朝讓官，臨義讓生，若孔文舉求代兄死，此忠臣烈士之節。」〔註109〕阮渾「少慕通達，不飾小節」〔註110〕，其父阮籍告誡他「汝不得復爾」〔註111〕。這種言行的不一致，早已經被後人觀察到，明朝張溥曾言「嵇中散任誕魏朝，獨《家誡》恭謹，教子以禮」〔註112〕「《家誡》小心篤誨，酒坐語言，兢兢集木」〔註113〕，魯迅曾言「嵇康是那樣高傲的人，而他教子就要他這樣庸碌……殊不知世上正有不願意他的兒子像自己的父親哩。試看阮籍嵇康就是如此。」〔註114〕

這種不一致根本上源於士人的自覺意識，既有對其群體的自覺，也有對個體的自覺。他們對此有著深刻的思考，既關注個體生命，也關注社會禮法，所探求的是關於人的本質、人應該如何活著的問題，這也是他們家訓的出發點。特殊之處在於當時名教本身出了問題，嵇康、阮籍既反對虛偽化名教，也不願意遵守傳統的名教，喜歡獨立、自由的生活方式，但這不等於他們反對倫理道德。在現實的壓迫下，他們的思想就體現為一些任誕的、不可理喻的行為。然而，他們對子孫的教育仍然貫徹著他們的獨立思想，要求子孫踐行他們的倫理道德思想、士人的追求，同時基於現實的考慮要求謹慎言行，學會保護自己。

第一，群體自覺

群體自覺是指士人階層意識到自己所擔任的社會角色與肩負的社會責

〔註107〕戴明揚：《嵇康集校注》，第546頁。
〔註108〕戴明揚：《嵇康集校注》，第546頁。
〔註109〕戴明揚：《嵇康集校注》，第546頁。
〔註110〕〔唐〕房玄齡：《晉書》卷四十九《阮籍傳》，第1362頁。
〔註111〕〔唐〕房玄齡：《晉書》卷四十九《阮籍傳》，第1362頁。
〔註112〕〔明〕張溥著，殷孟倫注：《漢魏六朝百三家集題辭注》，第92頁。
〔註113〕〔明〕張溥著，殷孟倫注：《漢魏六朝百三家集題辭注》，第92頁。
〔註114〕魯迅著：《魏晉風度及文章與藥及酒之關係》，《魯迅全集》（第5卷，1927～1928），北京：人民文學出版社，2014年，第128頁。

任。他們認識到自己要以天下為己任，要治國平天下，是社會發展、進步的重要力量，這從他們的思想與言行中可以看到。

稽康、阮籍等七賢相聚以暢遊談玄，議題圍繞名教與自然的關係而展開。這是在當時名教失去社會教化的意義背景下作出的思考，有著重要的思想史意義和現實意義。他們提出「越名教而任自然」，以「對當時名教作揭露和批判，以撕去名教的虛偽面紗，暴露名教的政治工具性的本質」〔註115〕。如果他們對社會沒有深刻的認識與感悟，沒有社會的責任意識，也不會產生這麼深刻的思想。

從他們的個人經歷中，也可以看到他們所堅持的理想與修身、處世的原則有著深刻的社會關懷與對社會倫理的強調。稽康「很可能本出寒素」〔註116〕，年少時「學不師受，博覽無不該通，長好老莊」〔註117〕，可見他對諸子著作應該都有涉獵，包括儒學、經學的，並且作《春秋左氏傳音》。雖然他對出仕一直都不感興趣，「每讀尚子平、臺孝威傳，慨然慕之」〔註118〕，但對世道、對人生、對家庭有深刻的認識。從「每非湯、武而薄周、孔」〔註119〕的言論中，可以透露出他對社會、政治的關注與認識；從「但欲守陋巷，教養子孫，時時與親舊敘離闊，陳說平生，濁酒一杯，彈琴一曲」〔註120〕的志向中，可以看到他對親情、家庭的重視、對自己人生志趣的追求。從他與呂巽的絕交書中，可以看到他對朋友之「義」、人之德行的重視。從他對晉室終生不仕的意志中，可以看到他的士人氣節。這些言行無不與儒學思想有著密切關係，滲透著修身、齊家、處世之道。

阮籍出生於士族家庭，「昔年十四五，志尚好詩書。被褐懷珠玉，顏閔相與期」〔註121〕，有儒家之士的志向與修養，孝悌父兄，守道居貧；「少年學擊劍，妙伎過曲城。英風截雲霓，超世發奇聲。揮劍臨沙漠，飲馬九野坰」〔註122〕，

〔註115〕康中乾：《魏晉玄學》，北京：人民出版社，2008年，第144頁。
〔註116〕侯外廬：《中國思想通史》（第三卷），北京：人民出版社，1957年，第128頁。
〔註117〕〔唐〕房玄齡：《晉書》卷四十九《稽康傳》，第1369頁。
〔註118〕戴明揚：《稽康集校注》（上），北京：中華書局，2014年，第196頁。
〔註119〕戴明揚：《稽康集校注》（上），第198頁。
〔註120〕戴明揚：《稽康集校注》（上），第199頁。
〔註121〕陳伯君校注：《阮籍集校注·詠懷詩第十五首》，北京：中華書局，2012年，第265頁。
〔註122〕陳伯君校注：《阮籍集校注·詠懷詩第六十一首》，第365頁。

學習武術，渴望建立戰功，揚名後世。他還曾作「日月隆光，克鑒天聰。用後臨朝，二八登庸。升我俊髦，黜彼頑凶。太上立德，其次立功。仁風廣被，玄化潛通」〔註123〕，可見其對賢人立德、立功的嚮往，希望自己能有益於治天下。但他也因從小缺乏父教，沾染了「輕薄好絃歌」的遊閒風氣，長大之後又經歷了朝廷政治動亂，思想發生了變化，樂於談玄，不願出仕。即便如此，他們家族的這種儒學傳統深化於其思想中；並且，隨著士人階層對自身認識的深化，這種社會責任感也在內化，「王業須良輔，建功俟英雄。元凱康哉美，多士頌聲隆。」〔註124〕他們的這些修身、治家、處世之道也正是對子孫的要求，是後代所要學習、踐行的。他們承擔著將這種家風傳遞下去的責任。

第二，個體自覺

個體自覺是指士人意識到要有自己的精神追求，要有獨立思想，要重視個體的生命、情感、意志，不能被禮教抑制個體的發展。

嵇康《家誡》全篇以「志」為主題，核心要求就是在自己與自己、與他人有衝突、矛盾等關係時，要理性思考，區分清楚該做的與不該做的、該接受的與不該接受的、可以相處的與不可以相處的，敢於決斷，敢於堅持自己的原則，不為他人折服、不被自己的欲望傾覆，同時也要學會保護自己，重視自己的生命。

阮籍要求其子不要傚仿自己任誕的行為，「只能證明，阮籍對於自己的行為方式確實有不太滿意的一面，但這並不意味著阮籍就是真正崇奉禮教，他完全可能是對禮教的行為方式、自己已然的行為方式都不太滿意。」〔註125〕所以，他反對其子「通達」，一方面可能是出於保身、安全的考慮，反對其言行過於放縱。畢竟在當時「天下多故，名士少有全者」〔註126〕，而阮籍自己很多不拘禮教的言行，如果不是司馬氏出於政治上拉攏名士的考慮，「每保護之」，可能他早已遭禍。另一方面可能也不會要求其子完全按照禮法一套行事，而是可以有自己的想法，但不能過分。阮籍自己從小「任性不羈，而喜怒不形於色」〔註127〕，後來在政治動亂中，思想由儒入道，行為上「見禮俗之士，

〔註123〕陳伯君校注：《阮籍集校注》，第 439 頁。
〔註124〕陳伯君校注：《阮籍集校注・詠懷詩第四十二首》，第 329 頁。
〔註125〕曾智安：《阮籍對待禮教態度之再考察》，首都師範大學學報（社會科學版）2003 年第 1 期，第 73 頁。
〔註126〕〔唐〕房玄齡：《晉書》卷四十九《阮籍傳》，第 1360 頁。
〔註127〕〔唐〕房玄齡：《晉書》卷四十九《阮籍傳》，第 1359 頁。

以白眼對之」〔註128〕。所以，他對其子也應該只會要求他在言行上收斂一些，不要過分即可。

總體而言，他們的家訓有著更高一層的指導思想，不是簡單的屈從社會世俗，是在尋求一種自我的突破，「遵群體之綱紀而無妨於自我之逍遙，或重個體之自由而不危及人倫之秩序者也。」〔註129〕嵇康臨終將子嵇紹託付於山濤，嵇紹憑藉山濤的推薦任職於晉室，在任兢兢業業，最後因護主獻身，這與傳統的「父之仇弗與共戴天」〔註130〕的禮法完全背道而馳，但這樣或許是當時實現自我的比較好的方式〔註131〕。

四、士族家庭母訓盛行

相比於先秦兩漢家訓，這一時期的母訓更加盛行。這主要有兩方面的原因：一是這一時期政權更迭頻繁，加上長年的戰亂，使很多人失去了生命，或死於戰場，「白骨露於野，千里無雞鳴」〔註132〕，或死於政治鬥爭，造成很多家庭支離破碎。這使得教育子女的責任主要落到了母親身上。如三國時期嵇康「少孤」，是在母親和兄長的培養下成長的；孫權出征討伐，徐夫人獨自撫養孫；晉朝虞譚，父虞忠早亡，母親孫氏「誓不改節，躬自撫養，劬勞備至」〔註133〕；杜有道妻子嚴氏十八歲開始守寡，「誓不改節，撫育二子，教以禮度」〔註134〕；北朝裴讓之母親辛氏「閑習禮度，夫喪，諸子多幼弱，廣延師友，或親自教授」〔註135〕；元務光母親盧氏，夫早喪，家貧，對諸子「親自教授，勖以義方」〔註136〕。

二是這一時期的女性，不論是出身寒門還是士族，接受過相對好的家庭教育，閱讀過很多典籍，有才華、聰慧，自我認識比較高，對自身的家庭角色有比較理性的認識，能將自身所學、所知傳授於子女。如三國時曹文帝曹丕

〔註128〕〔唐〕房玄齡：《晉書》卷四十九《阮籍傳》，第1361頁。

〔註129〕余英時：《士與中國文化》，第340頁。

〔註130〕《禮記正義·曲禮上第一》，第98頁。

〔註131〕對於嵇紹出仕如何看待一直有爭論，詳細可參看童強：《嵇康評傳》，南京大學出版社，2006年，第78～81頁。

〔註132〕〔梁〕沈約：《宋書》卷二十一《樂志三》，第606頁。

〔註133〕〔唐〕房玄齡：《晉書》卷九十六《列女傳》，第2513頁。

〔註134〕〔唐〕房玄齡：《晉書》卷七十五《王湛傳》，第1960頁。

〔註135〕〔唐〕李延壽：《北史》卷三十八《裴佗傳》，第1384頁。

〔註136〕〔唐〕李延壽：《北史》卷九十一《列女傳》，第3012頁。

母親卞氏雖然本是倡家，但「撫養諸子，有母儀之德」〔註137〕；鍾會母親張氏「勤見規誨」；晉朝夏侯湛母親羊氏是辛憲英的女兒，出身於儒學士族之家，「宣慈愷悌，明粹篤誠，以撫訓諸子」〔註138〕；韋逞母親宋氏「晝則樵採，夜則教逞」〔註139〕；南朝宋宗炳母親師氏「聰辯有學義，教授諸子」〔註140〕。

　　總之，母訓興盛既有歷史的原因，也有自我認識提高的原因。母訓相對於父訓來說，重慈不重威，不是所有的母訓都能產生好的效果，如嵇康曾感慨於「母兄鞠育，有慈無威；恃愛肆姐，不訓不師。爰及冠帶，馮寵自放，抗心希古，任其所尚」〔註141〕。

第三節　琅邪顏氏家族與顏氏家訓

　　琅邪顏氏家族，在魏晉南北朝時期屬於一般士族，雖未曾達到琅邪王氏、陳郡謝氏那樣的高門甲族地位，但也不是靠戰功晉升仕途的士族，是靠素業發家的書香門第。對於這種家族來說，子弟不可能靠著祖輩資歷「平流進取，坐至公卿」〔註142〕，但又不屑於靠武力入仕，「由於不能或無意於政治仕途上的顯赫，又為了維持家族的社會地位不墜落，其於家族子弟文化知識的培養、禮教規範的訓導往往更加措意，也即更加依賴於家風家學的傳承。」〔註143〕顏之推曾言「吾家風教，素為整密」〔註144〕「顏氏之先，本乎鄒魯，或分入齊，世以儒雅為業」〔註145〕「吾家世文章，甚為典正，不從流俗」〔註146〕「家世歸心」〔註147〕，可見其有著良好的家族文化傳承、有著自成一家的家教，而這正是其家道興盛的秘密所在。

〔註137〕〔晉〕陳壽：《三國志‧魏書》卷五《后妃傳》，第 157 頁。
〔註138〕〔唐〕房玄齡：《晉書》卷五十五《夏侯湛傳》，第 1497 頁。
〔註139〕〔唐〕房玄齡：《晉書》卷九十六《列女傳》，第 2521 頁。
〔註140〕〔梁〕沈約：《宋書》卷九十三《宗炳傳》，第 2278 頁。
〔註141〕〔唐〕房玄齡：《晉書》卷四十九《嵇康傳》，第 1372 頁。
〔註142〕〔梁〕蕭子顯：《南齊書》卷二十三《王儉傳》，北京：中華書局，1972 年，第 438 頁。
〔註143〕孫豔慶：《中古琅邪顏氏家族學術文化研究》，濟南：齊魯書社，2013 年，第 12 頁。
〔註144〕王利器撰：《顏氏家訓集解》（增補本），第 4 頁。
〔註145〕王利器撰：《顏氏家訓集解》（增補本），第 348 頁。
〔註146〕王利器撰：《顏氏家訓集解》（增補本），第 269 頁。
〔註147〕王利器撰：《顏氏家訓集解》（增補本），第 364 頁。

這一時期，顏氏家族在政治、社會上的活動可分為四個階段，兩晉之際的顏含是顏氏家族興起階段，顏延之活動於晉宋之際，顏竣、顏師伯活動於南朝宋中後期，顏之推活動於南朝梁到隋代。

第一階段：顏含家訓與家族發展

顏含「少有操行，以孝聞」〔註148〕，隨司馬氏南行，「以儒素篤行」，任清顯之職，官至右光祿大夫光祿勳，後以年老素退，「成弟美其素行」。此後的顏氏子孫基本遵守顏含之道，在家行孝悌，在世求素業，在官求素退，當然也有顏師伯這樣的例外。現存顏含生前對子孫的教育，一是任官不能過二千石〔註149〕，二是婚姻不貪慕世家，這兩者都是出於保家的考慮。二千石基本上是人品上品和卑品的界限，也是官職五品與六品的界限，對應的也是當時士族與寒族的分界線，也是禮制等級的分界線。以此為限，雖不會像高門那麼富貴，但也不會遭遇到高門可能的家族高風險；同時又能保持家族士族的身份不墜落。攀附高門、與之締結姻親是當時提升家族等級的重要方式，但顏含禁止家族與高門結親，這說明他一方面不希望家族地位過高，以免姻親之患，另一方面重視自身的家風、家道，門當戶對勝過一高一低，家風相近勝過家門富貴〔註150〕。由此可見，顏含對家族發展的重視，對家道建設的用心。

在顏含的教導下，諸子都「惇於學行，義狀嚴整」「並有聲譽」。從顏含辭官到去世的二十多年，諸子都盡心孝悌，「長子髦解職視膳，中子謙躬率田桑，中外莫不取給」〔註151〕，三子「髦歷黃門郎、侍應、光祿勳，謙至安成太守，約零陵太守」〔註152〕，維持著家族的士族地位，但並不顯耀。

第二階段：顏延之家訓與家族發展

顏延之出生於晉宋之際，由於「少孤貧」，沒有受到良好的家庭教育，但

〔註148〕〔唐〕房玄齡：《晉書》卷八十八《顏含傳》，第 2285 頁。

〔註149〕這在當時是一個共識，王經母親曾告誡其子「汝本寒家子，仕至二千石，此可以止乎」，羊欣曾告誡其弟「人生仕宦至二千石，斯可矣」，陶季直「常稱仕至二千石始願畢矣」。

〔註150〕顏含曾拒絕王舒、桓溫家族的求婚，這其中的原因之一是擔心其德行不好，「罪及姻黨」，原因之二是桓氏被認為是兵家，與顏氏的「書生為門」有差異。參考孫豔慶：《中古琅邪顏氏家族學術文化研究》，第32~33頁。

〔註151〕〔宋〕周應合纂：《景定建康志》（卷四十三）（四），南京稀見文獻叢刊，南京：南京出版社，2011年，第 1051 頁。

〔註152〕〔唐〕房玄齡：《晉書》卷八十八《顏含傳》，第 2287 頁。

「好讀書，無所不覽，文章之美，冠絕當時。飲酒不護細行」〔註153〕「玩世如阮籍，善對如樂廣」〔註154〕。在政途上，顏延之抓住劉裕執政時期重用許多次等士族出身的士人的時機積極參政，但又因與劉氏政權集團的利益相衝突，又受到打壓，官途不是很順利。所以，他一方面有經世才華，另一方面又深受玄學家氣質影響，習染了當時士族風氣，不重禮制，放縱任性，在修身方面「居身清約，不營財利，布衣蔬食，獨酌郊野，當其為適，傍若無人」〔註155〕，在處世方面「性既褊急，兼有酒過，肆意直言，曾無遏隱」〔註156〕。這樣導致他對子孫的教育除了儒學之道外，也滲透著玄學思想。

就《庭誥》而言，顏延之的目的在於「樹德立義，收族長家」〔註157〕，可見其對子孫德行修養、家族門第發展的重視，而這完全源於其祖輩傳承下來的良好傳統。在這篇家訓中，內容上一方面強調人「動得頓挫，俯循人情，以卑致福」〔註158〕，一方面強調人內在的虛靜、恬淡；在方法上，更注重講理，如涉及到慈與孝、友與悌、和與不和、信與不信、富厚與貧薄、怨與恕、性與欲的關係等，更多地立足於人本身思考，將情與理統一，以理說服，以情動心。這也是這一時期有玄學思想的士人都比較重視的，如嵇康《家誡》對於守志中心與欲的關係的解釋。但是，這個家訓產生的效果並不盡人意。

南朝宋中後期，其子顏竣因輔佐孝武帝劉駿登基有功，權傾一朝，但不久「侮因事狎」，因「諫爭懇切，無所迴避」〔註159〕，冒犯了孝武帝，被虛構罪名殺害，並連及其子。此後，顏氏這支也就逐漸衰落下去。這可謂是不遵其父教育而自食其果，深陷於欲望、權勢之中，未曾顧及家人、家族的未來，也可見訓誡也是易知而難行。

第三階段：顏師伯無教與家族衰落

顏師伯，是顏竣的族兄，其父在與謝晦謀立反朝廷中飲藥而死，「少孤貧，涉略書傳，頗解聲樂」〔註160〕，從小沒有受到好的教育，但有才華，因「善

〔註153〕〔梁〕沈約：《宋書》卷七十三《顏延之傳》，第1891頁。
〔註154〕〔明〕張溥著，殷孟倫注：《漢魏六朝百三家集題辭注》，第173頁。
〔註155〕〔梁〕沈約：《宋書》卷七十三《顏延之傳》，第1902頁。
〔註156〕〔梁〕沈約：《宋書》卷七十三《顏延之傳》，第1902頁。
〔註157〕〔梁〕沈約：《宋書》卷七十三《顏延之傳》，第1894頁。
〔註158〕〔明〕張溥著，殷孟倫注：《漢魏六朝百三家集題辭注》，第173頁。
〔註159〕〔梁〕沈約：《宋書》卷七十五《顏竣傳》，第1964頁。
〔註160〕〔梁〕沈約：《宋書》卷七十七《顏師伯傳》，第1992頁。

於附會，大被知遇」〔註161〕，仕途上風生水起，被孝武帝劉駿臨終託付輔佐幼主。但其自身不修德行，「居權日久，天下輻輳，遊其門者，爵位莫不逾分。多納禍賄，家產豐積，伎妾聲樂，盡天下之選，園池第宅，冠絕當時，驕奢淫恣，為衣冠所嫉」〔註162〕，終因廢棄前廢帝劉子業的密謀被泄，連其六子全被殺。

顏竣、顏師伯及其家人被殺給顏氏家族造成了沉重的打擊，此後這兩支的人物在史籍中缺乏記載，可見其仕途不好。但同樣也給後來的子孫提供了重要的借鑒，要知足知止。此後，顏氏家族在仕途上比較顯著的是顏協、顏之儀、顏之推這一支。

第四階段：顏之推家訓與家族發展

顏之推祖父顏見遠因不忍梁武帝篡位執政絕食而死，所以其父顏協「幼孤，養於舅氏。少以器局見稱。博涉群書，工於草隸」〔註163〕，因有才華，被授予官職，但他「又感家門事義，不求顯達，恒辭徵辟，遊於蕃府而已」〔註164〕，因父親為義而死，拒絕朝廷徵召，只在番王府任職，可見其德行之高。顏協對教育有著自己的認識，重視早期教育，重視個性化培養，長子顏之儀「三歲能讀《孝經》」〔註165〕，顏之推從小便從兄長「曉夕溫凊，規行矩步，安辭定色，鏘鏘翼翼，若朝嚴君言」〔註166〕。在具體培養上，「賜以優言，問所好尚，勵短引長，莫不懇篤」〔註167〕，根據個人的愛好、興趣給予引導，發揮強項，勉勵弱項。

顏之推輾轉南北，從梁到隋，對中國整體的社會風俗都有認識，並且他深處社會上層，對於士族階層的放縱、奢侈、不學無術等不良風氣也都有感觸。從《顏氏家訓》中，可以看出他非常重視家庭的倫理、和睦，特別是教育問題；重視子孫的德行修養，這是人之為人最為重要的，是人一切行為的基礎；重視家學，這是個人在社會上謀職的資本，是個人生活的憑藉；重視處世之道，這關係到個人的聲譽與發展。

〔註161〕〔梁〕沈約：《宋書》卷七十七《顏師伯傳》，第 1992 頁。
〔註162〕〔梁〕沈約：《宋書》卷七十七《顏師伯傳》，第 1995 頁。
〔註163〕〔唐〕姚思廉：《梁書》卷五十《顏協傳》，北京：中華書局，1973 年，第 727 頁。
〔註164〕〔唐〕姚思廉：《梁書》卷五十《顏協傳》，第 727 頁。
〔註165〕〔唐〕李延壽：《北史》卷八十三《顏之儀傳》，第 2796 頁。
〔註166〕王利器撰：《顏氏家訓集解》（增補本），第 4 頁。
〔註167〕王利器撰：《顏氏家訓集解》（增補本），第 4 頁。

在思想上，他重視儒學與佛學，不重玄學。對於玄學，顏之推認為「清談雅論，剖玄析微，賓主往復，娛心悅耳，非濟世成俗之要也」〔註168〕，只是士人自我娛樂的一種方式，對於現實社會沒有實際作用，並且那些玄學家，如何晏、王弼等都未能達到老莊境界，內外不一，或被世人所鄙視，或遭遇禍患，概言之談玄既無益於己身，也無益於社會。所以，顏之推對其子孫的教育不強調玄學家的那種自然情懷，不強調寬恕、虛靜、淡泊。

對於佛學，顏之推認為它對世界、對人的認識要深刻，三世學說、善惡報應論都是有現實驗證的，關係到家族的安危，所以要求子孫信佛以從善。對於玄、佛一輕一重，不同於顏延之時期的重玄，這與時代背景有關係。玄學發展到南朝，已經是衰落時期，所謂的論辯更多的是象徵著一種身份、地位，沒有了初期強烈的現實關懷；佛學是在東晉之後成為一重要議題，討論其與傳統儒道的關係、存在的合法性等。

對於儒學，顏之推堅持修身、齊家、治國、平天下的理論，但強調兩點，一是保身保家。在婚姻上謹遵顏含的教育，謹慎處中士、不攀勢家，在治家方面也不求富貴，在技藝方面也不求勝出，凡事處中為上。這在一定程度上源於顏竣、顏師伯等人的遭遇，不敢再有冒失。二是修學以入仕。當時的士族都有身份，參政是個人發展、家族發展的最好出路，而勤學是唯一的途徑，沒有高門子弟的「平流進取」、任無競之位的資本與環境。所以，即便家庭再貧困，也會讓子孫讀書，而不會讓他們出外謀生養家。這也是這一時期家訓所普遍強調的，同時也是家庭發展到一定程度所必然要求的。

在顏之推的教導下，其子顏思魯、顏愍楚、顏遊秦，其孫顏師古、顏勤禮等都「博學善屬文，尤工詁訓」〔註169〕。顏遊秦「撰《漢書決疑》十二卷，為學者所稱」〔註170〕，顏師古曾考定《五經》《五禮》，編著《封禪儀注書》、注釋《漢書》《急就章》；顏勤禮、顏相時、顏育德「亦有學業」。在德行上，是「依仁服義，懷文守一，履道自居，下帷終日，德彰素裏，行成蘭室，鶴鑰馳譽，龍樓委質」〔註171〕。顏氏家族子弟靠才學、德行在隋唐顯耀。

如《顏氏家訓》這樣的長篇家訓，這一時期還有十六國時期慕容廆《家

〔註168〕 王利器撰：《顏氏家訓集解》（增補本），第187頁。
〔註169〕 周紹良主編，《全唐文新編·顏真卿》卷三三九，第3897頁。
〔註170〕 〔後晉〕劉昫等撰：《舊唐書》卷七十三《顏師古傳》，第2596頁。
〔註171〕 周紹良主編，《全唐文新編·顏真卿》卷三三九，第3898頁。

令》「數千言」、東晉明岌《明氏家訓》一卷、北魏刁雍「著《教誡》二十餘篇，以訓導子孫」〔註172〕，甄琛《家誨》二十篇，張烈《家誡》千餘言，只是這些都沒有存留下來。其中，明岌身為晉朝人卻遷移到前燕鮮卑族慕容氏政權之下，刁雍、甄琛、張烈都是漢人之後，都精通經史，卻任北魏鮮卑族拓跋氏的臣子，顏之推也是從梁轉入北齊、北周、隋。他們或為異族統治、或為出身兵戶之家統治，身處於一個不同文化衝突、儒學式微的大環境。在這種情況下，他們會本能地保護自身家族的文化傳統，自然對子孫的教育也就無比重視，在內容上自然會更詳細、全面。

從顏氏家族幾代人的家訓與家族發展的關係中，可以看出家訓對子孫、家族的發展有著重要作用，家訓會勉勵子孫進步，家訓缺乏卻可能造成子孫不才，從而影響到家族的發展。並且，不同的家訓創作對子孫所起的作用也不同，這從顏延之的家訓與顏之推的家訓就可以看到。

顏氏家族正是因為重視子孫教育，重視個人的德行與學業，重視家風的傳承，才綿綿幾代不絕。不得不承認，他們家訓中所重視的保身免禍的思想與做事方法，對於家族的傳承與發展有著一定的作用。這是當時的社會環境下士人在仕途上不得已的選擇。

小結

魏晉南北朝家訓的發展深受當時社會學術思想的影響，是對後者的一種反映，但二者並不一致。它吸收了儒學的內聖外王思想，但內聖止於保身，外王止於保家；重視孝悌倫理，但不強調由孝及忠；重視禮儀，但不強調內在的敬；重視慎道，但是出於免禍。它吸收了玄學思想，重視訓誡的論理性；重視人的理性自覺與意志自由，卻是以家族的發展為前提的；重視研究玄學議題，卻是為了仕途。它吸收了道家思想，倡導屏欲知足，虛靜修身，生死自然。它吸收了佛教的生死報應，要求子孫傳承家族信仰。

儒家文化強調「和而不同」，道家文化強調萬物相齊，這一時期人們逐漸認識到每一種文化都有其運用的領域、有其獨立的價值，不論對於家庭建設、還是個人修養都是可以借鑒的，但儒學文化在家訓中的主導地位是不可置疑的。

〔註172〕〔北齊〕魏收：《魏書》卷三十八《刁雍傳》，第871頁。

經歷了先秦到漢的文化積澱，魏晉南北朝時期的統治者重視文化修養，重視子女的文化教育。並且，在當時複雜的政治形勢下，皇室重視家族統治權的傳承、士人重視家族門第的興盛，而「一個大門第，決非全賴於外在權勢與財力，而能保泰持盈達於數百年之久；更非清虛與奢汰，所能使閨門雍睦，子弟循謹，維持此門戶於不衰」〔註173〕，是良好的德行與學業。但家族的家風不同，父輩的自身修養不同，家訓內容也有很大差異。不論是高門士族內部，還是士族與庶族之間都有很明顯的體現。

雖然不是所有的子弟都遵守父輩的教育，都是有德行的人，但這些家訓對於他們的成長還是起到了一定作用，提高了他們的文化修養，有助於維持家族的社會地位，促進家族的長遠發展。同時，家學的傳承也促進了傳統文化的傳承與普及，從而使傳統未曾中斷，社會維持在一定的秩序之下。

─────────────

〔註173〕錢穆：《國史大綱》（上）（修訂本），第309～310頁。

第六章 先秦至南北朝家訓的特點 及其影響

先秦到南北朝家訓是中國家訓史上的重要時期。這些古代家訓內容和家訓思想是中國傳統文化的一部分，整體上呈現出一些共同的特點。他們對現代家庭教育的開展有著重要的借鑒意義。

第一節 先秦至南北朝家訓的特點及其意義

這一時期的家訓在內容上都是從修身、齊家、治國、處世幾個方面展開，是一個不斷傳承與發展的過程。總體上呈現以下五個特點。

第一，重視家庭道德，和睦家人

從先秦到南北朝家訓內容中可以看出，孝悌、禮儀、勤儉、互助是歷代家訓都重視的。其中，孝悌、禮儀旨在維護親情與尊尊；勤儉旨在維護家庭、家族的長遠發展；互相幫助、互相救濟是族人間重親情關係的體現，兄弟、子孫幾代同居共財是父祖輩的期望，都旨在維護家庭、家族的和睦。這些內容隨著歷史的發展，越來越被重視，如魏晉南北朝時，在頌揚祖德、遵循祖訓、和睦宗族方面更加突出，王昶《家誡》、夏侯湛《昆弟誥》、陶淵明《命子詩》、楊椿《誡子孫》、顏之推《顏氏家訓》都有追溯到他們祖先的榮耀，並希望子孫謹記祖先遺留下來的為人處世之道。

第二，重視經典，傳承家學

從先秦開始，士人就重視讀書。雖然不同時期，家庭對不同典籍的重視

程度不同，但《詩》《書》《禮》《春秋》《孝經》《論語》、正史都普遍比較重視。這既是為了提高子孫的自身修養，使行為適宜，同時也是為了治家、治國，這樣學有所用。

家學是中國古代重要的文化傳承方式，有著維繫家族發展、穩定家族社會地位的作用。以孔氏家族為代表，「世以經學為業，家傳相承，作為訓法。」〔註1〕孔子要求伯魚讀《詩》《禮》，孔鮒戒弟孔襄學儒術，孔臧戒子讀「書傳」，孔臧戒弟孔安國校古文尚書，孔融戒從弟「晚節豫學」。這種訓誡代代相傳，自然會形成重視學習典籍的家風。這樣既傳承了家族文化，也弘揚了古代學術，同時也奠定了孔氏家族在中國社會的地位。

第三，重視人的理性

從這一時期的家訓內容可以看出，他們重視人的生命，要求謹慎飲酒、調養身體；重視內在修養，如要求尊敬長輩，謙虛待人；抑制欲望，知足知止；戒安逸、奢侈，勤儉持家；與他人發生衝突時，強調反思自我，而不是責備於他人；即便為善可能會喪身時，其底線還是不能為惡；恪守自己的宗教信仰，但卻不排斥其他思想，「既崇周、孔之教，兼循老、釋之談」〔註2〕。這些都是希望人能從理性出發，立足於修身養性，明確自己應該做的與不應該做的，並且以自己的意志堅守，而不是順著人的自然情慾，肆意妄為。

從個人的綜合發展來說，他們從重德行逐漸轉化為德與藝兼重。在先秦兩漢時期都是偏重德行，特別是兩漢時期「經明行修，宜於本朝任職也」〔註3〕，成為君子是士人家訓所普遍要求的。到了魏晉南北朝時期，德行與才學、技藝兼重，既要求博覽群書，修孝悌，也要求修文學、通技藝。這說明人對自我的認識更加深刻，在朝著全面發展的方向前進，力求完善自我。

第四，重視禮文化

這一時期的家訓很重視禮文化，一方面重視禮儀，如敬姜戒季康子男女之禮，韋玄成戒子慎威儀，徐爰作《家儀》；另一方面重視禮的內涵，強調內在的「敬」，如在喪禮、祭禮方面，士人要求薄葬、短喪、從儉，反對奢侈、厚葬；在與人交往方面，要求「自卑而尊人」〔註4〕，反對以智悖禮。雖然禮

〔註1〕傅亞庶撰：《孔叢子校釋·連叢子上》，北京：中華書局，1984年，第447頁。
〔註2〕〔唐〕姚思廉：《梁書》卷四十一《王褒傳》，第584頁。
〔註3〕〔漢〕班固：《漢書》卷七十一《薛廣德傳》，顏師古注，第3027頁。
〔註4〕《禮記正義·曲禮上第一》，第20頁。

本身有嚴格的等級性，是建立在人與人不平等的基礎上，但它規範的是雙方，尊者有尊者之禮，卑者有卑者之禮。這樣依禮而行，規範了人與人之間的關係，男女有別，長幼有別，君臣有別；敬以待人、敬以治事，提高了人的人文素養。

第五，重視仕途，明哲保身

這一時期的士人家訓普遍將入仕視為個人價值實現的較好途徑，反對子孫從事農、工、商業，反對求富，反對技藝精湛，這樣才能保證家族發展久遠，維持家族的社會地位。在這樣的價值觀指導下，士人自然會重視保身。他們身在朝廷，權勢不同，「朝不保夕」。先秦時期士人就告誡兄弟為政要「戰戰兢兢，如履薄冰」〔註5〕，兩漢時期韋賢首創丞相致仕之道，疏廣戒侄功遂身退之道，魏晉南北朝時期這種訓誡更加普遍。王羲之在《與謝萬書》中有言「雖植德無殊邈，猶欲教養子孫以敦厚退讓，戒以輕薄。庶令舉策數馬，彷彿萬石之風」〔註6〕，錢穆評「此雖右軍一人之言，然敦厚退讓，萬石家風，實是當時門第共同所想望」〔註7〕。

這種思想不論是在相對穩定的時代，還是動亂的時代都存在。但不論哪種，對於士人來說，生命與名節都是很重要的，學會理性的保護自身，不應該過多責難。在現實中，如果他們所志於的「道」無法實現，退而自保是一種生存方式，臨難盡忠也是一種生存方式，但對於非理性的盡忠是要批判的，而理性的捨生取義是需要的。

這些家訓代代相傳，對中國古代的家庭建設、社會發展、以及人文素養的發展都有著積極的意義。一促進了良好家風的形成，如石奮「家以孝謹聞乎郡國，雖齊魯諸儒質行，皆自以為不及也」〔註8〕；陳寔子孫「兄弟孝養，閨門雍和，後進之士推慕其風」〔註9〕；琅邪王氏從王導到王褒九代人人有集，代代仕宦，陳郡謝氏子孫常「以文義賞會」。二促進了人的獨立性、人文性發展，增強了人的責任感與意志力，使他們成為有思想的個體。如祭肜子孫遵從父教，忠心為國，「多為邊吏者，皆有名稱」〔註10〕；皇甫謐遵從母訓，

〔註5〕《毛詩正義‧小雅‧小宛》，第869～873頁。
〔註6〕〔唐〕房玄齡：《晉書》卷八十《王羲之傳》，第2102頁。
〔註7〕錢穆：《中國學術思想史論叢》（二），第295頁。
〔註8〕〔漢〕班固：《漢書》卷四十六《石奮傳》，第2194頁。
〔註9〕〔南朝宋〕范曄：《後漢書》卷六十二《陳寔傳》，第2067頁。
〔註10〕〔南朝宋〕范曄：《後漢書》卷二十《祭肜傳》，第747頁。

修身篤行，著述立說；嵇紹遵從嵇康行大義之誠，放下不共戴天之仇，入仕於晉朝，盡心盡力，舍生護君。三促進了古代學術的繼承與發展，如司馬遷遵從司馬談遺訓，完成了「究天人之際，通古今之變，成一家之言」〔註11〕的《史記》；韋逞女宋氏謹遵父親訓誡，繼承祖傳《周官音義》之學，為經學的傳承起了重要作用；顏師古、顏勤禮聽從顏之推訓誡，重視小學，在考訂五經、禮書方面取得重大成就。四有助於匡正社會風俗。如楊王孫的裸葬、皇甫謐的「蘧蒢裹屍」引發了士人重新思考生死，促進了社會儉葬之風的興起。

整體來說，這一時期的家訓對此後家訓的發展也有著重要意義。一方面促進了隋唐及其之後家訓的繁榮發展。訓誡者的自覺意識提高，家訓逐漸從社會上層延及到普通百姓之家，訓蒙教育備受重視，如《太公家教》、《辯才家教》等。並且，《顏氏家訓》產生之後，隋唐時期出現了《帝範》、《女論語》，宋代有葉夢得《石林家訓》等著作，並且在形式上也都效法，每篇一個主題。家禮、家規成為家訓中重要部分，如陳崇《家範十二則》、司馬光《涑水家儀》、朱熹《朱子家禮》、鄭泳《鄭氏家儀》等。另一方面，在內容上，儒學仍然是家訓的主導思想，仍然重視個人的德行修養，倡導讀書學習，孝悌於親，勤儉持家，戒驕戒奢，家族和睦。如柳玭戒子孫「予幼聞先訓，講論家法，立身以孝悌為基，以恭默為本，以畏怯為務，以勤儉為法，以交結為末事，以棄義為凶人。肥家以忍順，保友以簡敬」〔註12〕。家禮、家儀的盛行更加推進了對個人行為的約束與規範，家族的發展成為社會發展的重要部分。

但同時，由於受時代限制、受中國古代特殊的宗法社會結構限制，這些家訓中也存在一些糟粕，不利於社會的發展。如他們雖然重視理性，但不是將其完全建立在個體自由的基礎上，而是以家庭、家族的發展為中心。這從歷代家訓重視仕途鄙棄農工商的態度中可以看出，子孫並不是作為自由的個體而思想、行動，從事自己喜歡的事業，而是受制於家庭、家族發展的需要，受制於福禍擔憂。他們將仕途作為人生的奮鬥目標，作為家族榮耀的捷徑。這樣的生存環境不利於子孫拓展思維，發揮才能，完善自我。並且，這樣的教育方式，很容易形成功利化的價值觀，將讀書、學習並不視為個人的身心

〔註11〕〔漢〕班固：《漢書》卷六十二《司馬遷傳》，第 2735 頁。
〔註12〕〔後晉〕劉昫等撰：《舊唐書》卷一百六十五《柳公綽傳》，北京：中華書局，1975 年，第 4308 頁。

修養需要，而是為了個人的榮耀。而他們對福禍的擔憂折射出他們明哲保身的人生觀，這在一定程度上抑制了國家、社會的發展，不利於推進社會公正、正義的發展。另外，由於他們重視自身家庭、家族的發展，自然忠與孝之間就會出現矛盾，家訓中對國家、社會的發展可能就關注不夠。這從君主、國家層面來說，是不夠忠貞，名節不高，如石奮之子石建雖以恭謹有名，但也受到「在位九歲，無能有所匡言」〔註13〕的指責，王祥雖有至孝之名，但其游離於魏晉之間，被評「浮沉固位」。還有，這一時期的女訓普遍以四德為教育內容，雖然它具有維持家庭和睦、促進家庭持續發展的作用，但這種以順從為核心的思想反映了當時女性地位卑微，深受男權壓制，沒有得到基本的尊重，抑制了女性的獨立人格發展，不利於社會進步。

第二節　先秦至南北朝家訓與現代家庭教育

一、現代家庭與現代家庭教育

　　家庭在現代社會中仍然是最基本的社會組織單位，對個人與社會的發展仍然有著重要意義。隨著科學技術與經濟的發展，家庭的發展也有其新時代的特點。在家庭類型上，核心家庭、三代家庭是現代家庭的主體，兄弟之間生活獨立、財產獨立、經濟獨立，家長的權力在逐漸弱化，父母與子女之間在人格上是平等的。除此之外，現代家庭觀念也有繼承傳統的一面。在社會關係上，親情仍然備受重視，慈孝友悌仍然是基本的家庭倫理道德內容，家庭和睦、幸福是總目標。

　　隨著社會的發展，子女受教育的方式更加多樣化，既有傳統的家庭教育、學校教育，也有社會教育、遠程互聯網教育等。並且學校教育、社會教育等也更加系統化、科學化，在社會中所起的作用越來越大，但家庭教育對於子女的發展仍然有著重要意義，其地位是其他教育所不可替代的，「不論時代發生多大變化，不論生活格局發生多大變化，我們都要重視家庭建設，注重家庭、注重家教、注重家風」〔註14〕。

　　在家庭教育觀念方面，總體而言，重視子女的德行教育，孝悌、有禮節、謙虛、誠信、友善、勤儉、知足、戒奢、戒驕、正義等仍然是基本的修身要

〔註13〕〔漢〕班固：《漢書》卷四十六《石奮傳》，第 2197 頁。
〔註14〕習近平在 2015 年春節團拜會上的講話。

求，但言語謹慎、保身免禍等在寬容的社會環境下，不再是訓誡關注的重點；重視學業教育，強調全面發展，但子承父業的觀念淡化，更注重子女個體的自由發展，尊重他們的興趣與個性；學以致用之「用」不再侷限於從政，不再被視為知識人的唯一出路，而是趨向於應用到社會的各個方面，各盡其能、各有所用，強調職業的多樣化發展。在治家方面，男女平等，夫妻相敬相愛，女性也有自己的職業，努力提升家庭經濟。對女子的教育，不再以四德為基本要求，在德行與學業方面的要求與男子無異，倡導經濟獨立；在為人婦方面，不要求屈從，強調的是互相尊敬與關愛。此外，家庭教育不再只是限於父母對子女的訓誡，而是倡導父母與子女之間互相學習、互相影響。

但在現實的家庭教育中，還存在一些問題，主要表現為一是溺愛子女。現代社會一個家庭所生的子女少，他們自然從小就會受到父母、長輩的更多關愛，父母也都想盡其所能，滿足子女的需要。子女在行為方面有做的不好的時候，父母、長輩會出於愛而偏袒，這無形中助長了子女過度的以自我為中心，不利於他們自我反省、自我認識的發展，也不利於在社會上與人交往、溝通。二是知識教育重於德行教育。在現代知識經濟時代，知識是提高個人社會地位、改變生活狀態、提高個人社會競爭力的密鑰，並且追求廣度與深度兼備，這既是個人發展的需要，也是社會發展的需要。所以，現代家庭為此投入了大部分精力與財力，希望子女能學習更多的知識和技能，以備將來更好地適應社會。但在德行教育方面，父母卻未給予足夠的重視，沒有深刻地意識到德行對於個人發展的重要意義。這樣的教育導致子女在人生志向的確立方面，更注重現實的目標，而不重視個人德行修養的境界；在社會生活中，缺乏獨立意識、責任意識，意志力不強。這實際是市場經濟下，社會功利化發展的一個表現，追求利益的最大化成為社會普遍的目標。三不重視傳統文化教育。近代以來，中西方文化發生碰撞，傳統文化在批判中傳承，西方文化逐漸深入到人們的思想觀念、日常生活中。家庭教育也深受社會大環境的影響，父母在教育子女時，希望他們掌握現代化知識體系和技能，而對於傳統文化，如古代典籍《詩》《論語》，古代書法、繪畫、音樂等方面則缺乏足夠的重視與引導，沒有意識到傳承傳統文化對於個人發展、社會發展的意義。

在教育方法上，也存在一些問題，一是對家庭教育重視不夠。在現代社會，學校成為子女接受教育最主要的機構，從幼兒到大學有著系統化的管理與教學；而父母自然也將教育子女的重任寄託給學校，忽視了自身所擔負的

教育責任，沒有意識到家庭教育與學校教育在教育環境、教育內容、教育目標等方面的差別。二是不重視言傳身教。言傳身教是古代很重要的教育方法，但在現代社會家長本身自律性不強，對自己未能嚴格要求，即便意識到自身行為對子女的影響，但在實踐方面還是做得遠遠不夠。三是不重視科學引導。人在每個階段都會有身心方面的困惑，而父母往往對這些困惑沒有足夠的關注。他們或囿於傳統思想，或本身缺乏知識，未能給予子女科學的、合理的解釋與疏導。這樣的教育不利於人的心理健康發展。

二、優秀的家訓文化對現代家庭教育的意義

現代家庭教育所存在的這些問題，有的是自古就存在，如溺愛子女，顏之推在《顏氏家訓》中就批評當時的父母對子女「無教而有愛」，不忍心苛責；有的是新時代下產生的問題，如過於重知識，忽視了德行教育，這是知識經濟時代的產物。面對這些新或舊問題，我們需要借鑒古代傳統家訓的優秀內容來指導我們新時代的家庭教育。

第一，重視傳統文化教育，構建學習型家庭

讀書、學習是古代家訓的重要內容，在現代社會顯得更加重要和必要。在新時代下，學習不僅是某個階段的事，而是終身的事，「終身學習是 21 世紀的生存概念……是通過一個不斷的支持過程來發揮人類的潛能，它激勵並使人們有權利去獲得他們的終身所需要的全部知識、價值、技能與理解，並在任何任務、情況和環境中有信心、有創造地愉快地應用它們」〔註 15〕。在這樣理念的指導下，學習也不只是個人的事，更是全體家庭成員的事。家長與子女之間要互相學習、互相勉勵，營造良好的家庭學習氛圍，這樣既能增進彼此的情感交流，有助於家庭和睦，同時也能培養子女的自我意識，有助於步入社會之後能更善於與人溝通、交流。

在學習型家庭構建過程中，加強傳統文化教育是一個很重要的方面。傳統文化「植根在中國人內心，潛移默化影響著中國人的思想方式和行為方式」〔註 16〕，影響著我們人生觀、價值觀、道德觀的建立。只有深入地學習我們的傳統文化，掌握優秀傳統文化思想精華，才能更好地認識自我，完善自我，

〔註 15〕源自 1994 年在羅馬召開的世界首屆終身學習會議的講話。
〔註 16〕中央宣傳部編：《習近平總書記系列重要講話讀本》，北京：學習出版社，2014年，第 96 頁。

提升個人修養，實現個人的可持續發展，否則個人在現實中很容易迷失自我，無法抵制現實世界的誘惑。所以，父母要重視傳統文化方面的教育，一方面要指導子女閱讀古代典籍，如《論語》《道德經》等〔註17〕，另一方面要培養他們學習古代藝術，如書法、繪畫等，提高他們的人文素養與精神追求。

第二，加強道德教育，培養理性精神

重視個人的道德修養，是中國古代家訓的一大特色，因為道德「指涉的是一種人的本體性的存在方式，它關係到做人的根本目的與方向」〔註18〕，關係到個人的尊嚴與名譽。在現代社會，市場經濟、知識經濟的發展對人的道德有著更高的要求，傳統的仁、義、禮、智、信思想仍然對現實有指導意義，古人的訓誡有些也仍然適用於現代，仍然有借鑒意義，如馬援戒兄子不要妄議他人長短、是非，陳寔戒子克己反善，劉備戒子「勿以惡小而為之，勿以善小而不為」〔註19〕等。

所以，父母在家庭教育開展過程中，不僅要關注子女知識性的學習，更要關注他們的言行，待人接物方面，要向他們灌輸愛人、尊人、恕人、誠信、正義、公正、敬業等思想，注重培養他們的實踐理性，不僅能夠區別善惡，更應該意識到「應當做什麼」；如果在言行方面有過錯，要及時的糾正，幫助他們樹立正確的道德觀與價值觀，學會尊重他人。

第三，重視身心發展，提升內在修養

古代家訓對人的生命尤為關切，教育子女注重養生，如要求慎酒、節哀；重視自律，如要求知足、謹慎、有志向、有意志，強調追求人生意義。這對於我們現代家庭教育值得借鑒。

現代社會的人們享有更豐富的物質生活與精神生活，這極大地刺激了人們的欲求。在這樣的狀態下，對個人自律性要求也越來越高。所以，在家庭教育中，父母要善於引導子女，不斷探求人生的意義，加強自我約束，提升內在修養。具體來說，要引導子女確立適合的人生志向，培養堅強的意志力，

〔註17〕張豈之先生在《中華優秀傳統文化是我們的精神根基》（《中共黨史研究》2014年，第10期）一文中，提到了中華文化經典選擇的三個標準，一是能夠集中反映其文化本質與文化精神，二是具有獨特性和無可替代性，三是經過歷史檢驗的。

〔註18〕魯潔：《道德教育的根本作為：引導生活的建構》，《教育研究》2010年第6期，第3頁。

〔註19〕〔晉〕陳壽：《三國志·蜀書》卷三十二《先主傳》，第891頁。

繼承良好的傳統美德，如勤奮、節儉、知足、謙虛、戒奢戒貪等，善於保養身體。

第四，重視家庭教育，關愛子女

家訓從先秦就產生了，一直持續了幾千年，是古代教育的重要部分，顏之推《顏氏家訓》專作《教子》一篇闡述家庭教育的重要性。雖然現代社會，學校教育是主要部分，但家庭仍然是「一切教育的第一場所，並在這方面負責情感和認識之間的聯繫及價值觀和準則的傳授」〔註20〕。所以，現代社會的父母要重視家庭教育，意識到自身肩負著教育子女的責任，不能將教育責任寄予學校，也不能將家庭教育「學校化」，要善於用情感溝通，用理性指導，密切父母與子女之間的親情關係，給予他們人生觀與價值觀的指導。

第五，父母要嚴於律己，加強知識儲備

言傳身教是古代家訓常用的教育方法，如漢代鄭玄在《戒子益恩書》中表彰自己節操之高，「雖無紱冕之緒，頗有讓爵之高。自樂以論贊之功，庶不遺後人之羞」〔註21〕，為其子樹立了良好的父親形象，並藉以勉勵益恩要致力於探求君子境界。這方面是我們現代家庭的父母所需要努力學習的。

隨著科技的進步，現代社會為人們提供了更舒適、更便捷的生活，但同時人們也面對著更多的選擇和誘惑。這對於父母來說更需要以身作則，加強自律，嚴格要求自己，提高自身修養，為子女做好榜樣。這樣，子女才能不斷地自我勉勵，提升自我。另外，在此過程中，父母要不斷地學習，提高自身的科學修養，完善自身的知識儲備，這樣才能給予子女科學的指導，不盲從。

總之，在現代社會，家庭教育的開展要秉承以人為本的教育理念，將人的可持續性發展作為發展方向，將學會求知、學會做事、學會共處、學會做人〔註22〕作為教育的內容，致力於培養有良好人文素養的現代人。

〔註20〕國際21世紀教育委員會向聯合國教科文組織提交的報告：《學習——內在的財富》，北京：中國教育科學出版社，1998年，第96頁。
〔註21〕〔南朝宋〕范曄：《後漢書》卷三十五《鄭玄傳》，第1210頁。
〔註22〕這四點是《學習——內在的財富》中提出的教育的四大支柱。

結　語

　　中國傳統文化是中國歷史的重要組成部分，是中國古代社會發展的重要成果，而中國古代家訓就屬於其中的一部分。這既關係到家庭、家族的延續與發展，也關係到國家、社會的進步與發展。

　　中國古代家訓的產生、發展，與中國古代文明的特殊發展路徑密切相關。農業生產作為中國父系氏族社會中晚期的重要經濟形式，決定了社會具有重視血緣、重視家庭建設、重視文化傳承的特點。當社會從氏族共同體發展為國家，從公天下發展為家天下，這些特點卻被傳承了下來，並且統治者制定了新的制度予以維護。統治者一方面為了維護自身的權力與利益，運用宗法制度以管理家族與國家；另一方面結合家國同構的社會政治結構特點，將家庭與國家視為一體。而從家庭本身來說，家庭成員因血緣親情而結為一個共同體，長輩對晚輩有著深切的關愛，晚輩對長輩有著崇敬之心，共同的生活更容易建立共同的人生觀、價值觀、道德觀。這為家訓的發展提供了理論依據。

　　先秦至魏晉南北朝是中國古代家訓的重要奠基時期。其中，先秦家訓是家訓的形成時期，兩漢家訓是發展時期，魏晉南北朝家訓是成型時期。從家訓類型上說，這一時期主要是社會統治階層的家訓，具體為王室家訓或皇室家訓、士人家訓。這與統治階層特殊的社會地位密切相關。他們往往是社會精英，有著良好的德行、經世治用的思想和出眾的能力。為了維持家族的社會地位與長遠發展，在家訓內容上，他們圍繞治家與治國展開，重視子孫的修身教育。

　　具體來說，他們重視培養子孫的志向與意志，將仕途視為實現人生價值

的重要路徑，將氣節視為人的基本尊嚴；重視學習，主要方式是閱讀典籍與
效法賢人，前者涵蓋了經、史、子部，後者主要是有儒者風範的人；強調環境
的重要性，要求交友謹慎，區別君子與小人；重視能力培養，作文章、學技
藝；重視養生之道，慎酒慎藥。在德行方面，他們要求子孫孝悌友愛，有禮有
節，尊敬他人，言而有信，行而有義，忠己恕人，為善去惡；謙虛謹慎，知止
知足，不貪富貴；勤勞節儉，戒驕戒奢，不貪安逸。這主要是對男子的訓誡。
在女子教育方面，三從四德是主要內容，而讀書、作文、學藝僅在一些家庭
存在。另外，他們重視自身的終制事宜，希望子孫能遵從其願。在教育思想
方面，他們重視胎教，並有醫學理論予以指導；強調早期教育的重要性，認
為年幼時期最有可塑性；重視子女的區別教育，因為二者擔任的社會角色不
同，社會責任不同。

　　這一時期家訓的產生、發展與中國古代學術思想的發展有密切聯繫。家
訓作為一種文化，在內容方面，小到一言一行，大到人生價值與意義；在言
說方面重視簡潔、明瞭、易懂；強調實踐性。這些特點決定了家訓與學術思
想不在一個思維層面，後者更重視理論構建，重視思維深度。也正因為如此，
在一定意義上，學術思想的產生與發展源於家訓的發展，後者為前者提供了
人生經驗；而學術思想在形成之後，還需要通過家訓將其應用於現實生活、
普及於更廣的範圍。就以儒學來說，在儒家的仁學思想提出之前，家訓就已
存在，如倡導孝、勤、德等。這些家訓內容是仁學思想產生的思想來源。當仁
學建立之後，家訓將其作為家庭文化的一部分傳於後代。這對儒學的傳承與
普及有著重要作用。

　　先秦至南北朝時期主要是儒學、道家、道教、玄學、佛學與家訓發展密
切聯繫。其中，儒學在中國家訓發展史上有著重要地位，這與漢代將儒學確
定為國家意識形態有密切關係。在這些思想的指導下，這一時期的家訓重視
理性發展，強調情融於理，反對縱慾；重視傳統，強調以史為鑒，但不排斥其
他思想；重視生命，強調順其自然，但不反對藥物調理；重視個人的名節、家
庭的傳承與榮耀。

　　家訓的產生、發展，與訓誡者的修養、家族的家風也有著密切關係。訓
誡者的修養不同，自然對自我、家庭和社會的認識不同，往往有著獨立的人
生觀、價值觀與道德觀。這些不同的認識導致家庭教育的指導思想不同，從
而進一步影響到教育內容的差異。並且，訓誡者自身的言行也在潛移默化地

影響著子女的行為。家族的家風是由家族幾代人的行為、習慣積累而成的風尚，具有一定的穩定性與傳承性。家風不同，對子孫教育的關注點也不同。但總體來說，這一時期的家族都很重視儒學教育，重視孝悌禮儀，重視家學。

　　家訓作為中國文化的存在形式之一，對中國歷史的發展有著重要意義。首先，它起到了文化傳承的作用。這些家訓普遍重視學習典籍，重視歷史的價值，反對傳播迷信、惡俗。這樣子孫代代相傳，在一定程度上防止了不良思想的傳播，推進了人文思想的傳承、發展與普及。其次，它推進了人的理性發展。這些家訓都很重視個人的修養，將自我反思、自我批評視為重要的思維方式，反對推責於人，促進了個體責任意識的增強。再次，它推進了家庭的人文建設。家庭本身重視人的情感，但家訓同時又將理性融入其中，強調倫理秩序、家庭責任，這樣限制了情感泛濫，卻又不失其存在意義。第四，它推動了良好家風的傳承。這些家訓的訓誡者都是有一定修養的知識人，他們熟讀典籍，掌握傳統文化，重視德行，重視家學，重視教育子孫。這樣代代相傳營造了良好的家族文化。最後，它推動了社會發展。這些家訓，特別是士人家訓都是在一定的理論思想指導下產生的，是理性的產物。他們的影響範圍並不只限於家庭，而且波及到社會，具有一定的普遍意義，有助於矯正社會不良風氣，推進社會風俗合理化發展。

　　但古代家訓由於受中國獨特社會結構、社會制度的限制，也存在一些糟粕，這對中國歷史的演進也產生了一定影響。首先，古代家訓圍繞著治家與治國展開，將入仕視為重要目的，鄙棄農、商、工行業。這樣無形中將子孫侷限於狹窄的生存空間，不利於他們認識自我，獨立、自由地發展自我。並且，家訓將言行與禍福相聯繫，這樣子孫就會將生存視為第一要務，從而不利於自身創新思維的發展。其次，古代女子都是不出閨門，在家受教三從四德；也有些家庭也會教女子讀書，但畢竟是少數。這種教育思想將女性的發展視為他人的依附者，侷限於家庭，而否定了女性的獨立人格，無法讓她們參與到社會事務中，不利於社會的整體性發展。再次，家訓由於受家庭血緣親情的影響，在思想上會比較重視家庭自身的發展。這樣，在為家與為國之間會有一定的衝突，從而可能會造成對國家、社會發展的關注度不足。並且家訓本身，相對於學校教育來說，有一定的獨立性、自由性、非系統性，這使得家訓在促進家庭發展的同時，在一定程度上會削弱國家在社會中的作用。

　　在現代社會，雖然學校教育、社會教育是主要教育形式，但家庭教育仍

然處於基礎性地位。現代家庭教育的開展需要在傳統家訓的基礎上開拓、創新，既要以史為鑒，又要融合時代發展的方向。新時代的家庭教育，要樹立可持續性發展的理念，注重子女的自然發展，尊重他們的獨立人格；要重視子女的情感教育，提升他們對自然、人文的敬重感，以及生活的幸福感；要重視子女的理性發展，尤其是道德理性，幫助他們建立合理的價值觀；要重視學習型家庭建設，相互勉勵，共同進步。

今天我們仍然要重視家訓，重視古代家訓中的優秀傳統文化，促進良好家風的傳承，以推進現代家庭建設，促進社會和諧發展，從而有助於進一步促進中國小康社會的發展。

參考文獻

一、古籍

1. 〔周〕左丘明傳，〔晉〕杜預注，〔唐〕孔穎達正義：《春秋左傳正義》，《十三經注疏》整理委員會整理，北京：北京大學出版社，2000 年。

2. 〔漢〕司馬遷：《史記》，北京：中華書局，1959 年。

3. 〔漢〕班固：《漢書》，北京：中華書局，1962 年。

4. 〔漢〕班固編撰，顧實講疏：《漢書藝文志講疏》，上海：上海古籍出版社，2009 年。

5. 〔漢〕賈誼撰，閻振益，鍾夏校注：《新書校注》，北京：中華書局，2000 年。

6. 〔漢〕董仲舒著，蘇輿撰，鍾哲點校：《春秋繁露義證》，北京：中華書局，1992 年。

7. 〔漢〕韓嬰撰，許維遹校釋：《韓詩外傳集釋》，北京：中華書局，1980 年。

8. 〔漢〕劉向編集，賀偉，侯仰軍點校：《戰國策》，濟南：齊魯書社，2005 年。

9. 〔漢〕毛亨傳，〔漢〕鄭玄箋，〔唐〕孔穎達疏：《毛詩正義》，《十三經注疏》整理委員會整理，北京：北京大學出版社，2000 年。

10. 〔漢〕劉向撰，向宗魯校證：《說苑校證》，北京：中華書局，1987 年。

11. 〔漢〕崔寔著，石聲漢校注：《四民月令》，北京：中華書局，1965 年。

12. 〔漢〕應劭撰，王利器校注：《風俗通義校注》（上下），北京：中華書局，2010 年。

13. 〔漢〕王符著，〔清〕王繼培箋，彭鐸校正：《潛夫論箋校正》，北京：中華書局，1997 年。

14. 〔漢〕鄭玄注，〔唐〕孔穎達疏：《禮記正義》，《十三經注疏》整理委員會整理，北京：北京大學出版社，2000 年。

15. 〔漢〕鄭玄注，〔唐〕賈公彥疏：《周禮注疏》，《十三經注疏》整理委員會整理，北京：北京大學出版社，2000 年。

16. 〔三國魏〕阮籍著，陳伯君校注：《阮籍集校注》，北京：中華書局，2012 年。

17. 〔三國魏〕嵇康著，戴明揚校注：《嵇康集校注》，北京：中華書局，2014 年。

18. 〔晉〕常璩撰，劉琳校注：《華陽國志校注》，成都：巴蜀書社，1984 年。

19. 〔晉〕陳壽：《三國志》，北京：中華書局，1964 年。

20. 〔南朝宋〕范曄：《後漢書》，北京：中華書局，1965 年。

21. 〔梁〕劉勰：《文心雕龍》，黃霖導讀，上海：上海世紀出版集團，2008 年。

22. 〔梁〕釋僧祐：《弘明集校箋》，上海：上海古籍出版社，2013 年。

23. 〔梁〕沈約：《宋書》，北京：中華書局，1974 年。

24. 〔梁〕蕭子顯：《南齊書》，北京：中華書局，1972 年。

25. 〔梁〕蕭繹撰，許逸民校箋：《金樓子校箋》，北京：中華書局，2011 年。

26. 〔北齊〕魏收：《魏書》，北京：中華書局，1974 年。

27. 〔唐〕李隆基注，〔宋〕邢昺疏：《孝經注疏》，《十三經注疏》整理委員會整理，北京：北京大學出版社，2000 年。

28. 〔唐〕房玄齡：《晉書》，北京：中華書局，1974 年。

29. 〔唐〕姚思廉：《梁書》，北京：中華書局，1973 年。

30. 〔唐〕姚思廉：《陳書》，北京：中華書局，1972 年。

31. 〔唐〕李百藥：《北齊書》，北京：中華書局，1972 年。

32. 〔唐〕令狐德棻：《周書》，北京：中華書局，1971 年。

33. 〔唐〕李延壽：《北史》，北京：中華書局，1974 年。

34. 〔唐〕李延壽：《南史》，北京：中華書局，1975 年。

35. 〔唐〕劉知幾撰，〔清〕浦起龍通釋，呂思勉評：《史通》，上海：上海世紀出版集團，2008 年。

36. 〔唐〕歐陽詢撰，汪紹楹校：《藝文類聚》，上海：上海古籍出版社，1982 年。

37. 〔後晉〕劉昫等撰：《舊唐書》，北京：中華書局，1975 年。

38. 〔宋〕朱熹：《四書章句集注》，北京：中華書局，1983 年。

39. 〔宋〕蔡沈注，錢宗武，錢忠弼整理：《書集傳》，南京：鳳凰出版社，2010 年。

40. 〔宋〕劉清之：《戒子通錄》，《文淵閣四庫全書》，第 703 冊，臺北：商務印書館，1983 年。

41. 〔宋〕章樵注：《古文苑》，《四部叢刊初編·集部》，1989 年。

42. 〔明〕張溥著，殷孟倫注：《漢魏六朝百三家集題辭注》，北京：人民文學出版社，1963 年。

43. 〔清〕郭慶藩撰，王孝魚點校：《莊子集釋》，北京：中華書局，1961 年。

44. 〔清〕陳立撰，吳則虞點校：《白虎通疏證》（上下），北京：中華書局，1994 年。

45. 〔清〕王照圓：《列女傳補注》，上海：華東師範大學出版社，2012 年。

46. 〔清〕顧炎武著，陳垣校注：《日知錄校注》，上海：上海古籍出版社，1985 年。

47. 〔清〕趙翼：《陔餘叢考》，石家莊：河北人民出版社，1990 年。

48. 〔清〕趙翼著，王樹明點校：《廿二史劄記》，北京：中華書局，2013 年。

49. 〔清〕陳宏謀：《五種遺規·教女遺規》，《四部備要》，第 60 冊，北京：中華書局，1989 年。

50. 〔清〕李慈銘撰，由雲龍輯：《越縵堂讀書筆記》，北京：中華書局，1963 年。

51. 〔清〕陳夢雷：《古今圖書集成·明倫彙編·家範典》，上海中華書局 1934 年影印本。

52. 〔清〕嚴可均輯，陳延嘉，王同策，左振坤等校點：《全上古三代秦漢三國六朝文》（全十冊），石家莊：河北教育出版社，1997 年。

53. 高亨:《周易大傳今注》,北京:清華大學出版社,2010 年。

54. 顧頡剛,劉起釪:《尚書校釋譯論》,北京:中華書局,2005 年。

55. 黃懷信,張懋鎔,田旭東撰:《逸周書匯校集注》,上海:上海古籍出版社,2007 年。

56. 徐元誥撰,王樹民,沈長雲點校:《國語集解》,北京:中華書局,2008 年。

57. 樓宇烈校釋:《老子道德經注校釋》,北京:中華書局,2008 年。

58. 吳則虞撰:《晏子春秋集釋》,北京:中華書局,1962 年。

59. 吳毓江撰,孫啟治點校:《墨子校注》(上下),北京:中華書局,2006 年。

60. 陳奇猷校注:《韓非子新校注》(上下),上海:上海古籍出版社,2000 年。

61. 黎翔鳳撰,梁運華整理:《管子校注》(上中下),北京:中華書局,2004 年。

62. 許維遹撰,梁運華整理:《呂氏春秋集釋》(上下),北京:中華書局,2009 年。

63. 劉文典撰,馮逸,喬華點校:《淮南鴻烈集解》(上下),北京:中華書局,1989 年。

64. 黃懷信主撰,孔德立,周海生撰:《大戴禮記匯校集注》(上下),西安:三秦出版社,2005 年。

65. 王利器校注:《鹽鐵論校注》,北京:中華書局,1992 年。

66. 傅亞庶:《孔叢子校釋》,北京:中華書局,1984 年。

67. 楊朝明,宋立林主編:《孔子家語通解》,濟南:齊魯書社,2009 年。

68. 黃暉撰:《論衡校釋》,北京:中華書局,1990 年。

69. 王明:《抱朴子內篇校釋》,北京:中華書局,1985 年。

70. 楊明照:《抱朴子外篇校箋》(上下),北京:中華書局,1991 年。

71. 魏宏仙校注:《曹丕集校注》,合肥:安徽大學出版社,2009 年。

72. 段熙仲,聞旭初編:《諸葛亮集》,北京:中華書局,1960 年。

73. 徐震堮:《世說新語校箋》,北京:中華書局,1984 年。

74. 董志廣校注:《潘岳集校注》,天津:天津古籍出版社,2005 年。

75. 范甯:《博物志校證》,北京:中華書局,1980 年。

76. 王利器:《顏氏家訓集解》,北京:中華書局 1993 年,1980 年。

77. 李景榮等校釋：《備急千金要方校釋》，北京：人民衛生出版社，1998 年。

78. 夏劍欽，王巽齋校點：《太平御覽》，石家莊：河北教育出版社，1994 年。

79. 逯欽立輯校：《先秦漢魏晉南北朝詩》，北京：中華書局，1983 年。

80. 姚淦銘，王燕編：《王國維文集》（第三、四卷），北京：中國文史出版社，1997 年。

81. 上海圖書館編：《中國叢書綜錄》，上海：上海古籍出版社，1986 年。

82. 劉釗：《郭店楚簡校釋》，福州：福建人民出版社，2005 年。

83. 睡虎地秦墓竹簡整理小組編：《睡虎地秦墓竹簡》，北京：文物出版社，2001 年。

84. 馬繼興著：《馬王堆古醫書校釋》，長沙：湖南科技出版社，1992 年。

85. 馬承源主編：《上海博物館藏戰國楚竹書》，上海：上海古籍出版社，2004 年。

86. 清華大學出土文獻研究與保護中心編，李學勤主編：《清華大學藏戰國竹簡》（壹）（上），上海：上海文藝出版集團，2010 年。

二、專著

1. 侯外廬：《中國思想通史》（第一、二、三卷），北京：人民出版社，1980 年。

2. 瞿同祖：《中國法律與中國社會》，北京：中華書局，1981 年。

3. 陳寅恪：《唐代政治史述論稿》，上海：上海古籍出版社，1982 年。

4. 謝維揚：《周代家庭形態》，北京：中國社會科學出版社，1990 年。

5. 楊向奎：《宗周社會與禮樂文明》，北京：人民出版社，1992 年。

6. 徐揚傑：《中國家族制度史》，北京：人民出版社，1992 年。

7. 康學偉：《先秦孝道研究》，北京：文津出版社，1992 年。

8. 劉廣明：《宗法中國》，上海：三聯書店，1994 年。

9. 朱漢民著：《忠孝道德與臣民精神——中國傳統臣民文化論析》，鄭州：河南人民出版社，1994 年。

10. 張啟成，徐達等譯注：《文選全譯》，貴州：貴州人民出版社，1994 年。

11. 蕭華榮著：《華麗家族　兩晉南朝陳郡謝氏傳奇》，北京：三聯書店，1994 年。

12. 蕭華榮著：《簪纓世家　兩晉南朝琅邪王氏傳奇》，北京：三聯書店，1995年。

13. 羅宗強著：《魏晉南北朝文學思想史》，北京：中華書局，1996年。

14. 劉夢溪主編，湯用彤著，孫尚揚編校：《中國現代學術經典　湯用彤卷》，石家莊：河北教育出版社，1996年。

15. 馬鏞：《中國家庭教育史》，長沙：湖南教育出版社，1997年。

16. 錢穆：《中國學術思想史論叢》（二），臺北：聯經出版事業公司，1998年。

17. 徐梓：《中華文化通志‧教化與禮儀典‧家範志》，上海：上海人民出版社，1998年。

18. 楊樹達：《漢代婚喪禮俗考》，上海：上海古籍出版社，2000年。

19. 李國，王炳照主編：《中國教育制度通史》（第1、2卷），濟南：山東教育出版社，2000年。

20. 于迎春：《秦漢士史》，北京：北京大學出版社，2000年。

21. 李卓主編：《家族文化與傳統文化──中日比較研究》，天津：天津人民出版社，2000年。

22. 陳寅恪：《金明館叢稿初編》，北京：三聯書店，2001年。

23. 徐復觀：《兩漢思想史》，上海：華東師範大學出版社，2001年。

24. 肖群忠：《孝與中國文化》，北京：人民出版社，2001年。

25. 陳寅恪：《隋唐制度淵源略論稿》（外二種），石家莊：河北教育出版社，2002年。

26. 費成康主編：《中國的家法族規》，上海：上海社會科學院出版社，2002年。

27. 余英時：《士與中國文化》，上海：上海人民出版社，2003年。

28. 徐少錦，陳少斌：《中國家訓史》，西安：陝西人民出版社，2003年。

29. 趙忠心：《中國家庭教育五千年》（第2版），北京：中國法制出版社，2003年。

30. 王永平：《六朝江東世族之家風家學研究》，南京：江蘇古籍出版社，2003年。

31. 白壽彝總主編：《中國通史》（1～5卷），上海：上海人民出版社，2004年。

32. 謝路軍：《中國道教源流》，北京：九州出版社，2004 年。

33. 呂思勉：《先秦史》，上海：上海古籍出版社，2005 年。

34. 呂思勉：《秦漢史》，上海：上海古籍出版社，2005 年。

35. 呂思勉：《兩晉南北朝史》，上海：上海古籍出版社，2005 年。

36. 尤雅姿：《顏之推及其家訓之研究》，臺北：文史哲出版社，2005 年。

37. 李卿：《秦漢魏晉南北朝時期家族、宗族關係研究》，上海：上海人民出版社，2005 年。

38. 王永平：《孫吳政治與文化史論》，上海：上海古籍出版社，2005 年。

39. 方立天：《魏晉南北朝佛教》，《方立天文集》（第一卷），北京：中國人民大學出版社，2006 年。

40. 金春峰著：《漢代思想史》，北京：中國社會科學出版社，2006 年。

41. 王長金：《傳統家訓思想通論》，長春：吉林人民出版社，2006 年。

42. 王伊同：《五朝門第》，北京：中華書局，2006 年。

43. 童強：《嵇康評傳》，南京：南京大學出版社，2006 年。

44. 羅家湘：《〈逸周書〉研究》，上海：上海古籍出版社，2006 年。

45. 瞿同祖：《漢代社會結構》，上海：上海世紀出版集團，2007 年。

46. 蒙思明：《魏晉南北朝的社會》，上海：上海人民出版社，2007 年。

47. 黃懺華：《中國佛教史》，北京：東方出版社，2008 年。

48. 康中乾：《魏晉玄學》，北京：人民出版社，2008 年。

49. 朱明勳：《中國家訓史論稿》，成都：巴蜀書社，2008 年。

50. 林素珍：《魏晉南北朝家訓之研究》，臺北：花木蘭文化出版社，2008 年。

51. 戴素芳：《傳統家訓的倫理之維》，長沙：湖南人民出版社，2008 年。

52. 陳來：《古代宗教與倫理：儒家思想的根源》，北京：三聯書店，2009 年。

53. 康世昌：《漢魏六朝「家訓」研究》，臺北：花木蘭文化出版社，2009 年。

54. 朱貽庭著：《中國傳統倫理思想史》（第 4 版），上海：華東師範大學出版社，2009 年。

55. 姚曉菲著：《兩晉南朝琅邪王氏家族文化研究》，濟南：山東大學出版社，2010 年。

56. 周一良：《魏晉南北朝史論集》，北京：北京大學出版社，2010 年。

57. 錢穆：《國史大綱》（修訂本），北京：商務印書館，2011 年。

58. 費孝通：《鄉土中國》，南京：江蘇文藝出版社，2011 年。

59. 楊聯陞：《東漢的豪族》，上海：商務印書館，2011 年。

60. 唐長儒：《魏晉南北朝論叢》，北京：中華書局，2011 年。

61. 唐長孺：《魏晉南北朝論叢續編 魏晉南北朝史論拾遺》，北京：中華書局，2011 年。

62. 湯一介，李中華主編：《中國儒學史》（先秦卷，兩漢卷，魏晉南北朝卷），北京：北京大學出版社，2011 年。

63. 高晨陽：《阮籍評傳》，南京：南京大學出版社，2011 年。

64. 馬曉坤著：《兩晉南朝琅邪王氏與陳郡謝氏比較研究》，北京：中國社會科學出版社，2011 年。

65. 陳寅恪：《魏晉南北朝史講演錄》，萬繩楠整理，貴陽：貴州人民出版社，2012 年。

66. 田餘慶：《東晉門閥政治》，北京：北京大學出版社，2012 年。

67. 張豈之主編：《中國思想史》，西安：西北大學出版社，2012 年。

68. 杜正勝：《中國式的家庭與社會》，合肥：黃山書社，2012 年。

69. 馮天瑜：《中國文化生成史》，武漢：武漢大學出版社，2013 年。

70. 王利華：《中國家庭史》（第一卷），張國剛主編，北京：人民出版社，2013 年。

71. 吳懷東：《曹氏家族與漢晉社會文化變遷》，北京：北京師範大學出版集團，2013 年。

72. 瞿安全，王奎：《荊州學派及其影響研究》，武漢：湖北人民出版社，2013 年。

73. 孫豔慶：《中古琅邪顏氏家族學術文化研究》，濟南：齊魯書社，2013 年。

74. 趙振：《中國歷代家訓文獻敘錄》，濟南：齊魯書社，2014 年。

75. 閻步克：《士大夫政治演生史稿》，北京：北京大學出版社，2015 年。

76. 〔美〕愛德華‧希爾斯：《論傳統》，傅鏗，呂樂譯，上海：上海人民出版社，1991 年。

77. 〔德〕恩格斯：《家庭、私有制和國家的起源》，中共中央馬克思恩格斯列寧斯大林著作編譯局譯，北京：人民出版社，1999 年。

78. 〔德〕斐迪南‧滕尼斯：《共同體與社會——純粹社會學的基本概念》，

林榮遠譯，上海：商務印書館，1999 年。

79. 〔美〕本傑明‧史華茲：《古代中國的思想世界》，程鋼譯，劉東校，南京：江蘇人民出版社，2004 年。

80. 〔日〕守屋美都雄：《中國古代的家族與國家》，錢杭，楊曉芬譯，上海：上海古籍出版社，2010 年。

81. 〔日〕吉川忠夫：《六朝精神史研究》，王啟發譯，南京：江蘇人民出版社，2012 年。

82. 〔日〕谷川道雄：《中國中世社會與共同體》，馬彪譯，上海：上海古籍出版社，2013 年。

83. 〔法〕埃米爾‧涂爾幹：《社會分工論》，渠東譯，北京：三聯書店，2013 年。

三、期刊論文

1. 周法高：《家訓文學的源流》，《大陸雜誌》（民國五十年），1961 年第 22 卷第 2、3、4 期。

2. 劉修明：《「漢以孝治天下」發微》，《歷史研究》，1983 年第 6 期。

3. 蘇鳳捷：《試論中國古代社會的特點及其成因》，《中國史研究》，1984 年第 1 期。

4. 趙伯雄：《先秦「敬「德研究》，《內蒙古大學學報》（哲學社會科學版），1985 年第 2 期。

5. 孫筱：《孝的觀念與漢代家庭》，《中國史研究》，1988 年第 3 期。

6. 馬玉山：《「家訓」「家誡」的盛行與儒學的普及傳播》，《孔子研究》，1993 年第 4 期。

7. 張豔國：《簡論中國傳統家訓的文化學意義》，《中州學刊》，1994 年第 5 期。

8. 徐秀麗：《中國古代家訓通論》，《學術月刊》，1995 年第 7 期。

9. 錢宗範：《中國宗法制度論》，《廣西民族學院學報》（哲學社會科學版），1996 年第 4 期。

10. 金景芳：《談禮》，《歷史研究》，1996 年第 6 期。

11. 謝揚舉：《老子論士的修養與古禮》，《孔子研究》，1997 年第 3 期。

12. 謝揚舉：《家訓與中華民族人文精神》，《西北大學學報》，1998 年第 2 期。

13. 陳延斌：《論傳統家訓文化對中國社會的影響》，《江海學刊》，1998 年第 2 期。

14. 徐少錦：《周公開中國傳統家訓之先河》，《學海》，1999 年第 2 期。

15. 羅新慧：《試論先秦儒家入仕觀念的演變與發展》，《江海學刊》，1998 年第 3 期。

16. 徐少錦：《〈戰國策〉中的家訓思想》，《南京師範專科學校學報》，1999 年第 3 期。

17. 劉劍康：《論中國家訓的起源——兼論儒學與傳統家訓的關係》，《求索》，2000 年第 2 期。

18. 孫立群：《論魏晉士人的「覺醒」》，《聊城師範學院學報》（哲學社會科學版），2001 年第 1 期。

19. 王永平：《論六朝時期陳郡謝氏的家風與家學》，《江蘇社會科學》，2001 年第 5 期。

20. 王永平：《論東晉南朝時期琅邪王氏之家風與家學》，《許昌師專學報》，2002 年第 1 期。

21. 黃修明：《酒文化與中國古代社會政治》，《中原文化論壇》，2002 年第 2 期。

22. 王繼訓：《一個不應該被忽視的儒者：東方朔》，《齊魯學刊》，2002 年第 3 期。

23. 呂耀懷：《「儉」的道德價值——中國傳統德性分析之二》，《孔子研究》，2003 年第 3 期。

24. 曾智安：《阮籍對待禮教態度之再考察》，《首都師範大學學報》（社會科學版），2003 年第 1 期。

25. 陳延斌：《中國傳統家訓研究述論》，《上海師範大學學報》（基礎教育報），2006 年第 9 期。

26. 王保同：《兩漢士大夫的異同》，《史學月刊》，2006 年第 9 期。

27. 李根蟠：《試論侯外廬的「古代」不同路徑說》，《天津社會科學》，2007 年第 4 期。

28. 方光華：《思想與皇權的協調——論孝觀念從孔孟到〈白虎通義〉的轉變》，《學術研究》，2008 年第 5 期。

29. 謝揚舉：《老子「自然」概念的實質和理論》，《湖南大學學報》（社會科學版），2009 年第 1 期。

30. 黃修明：《〈尚書‧酒誥〉與儒家酒德文化》，《北京化工大學學報》（社會科學版），2009 年第 1 期。

31. 王永平：《魏晉南北朝士族文化與中華文明傳承》，《河北學刊》，2009 年，第 2 期。

32. 張茂澤：《漢唐儒學的思想史地位》，《國際儒學研究》第十八輯，2011 年。

33. 趙馥潔：《論漢儒對主導價值觀的建構和強化》，《國際儒學研究》第十八輯，2011 年。

34. 黃懷信：《清華簡〈程寤〉篇解讀》，《魯東大學學報》，2011 年，第 4 期。

35. 許結：《西漢韋氏家學詩義考》，《文學遺產》，2012 年第 4 期。

36. 陳贇：《「家天下」與「天下一家」：三代政教的精神——以王國維〈殷周制度論〉為中心》，安徽師範大學學報（人文社會科學版），2012 第 5 期。

37. 王永平：《宋文帝劉義隆對皇族子弟之訓誡及其侷限》，《河北學刊》，2013 年第 5 期。

38. 徐梓：《家風的意蘊》，《尋根》，2014 年第 3 期。

39. 陳延斌：《傳統孝道與現代家風》，《中國婦女報》2014 年 2 月 11 日。

40. 謝揚舉：《家訓與中華文化一瞥》，《人民政協報》2014 年 12 月 29 日。

41. 梁樞，陳瑛，陳延斌等：《整齊門內 提撕子孫——家訓文化與家庭建設》，《光明日報》2015 年 8 月 31 日。